“十二五”普通高等教育本科国家级规划教材

新编21世纪国际经济与贸易系列教材

国际商务谈判
理论、案例分析与实践

第七版

白 远 著

International
Business Negotiation

中国人民大学出版社
·北京·

内容简介

本课程由三大体系构成：

一是理论体系。涵盖决定谈判过程与结果的主要因素，包括：谈判发生的动机（第一章）、谈判程序与结构（第二章）、谈判者的思维模式与理念（第四、五、十一章）、谈判各方的利益分配与需求理论（第六章）、决定谈判双方实力与地位的谈判力理论（第七章）、决定谈判双方关系的信任理论（第八章）、谈判者性格类型与谈判模式（第九章）、寻求合作的博弈论（第十章）、谈判文化理论（第十三章）、谈判风险与管理（第十四章）。

二是案例体系。包括：案例导入，通过案例学习帮助学生实现由实例到理论理解与掌握的过程；知识点案例，即在理论知识讲解过程中所举的例子，帮助学生及时理解相关知识；案例研究，位于每章末，旨在帮助学生理解本章学习内容。本教材案例选择的原则是创新性、本土性、经典性与时代性。

三是实践体系。即结合理论学习进行的实践训练，包括思考题与讨论题、课堂讨论、模拟谈判等。在模拟谈判中，学生通过扮演案例中的角色，实践各章的理论学习内容。

作者简介

白远　教授；曾任北京第二外国语学院国际经济与贸易学院副院长、北京工商大学嘉华学院副院长；2014年获得第十届北京市教学名师称号。先后就读于日本国际大学和美国纽约大学商学院。曾任商务部国际商务官员研修学院、美国西北大学、美国北佛罗里达大学以及科索沃普里什蒂纳大学客座教授。现任中国国际经济合作学会常务理事暨学术委员会委员，中国管理现代化研究会国际商务谈判专业委员会常务理事及专家委员会主任。主要科研领域为中国企业对外直接投资、文化创意产业与产品贸易、国际服务贸易。在国内外期刊上发表论文60余篇，出版专著与研究报告12部。主要教研方向为国际化人才培养与专业课双语教学，出版教材9部，其中北京市精品教材2部，《国际商务谈判》（双语教材）获评“十二五”普通高等教育本科国家级规划教材。曾长期作为特聘专家受聘于世界银行中国农村改水项目国家项目办，曾参加多场大型投资和贸易谈判。长期担任全国高校国际商务谈判精英赛评委。

第七版前言

本教材以习近平新时代中国特色社会主义思想为指导，全面落实党的二十大精神。目前中国经济正处在一个关键的历史发展时期。在后疫情时代，世界各国面临不同的经济发展困境。在中国经济发展的三驾马车中，外需仍然担当了重要角色，中国对外贸易保持稳定增长，彰显了中国产品在世界市场上的强大竞争力。国际商务谈判是国际贸易往来中非常关键的一环，谈判代表如何在谈判桌上为企业和国家赢得应有的利益，同时通过商务活动促进中国与世界各国的友好交往是每个商务谈判工作者都需要思考的重要问题。培养既有理论知识又有实践能力的优秀国际商务谈判人才是国际商务谈判课程应当完成的使命。

作者本着守正创新的理念，进一步充实与完善教材所建立的理论、案例与实践三大体系，注重理论与实践的结合，注重案例学习的创新性、本土性、经典性与时代性。通过案例学习，使学生更清楚地了解谈判的本质，本次修订呈献的更新案例便是这一思想的体现。国家医疗保障局（简称“国家医保局”）药品准入谈判是近年来广受关注的谈判，对该谈判过程与结果的讨论也十分热烈。本教材作者在与商务谈判教师及网友广泛交流和讨论的基础上，应用商务谈判基础理论分析了医保药品准入谈判的实质，这是应用谈判理论分析具体案例的一个示范。中美大学合作交流项目争议谈判则针对合作原则谈判法的理论学习，要求学生应用该法则通过实践解决双方的争议，实现双赢的目的。

在理论学习方面，第七版在第三章增加了实地勘察内容；在第七章谈判力及其来源部分增加了其他因素，如法律和政府的作用。与知识点相关的案例也采用近几年国内外发生的著名事件。

国际商务谈判是一门理论与实践紧密结合的课程。由于它所涉及专业知识具有广泛性，以及谈判实践能增强学生的获得感和成就感，所以国际商务谈判成为广受各类专业学生喜爱的一门课程。编撰本教材的初衷就是为满足学生获取商务谈判知识的愿望而贡献一份力量。

第四版前言

本教材在2014年获得教育部“十二五”普通高等教育本科国家级规划教材的殊荣。本教材能获此殊荣首先得益于全国广大教师和学生的鼎力支持，同时说明本教材所一贯坚持的基本理念与编写原则得到了专家的认可，在此作者表示衷心的感谢!

在本次修订过程中，作者依然坚持一贯的理念，即注重国际商务谈判学科发展的基本规律，注重谈判知识体系自身的发展，从国际商务谈判的发生、发展和影响谈判结果的主要因素出发教授学生谈判发生的根本原因和规律，同时特别注重学生通过实践来掌握谈判的基本理论与知识。本着这样的宗旨，第四版在保留原框架结构的基础上主要从谈判实践方面做出修订，增加了一些最新的具有本土特色和强调实操性的案例研究与模拟谈判，如“中国一汽与德国大众股权变更谈判”“支付问题谈判”，以及体现中国人谈判特点的案例，如“‘给面子’如何‘酝酿’谈判的成功”。在模拟谈判要求方面，更加强调谈判方案的制订，这样做的目的是希望通过强调谈判方案的制订，使学生的学习更有目的性，使他们能够更好地掌握谈判的基本理论与知识。

本教材适用于主修对外经济各领域学科以及国际贸易、国际经济合作、世界经济、MBA、国际关系、国际金融、国际投资、商务英语等的学生。为适应国际商务交流扩大和发展的形势，本教材坚持采用中、英文两种语言出版，特别适合专业课双语教学的需要。

目录

第四章

双赢原则

第五章

合作原则谈判法

第六章

利益分配法则

第七章

谈判力与相关因素

第八章

信任法则

第九章

性格类型与谈判模式

第十章

博弈论及其在谈判中的应用

第十一章

两分法谈判与综合型谈判

第十二章

复杂谈判

第十三章

文化模式与谈判模式

第十四章

谈判风险与管理

第一章
谈判动机与关键概念

重点问题
- 导致冲突的根本原因是什么？
- 解决冲突的基本途径是什么？
- 谈判、冲突和利益得失是如何定义的？
- 人们为什么需要谈判？

案例导入

张老师的困境

张老师夫妻俩都在某所中学教书。他们有一个儿子，刚刚大学毕业，希望今后能出国留学读硕士。

张老师家的日子过得不算富裕，一家人住在两间小平房内。和其他家庭主妇一样，张老师的妻子早就盼着有朝一日能搬到楼房去住，享受一下现代化的住房条件。为此夫妻俩去周围的商品楼销售处咨询过几次，结果一套两居室的房子最便宜的也要大约100万元，而他们现在只有30万元存款。虽然支付买房子的首付款足够了，但其余的房款得向银行贷，不过，他们在退休前便可还清全部贷款。

张老师本人对买房子的热情远不如他的妻子。他对现在的住房感到很满意，况且平房有平房的好处，比如出入方便、邻里关系密切、更有人情味。更重要的是，他自己一直有一个未竟的心愿，那就是拥有一辆自己的汽车。他从小就喜欢旅游，希望有一天能走遍祖国的大好河山，体察当地的风土人情。如果有一辆汽车，他就可以实现儿时的梦想，况且他现在也支付得起，因为只需要一半的存款就足够了。他打算找机会和妻子好好谈谈，但他心里清楚，说服妻子不是一件容易的事。

张老师还没来得及与妻子商谈买车的事儿，他的儿子就回来说，已经收到英国一所大学的录取通知书，这所大学提供一年的硕士学位课程，但课程费和生活费为25万～30万元。张老师听到儿子的打算后感到十分为难，因为他很清楚，如果将这笔钱用于资助儿子留学，那么无论是买房子还是买车子都只能作罢，起码三五年内不可能再考虑。这30万元究竟该如何使用？张老师认为需要与妻子和儿子认真商谈一下。

▶**点评**

在这个案例中，三个人事实上都无法给出同时满足三个人愿望的解决方案，原因在于张老师一家无法用有限的存款同时满足所有人的需求。它展示了资源的稀缺性与人们欲望的无限性之间的矛盾，而这种矛盾恰恰是导致冲突与摩擦的一个重要原因。这个案例也说明了张老师一家可以用商谈来解决这个矛盾，以确定先满足谁的需求。这个案例虽然简单，却揭示了谈判发生的动因。

一、导　论

人类生活在一个资源有限的世界里，但是人类的欲望却是无限的。人类不断增长的、从本质上讲无限的物质需求导致人类与有限的、稀缺的自然资源之间冲突不断。为了解决这一无限和有限之间的矛盾，以达到利用有限的资源更好地为人类服务的目的，人类发展了经济学以解决“生产什么、如何生产和为谁生产”这些基本问题。自然资源的稀缺性还导致人与人之间为争夺有限资源而冲突不断。由于地球上水资源分布不均，在水资源稀缺的地区，如中东地区，水资源成为冲突发生的直接导火索。在中东战争之后，以色列和叙利亚之间关于戈兰高地的长期谈判中的一个焦点就是水资源问题。在以色列同意归还的戈兰高地上有一个淡水湖，当地的两国人民都靠这一湖水维持生命，因此以色列的谈判目标是在归还这片土地之后，以色列人仍能继续从湖中取水。水资源成为谈判的焦点，也大大增大了谈判的难度。

中东地区由水资源引发的冲突仅是无数此类冲突中的一个典型实例。印巴之间的克什米尔冲突、中东地区的石油之争、南部非洲的钻石之争都曾经引发过长期激烈的武装军事冲突和政治对抗。除经济原因引发的冲突外，还有其他各种各样的原因引发的冲突，包括政治、社会、宗教、文化和种族等方面的原因。当然，由经济原因导致的冲突是最根本和最常见的。人类就是生活在这样一个充满矛盾、冲突和对抗的世界里。

既然矛盾与冲突不可避免，那么如何解决矛盾与冲突便成为一个永恒的话题，成为国家、组织和个人普遍关心的问题。纵观人类发展史，人类解决冲突的方法总的来说不外乎两种，武力方式与和平方式，其中和平方式又称谈判方式。从古至今，人类打了无数场战争，有全球范围的世界大战，有局部冲突、部落冲突，还有边界之争。无数这样大大小小的战争都是由各种各样的冲突引发的。作为对武力方式的替代，人类不断通过谈判方式来解决各种冲突。人们打打谈谈，谈谈打打，交替使用武力方式与谈判方式，谈不拢就打，打不赢再谈。

然而，武力方式造成了生命和财产的巨大损失，特别是第二次世界大战给全人类带来的毁灭性打击使各国深切地认识到和平解决冲突的重要性，也就是说，谈判方式无疑是解决冲突的更好方式。特别是20世纪下半叶，和平与发展成为世界发展的主旋律。经济全球化的浪潮将世界各国各地区连接成相互依赖、你中有我、我中有你的整体。谈判被越来越多地应用于国际事务，特别是在商业往来活动中，谈判成为解决冲突的主要手段。

如果你认为谈判仅适用于重大事件就大错特错了。事实上，谈判适用于人们日常生活中的一切冲突、矛盾与不同意见和观点。无论你喜欢与否，每个人都在生活中扮演着谈判者的角色。你可能与你的妻子商谈晚饭在哪儿吃，与你的上司讨论你的晋升问题，与某个陌生人讨论房子的价格；双方的律师为一起车祸在法庭上辩论；几家公司为开发深海石油商谈建立合资企业问题；一国总理与另一国总理商谈限制核武器问题。每个人都希望参与和自己有关的决策；越来越少的人愿意接受由他人独断做出的决定。人生而不同，但是社会发展又往往要求人们达成一致，因此才需要通过谈判来解决人与人之间的分歧。所有这些都是谈判活动，每个人都自觉不自觉地进行着谈判。可见谈判的确已经深入我们生活的各个角落。

由于谈判已经成为一项普遍的社会活动，同时由于它在各国经济活动中所起的不可替代的重要作用，所以谈判已经逐渐发展成为一门专业学科，得到国内外学者的高度关注。然而，谈判发生时间、地点以及人群的多样性和不确定性常常使人们认为谈判无章可循，或者认为谈判是一个玩计谋、跟着感觉走的过程。事实上谈判虽然纷繁复杂，但作为一项普遍的社会活动，必然有其自身的规律，这些规律并不因时间、地点和人物的变化而变化。它们是影响谈判过程与结果的主要因素，也是构成本教材的核心内容。

本教材的课程体系以影响谈判发生、发展和结果的理论知识为内容，通过谈判理论结合案例与谈判实践的学习方法让学生了解这些基本理论知识，培养学生基本的谈判能力与实践能力。

二、谈判释义与关键概念

尽管中国自古就有诸多著名的谈判专家和脍炙人口的谈判案例，但是“谈判”一词却在古代浩渺的典籍中隐而不现。与谈判一词最为接近的词汇是“说”，意即解释、解说、告诉等，更有劝说他人接受或采纳自己意见的意思，这在中国古代被称为“游说”。“游说”一词与现代词语“谈判”的释义可以说十分接近，然而两者之间又有截然不同的方面。古代所说的“说客”事实上与谈判对手——多为当权者或君主——处在完全不平等的地位，这些说客主要是凭着自己的聪明才智和“三寸不烂之舌”说服对方接受自己的观点，而且说客的工作常常具有很大的风险，有时甚至会付出生命。现代意义上的谈判双方，无论其实力大小，都应当是平等的谈判主体。例如在联合国，无论国家大小，每个国家在联合国大会都拥有平等的投票权。既然谈判是如此普遍的社会现象，那么有必要首先解释谈判及其他主要概念的含义。

(一) 谈　判

对现代意义上的谈判一词的解释有几种说法，其中有代表性的观点如尼尔伦伯格的观点。他认为：人们为了改变相互关系而交换观点，或为某种目的企求取得一致，并进行磋商，即是谈判。[①]《谈判力》(*Getting to Yes*) 一书的作者罗杰·费希尔 (Roger Fisher)、威

---

① 尼尔伦伯格. 谈判的艺术. 上海：上海翻译出版公司，1986.

廉·尤里（William Ury）和布鲁斯·巴顿（ Bruce Patton）将谈判描述为旨在通过彼此沟通达成一项协议的“合作的体系”。在这个体系内，双方彼此相关，既有共同利益，又有利益的对抗。

谈判是双方为解决冲突而进行沟通的过程，目的是使双方达成一项协议、解决一个问题或做出某种安排。谈判是从对方那里获取自身利益的基本方式。谈判是在双方拥有共同利益和冲突利益的情况下，为达成一项协议而进行的相互间的交谈。

虽然从定义上说，所有具有以上特征的活动都可被称作谈判，但是并非所有谈判都属于真正意义上的谈判。真正意义上的谈判应当符合以下三个要求。

（1）谈判应当是在双方共同让步的基础上达成协议，谈判中的给予与获取是共同的，单方面的让步和妥协不是真正意义上的谈判。

（2）双方利益的冲突导致谈判的发生，然而如果没有谈判双方的合作，谈判就不可能顺利地进行并取得满意的结果。参与谈判的各方之间存在着相互依赖的关系，即双方之间虽然存在着利益冲突，但彼此只有通过对方才能使自身的利益得以实现，因此谈判是一个既矛盾又统一的结合体。在我们生活中最常见的商品买卖活动中，买方和卖方各自有不同的利益。卖方希望以尽可能高的价格成交，而买方则希望以尽可能低的价格成交。尽管双方的利益存在着冲突，但是为了实现各自的利益——买方通过成交获得商品的使用价值，而卖方通过卖出商品获得经济利益，买卖双方都十分明智地做出一些让步，并最终达成交易。

（3）由于政治、经济、体制、自然条件、社会条件、管理经验、财务状况、人才条件、生产能力等方方面面的因素，参与谈判的各方的实力有着或大或小的差异，这是客观事实。尽管实力不同，但双方的谈判地位和权力是相等的。这种公平性的一个体现是实力较弱的一方有权否决他认为不公平的决议。如果没有这种权力，实力较强的一方就有可能利用有利的形势将自己的意志强加于实力较弱的一方，取得对自己有利的谈判结果。当然，对谈判结果的不同意见应当在签署协议前以公开明确的方式表达。

(二) 冲　突

人们进行谈判是由于存在着冲突，冲突导致谈判。因此，讨论冲突的含义和冲突的本质以及冲突所带来的正反两方面的结果，是更好地理解谈判的关键。

冲突又被称作对抗、争执或不同意见。冲突发生在两个或更多的既有不同利益又有共同利益的相互依赖的当事人之间。冲突可以削弱双方获取利益的能力。

对以上定义有三点需要进一步解释。

（1）冲突的当事方是相互依赖的，也就是说，冲突的双方之间由于利益存在着某种关系，这种关系将双方连接成利益相关的整体。显然，双方如果互不相关，就不会有冲突的发生。

（2）冲突的当事人之间既存在着不同利益，又存在着共同利益。这听起来似乎矛盾，然而，如果冲突双方只有不同利益而不具有共同利益，谈判就会因失去了根基而无法进行。事实上，任何冲突都同时酝酿着共同的利益，这才使谈判成为解决冲突的一个自然程序。

（3）冲突各方自然要为实现自己的利益而努力，同时阻止对方实现其利益，结果将削弱双方获利的能力，减少双方实际获得的利益。

在讨论冲突对人类发展的影响时，人们对待冲突的态度大相径庭，褒贬参半。认为冲突给人类带来了负面影响的人士经常列举冲突所导致的战争、武装冲突等所造成的生命和财产损失，政治和宗教冲突所造成的国家和民众之间的不和，商战所造成的企业倒闭、工人失业等例子。认为冲突可以带来正面影响的人士则指出，冲突可以激发发明创造，促进社会进步和人类的发展。例如，第二次世界大战中发明的用于制造核武器的核反应堆现在被广泛应用于民用发电，极大地弥补了不可再生能源资源的缺口；战争中发明的电子计算机成为信息革命的主角，成为信息产业的支柱。当然，还有一些人采取中立立场，认为冲突既有正面影响，又有负面影响。

以两分法来考虑冲突对谈判的影响，可以从四个方面来讨论冲突与谈判之间正、反两面的特性（见表 1-1）。

表 1-1　冲突与谈判之间正、反两面的特性

	正面特性	反面特性
Ⅰ沟通		
利益	揭开	掩盖
事件	澄清	混淆
Ⅱ创造性		
学习	促进	阻碍
创新	激励	抑制
Ⅲ关系		
紧张	乐观	升级
满意	提高	下降
Ⅳ结局		
获利	高	低
局面	控制	激化

从表 1-1 的分析中我们可以看出，冲突既可以带来有利于谈判的正效应，又可以带来不利于谈判的负效应。事实上，冲突本身是一种不利于和平与发展的因素，关键在于处于冲突中的各方如何控制、掌握矛盾与冲突，使其最大限度地向有利的方向转化。如果有利因素能够得到最大限度利用，不利因素能够得到最大限度抑制，则冲突这件坏事便能朝着促进人类和平与发展的方向转化。

如何控制和管理冲突既是一个理论问题，又是一个实践问题，通过学习可以掌握如何成功地处理不同意见，战胜各种困难，发展面对不同类型挑战的谈判策略，获得应对紧张局面和压力的方法。

（三）利益得失

如果谈判是由冲突引发的，冲突则是由于存在着利益得失的对抗。一方利益的获得是以对方利益的牺牲为代价的，由此产生了双方的矛盾、冲突与对抗。因此，对冲突和谈判的理解应当建立在对利益的理解之上。

利益得失指的是通过谈判可能获取的利益或者将失去的利益，可能避免或者引发的成本。利益得失的确定取决于谈判者所处的现状、选择的方案以及是否还有其他选择；利益得失中的利益，既指眼前利益，又指长远利益，或者谈判者所表达的潜在利益和具体事件。

下面就以上定义做四点解释。

（1）谈判各方通过谈判要么得到期望利益，要么失去期望利益，因此谈判对双方是具有利益关系的事件，也只有关系双方切身利益的谈判才会使人们积极地投身其中。

（2）世上没有免费的午餐，谈判桌上也是如此。谈判双方若想通过谈判获取各自的利益，就必须有所付出。所付出成本的大小取决于谈判双方如何应对谈判，如何处理各自的利益得失。

（3）谈判开始时事态的发展状况是双方衡量利益得失的一个标准。例如就某种产品的价格进行谈判时，市场当时的供需状况是第一个参照指标。在此基础上，双方提出各自的方案并通过谈判确定是保持现状还是改变现状，是选择方案 A、方案 B 还是其他选项。

（4）谈判者的利益既包括眼前利益，也包括长远利益和潜在愿望。谈判者有时必须在眼前利益和长远利益之间做出抉择，以确定是牺牲眼前利益以满足长远利益，还是以眼前利益为重而不顾长远利益。

对利益得失的讨论是谈判中的一个关键点，随后的章节将反复提到利益得失这一概念。在开篇章节中所讨论的几个关键概念是理解谈判的出发点，它们将有助于我们更好地理解谈判的理论与实践。

三、商务谈判与国际商务谈判

（一）商务谈判

谈判如果被应用于商务领域，就是商务谈判。如同其他所有类型的谈判一样，商务谈判也是一个彼此间相互交流和沟通的过程，是彼此间为实现各自的利益而与对方协商、讨论以达成一致意见的过程。商务谈判有其不同于其他类型谈判的特性，这些特性包括以下 5 个方面。

1. 经济利益的得与失是谈判的焦点

参与商务谈判的各方，无论是国家、企业还是个人，都是为了获取经济利益才坐到谈判桌前。作为经济主体，谈判各方都希望使自己的利益最大化，然而谈判是一个“给”与“取”兼而有之的过程，因此谈判双方为了实现各自的经济利益，必须通过谈判的方式探讨各自为获取既定的利益而放弃自己的部分利益的可能性。中国在长达 15 年的入世谈判中，先后与 36 个国家就上千种产品进行了关税谈判。入世谈判之所以长达 15 年，原因就在于中国政府的谈判代表在关系到国家重大经济利益的事项上不能轻易做出让步，例如在中国发展中国家地位问题上坚守自己的立场，因为这关系到中国是否能享受对幼稚产业的关税保护期以及是否能享受只给予发展中国家的特殊待遇——普惠制等优惠待遇问题。在谈判过程中，我国代表在某些方面也表现出了极大的灵活性，如对某些产品的市场准入、关税的降低、服务贸易的市场准入。但是政府之间为经济事务所进行的谈判常常不得不考虑许多非经济因素，如政治问题、外交事务、国家关系，这使得国家之间的商务谈判的焦点往往从经济问题转到政治问题或其他问题上。企业之间的谈判更多的时候是将获取经济利益放在第一位。由于企业经营的目的是使企业的利润最大化，所以谈判的焦点必然是围绕经济利益的得失而展开。

2. 商务谈判追求双赢的结果

参与商务谈判的各方都是在经济利益上互有需求，虽然双方有利益上的冲突，但是双方在彼此依赖的情况下为了实现各自的利益，必然通过谈判解决矛盾，寻求获取各自利益的解决途径，因此商务谈判从本质上讲是双方寻求双赢结果的过程。这一点与政治、军事、外交等谈判有重要的区别。在政治类谈判中，双方关系中的对抗性大大增强，而彼此依赖的关系弱化，因此此类谈判往往是零和博弈的结果。

3. 谈判议题比较具体明确

在其他类型的谈判中，如在外交谈判中，谈判的议题往往十分敏感和微妙，谈判代表常常需要权衡各方影响，谨慎表达。商务谈判所涉及的内容一般比较具体明确。例如：在贸易谈判中，谈判的项目一般包括商品价格、支付方式、商品品质、交货日期、包装、运输、保险、索赔等。在合资企业谈判中，谈判的项目一般包括合资的方式和规模、合资各方的出资方式和作价、合资的期限和清算方式等。在工程承包谈判中，谈判的项目一般包括合同的种类、作价方式、工程范围、工程师和工程师代表的职责权利、工程的保护、工程推迟或停工、竣工和维修、工程变更、违约和仲裁等。商务谈判所涉及内容具体明确的一个体现是运用数字将具体内容量化，从而使谈判各方一目了然。比如商品价格、运货日期、保险金额、商品品质的技术标准等都采用数据表达方式，这样谈判双方对自己利益的得失就一目了然，透明度比较高。当然，在商务谈判中双方对所涉及的商业信息是否有准确和全面的了解，决定了对对方所提供数据准确性的判断，判断失误必然会带来一定的风险。不排除某方以欺诈手段虚报数字和信息的情况，此类行为属于商业欺诈的范畴，自然这样的谈判即便成交也是非法的。

4. 谈判对象具有广泛性和不确定性

商品交易是社会生活的一个基本内容。事实上，每个人都可以成为卖主，也可以成为买主。作为卖主，他可以将商品卖给任何人；同理，作为买主，他也可以购买任何人的商品。商品具有世界性，买卖双方的交易对象可以遍布全国乃至全世界。在竞争的市场上，买卖双方有权选择自己认为最合适的交易对象，因此交易对象是不确定的。这种不确定还来自市场的变化和供需双方需求的变化。为此，商务谈判人员应当及时掌握市场供求关系的变化情况，处理好与现有顾客和潜在顾客的关系。

5. 遵守契约是商务谈判的道德前提

市场经济是法治经济。参与市场经济的行为主体，无论个人、企业还是政府都应当按照市场规律办事。从事商务往来的各方经过谈判后达成协议，或曰合同。合同的当事方在没有特殊情况时应当一丝不苟地执行合同规定的条款。严格遵守合同成为商家建立自己商誉和诚信度的重要部分。在执行合同的过程中，如果一方发现对方有破坏合同的行为，并导致自己遭受了经济损失，遭受损失一方有权通过司法程序，要求对方赔偿自己遭受的经济损失。参与谈判的各方应当明确自己在谈判过程中和谈判结束后所达成的合同权利以及义务，明确自己违约应当承担的责任。不遵守合同不仅损人不利己，而且使双方以后再举行谈判时的阻力加大，因为彼此信任是谈判成功的一个基本条件。

（二）国际商务谈判

国际商务谈判既具有商务谈判的共性，又具有其特殊性。

1. 国际商务谈判环境差异巨大

国际商务谈判是指跨国进行的商务谈判。谈判者一旦走出国门，就进入了另一个与本国完全不同的综合环境。这个综合环境体系的构成从大的方面讲包括政治体系、经济体系、社会和文化体系等，从小的方面讲包括政府的政策规定、法律规定、社会习俗、宗教习俗、商业习俗、语言表达、货币支付等。因此，国际商务谈判是在非常复杂和充满未知的环境中所从事的商务活动，因而风险系数更大。

国内外环境的差异会导致各种各样的矛盾冲突，具体来说有如下矛盾冲突。

（1）经济冲突。经济冲突是指因各方为获取经济利益而引发的各种矛盾和冲突。此类冲突小到为购买一件衣服的价格而发生的争执，大到为上亿美元的投资而发生的矛盾。经济冲突不仅发生在贸易和金融投资领域，而且发生在生产和服务领域，还发生在与宏观经济领域相关的政府的经济调控政策方面。2003 年美日两国与中国就人民币的汇率问题发生的争执就涉及政府的宏观经济政策调控问题。美日等国认为人民币存在币值低估的问题，因此要求中国政府提高人民币的汇率。然而中国政府坚决不同意，认为保持人民币币值稳定不仅是为了满足中国自己经济发展的需要，而且是为了世界经济发展的稳定。

（2）政治冲突。政治冲突是指政府、政党、社会团体和个人在从事与国家内政和国际关系相关的活动中发生的矛盾冲突。政治冲突往往与经济冲突相关联，对经济冲突产生重要的影响，或者反之，因经济冲突导致严重的政治对抗。美国在 2003 年发动的对伊拉克的军事行动是政治冲突加剧的结果，但是在美国对伊拉克军事行动的背后又有着深层次的经济动因，那就是美国意欲控制中东石油的企图，因为石油在目前的世界经济发展中仍然起着举足轻重的作用。2018 年美国对中国发动的贸易战，起因虽然是中美之间的贸易逆差，但贸易战逐渐升级而发展成为美国政府对中国高科技企业的封锁和意欲与中国经济脱钩，进而达到遏制中国发展的政治目的。

（3）宗教冲突。宗教冲突往往是因宗教派别之间对宗教思想、观点和行为等方面的不同意见而产生的矛盾冲突。在世界发展史上，有许多冲突源自宗教矛盾，如宗教矛盾是中东问题复杂化的原因之一。

（4）文化冲突。文化冲突是指由不同的文化习惯、行为和思想所产生的矛盾冲突。人们生活在不同的国度和不同的文化背景下，受各自文化的熏陶形成了许多截然不同的生活习惯、习俗、思想观念和行为准则。在彼此的交往中，如果不了解对方的文化背景和习俗，就不可避免地会产生各种矛盾和冲突。

（5）军事冲突。军事冲突是指包括动用军队和武力在内的冲突。军事冲突往往是经济、政治、宗教和文化等冲突的结果，是冲突升级的表现。

（6）其他利益冲突。国际商务谈判还涉及一些具体的利益冲突，货币使用、支付方式、质量保证、交货时间等都可能使双方产生分歧。

（7）数据冲突。数据冲突是指由于缺乏有效的和正确的数据信息造成的冲突。对相同数据的解释差异、认识的不同和对数据的评估程序不同也是造成数据冲突的原因。

2. 国际商务谈判对手差异巨大

在不同国家文化环境下成长的人因受其环境影响，在商务谈判中在思想理念、行为方式、情感交流、价值尺度、性格类型等各方面都差异巨大。即使是来自相同或者同一文化背景的谈判者也会有不同的行为方式。因此，与每个谈判者打交道都是与一个新的个体文化载体打交道，这使国际商务谈判的复杂性大大增加。

谈判者的差异还在于是否在谈判中真诚对待自己的谈判对手。在有些国家，受文化和传统的影响，谈判者热衷于使用各种技巧，例如掩盖自己的真实意图，以期达到明修栈道、暗度陈仓的目的。然而，如果谈判双方都掩盖自己的真实意图，将重要的事件和无关紧要的事件混为一谈，故意把水搅浑，结果谈判双方都很难判断事情的真伪，则谈判进程必然会变得十分艰难，致使谈判以失败告终。从另一个角度来说，如果谈判双方抱着开诚布公的态度，向对方提供必要的信息，说明各自的利益所在，使谈判内容围绕着与双方利益密切相关的事件展开，则谈判便可朝着成功的方向发展。

3. 国际商务谈判结果具有不确定性

国际商务谈判不仅受到上述环境与个体因素的影响，而且受到周边国家与地区环境、各种内外部势力与不可预见因素的影响，因此谈判结果的不确定性大大增加，一些看似十拿九稳的谈判可能在最后时刻无果而终，使所有努力付诸东流。或者虽然谈判取得了成功，但是在后续的合同执行过程中因受各类因素的干扰而无法落实谈判的成果。

4. 国际商务谈判具有高风险

由于上述种种不确定因素的存在，国际商务谈判的风险大大增加。所谓风险即谈判失败，或结果大大偏离预期的结果，埋下了未来冲突的种子。国际商务谈判的风险来源要比国内商务谈判的风险来源复杂得多，既有外生风险，又有谈判自身的内生风险。

国际商务谈判虽然具有以上种种复杂性，但它毕竟是商务谈判，也遵循商务谈判的最一般规律，即双方谈判的目的是从双方共同的利益出发，通过合作来实现彼此的商业利益。双方为了实现这个目的必须做出努力，在争取实现自己利益最大化的同时表现出足够的灵活性和做出必要的让步。国际商务谈判者如果能够很好地掌握国际商务谈判所需要的知识，了解谈判的复杂性，做好谈判前的充分准备，那么取得国际商务谈判的成功是完全可能的。

思考题与讨论题

1. 利益冲突与谈判之间的关系是什么？

2. 除了武力与谈判外，你还可以提出解决冲突的其他途径吗？

3. 坏事可以变成好事，这样的例子屡见不鲜。你能举几个例子吗？

4. 下面的表 1-2 列举了中国入世谈判时与美国的谈判焦点问题，内容涉及 7 个行业。请仔细阅读双方的要价和还价，并分析双方的利益得失和潜在冲突。

表 1-2 中美入世谈判焦点

行业名称	美方要价	中方还价
电信业	在加入世界贸易组织 6 年内取消对传呼机、移动电话的进口限制，开放国内固定电话的服务领域。在 4 年内，允许外资在所有电信领域持有电信公司最高 49%的股权，对增值服务及传呼服务可持有 51%的股权	中方坚持在电信主营业务中外资参股上限为 5%，而在增值业务中外资参股上限为 30%。同时禁止外商拥有中国互联网公司
银行业	外资银行在中国加入世界贸易组织 2 年内获准经营人民币业务，在 5 年内获准经营金融零售业务	外资银行的人民币业务已在上海、深圳开展，今后可逐步扩大，开放金融零售业务仍不具备条件
证券业	外资进入中国证券市场	从未承诺对外资开放中国证券市场
保险业	保险公司中外商的股权比例达到 51%，并可在 2 年内成立全资分支机构	合资保险公司已允许外商持股五成，其他分歧正在缩小
高科技行业	中国把目前（指谈判时）平均 13.3%的科技产品关税逐步降为零。在 2005 年以前，取消电脑、电信等产品的关税	已经承诺降低工业品关税，目前（指谈判时）的障碍是美国对其高科技产品的出口限制
汽车业	在 2005 年之前进口关税由目前（指谈判时）的 80%以上降至 25%。汽车零件进口关税平均降至 10%。自 2005 年起取消汽车进口配额	中方承诺降低关税
纺织业	到 2005 年，美国仍保留对中国纺织品出口配额的限制	中国入世后美国立即取消该项歧视性条款

注：(1) 根据中美之间达成的最终协议，外资银行在中国入世 5 年后可享受国民待遇；2 年后外资银行可对中国企业开展人民币业务，5 年后可对中国居民开展人民币业务。对外资银行的区域限制将在 5 年内取消。

(2) 中国承诺入世 6 年后将汽车及其零部件的关税降低到 25%。

5. 小组讨论。阅读下面的对话。这是一次十分普通的商务谈判，但它涵盖了谈判、商务谈判和国际商务谈判的一些基本要素。请尝试做个分析，并回答它涉及了谈判、商务谈判和国际商务谈判的哪些基本要素。大家可以结合本章正文的内容寻找合适的答案。

- 这种款式的运动服现在的报价是多少？
- 每打成本加保险费和运费，纽约的到岸价是 1 160 美元。
- 我算算。哎呀，这么贵！比我去年向你们订购的价格贵了 10%。
- 我认为这个价格是很公道的。你知道，自去年以来，我国国内的原材料价格上涨了，工人工资也在上涨，成本提高了，利润下降了，再加上我们出口美国的关税也在增加，所以这个价格一点都不贵。

● 如果我按这个价格买进，就没什么赚头了。我希望能便宜点儿。110 美元怎么样？

● 什么？你说 110 美元？

● 啊，对不起，我说错了，我的中文真糟糕，我的意思是 1 100 美元。

● 恐怕不行。不过，如果你的订货超过 800 打，我方可以考虑给你们一些折扣。

● 你也知道，受新冠疫情影响，美国的消费力在下降，我们现在的销售市场也不确定，所以订 600 打已经不少了。

● 好吧，但是如果你能接受我们的支付条件，我可以打一点折扣。

● 你们的支付条件有变化吗？

● 是的。我们要求总价款中用信用证支付的比例比去年提高 10%，这样我们可以考虑给你 2.5%的折扣，就是 CIF① 纽约 1 131 美元/打，怎么样？

● 让我再算算。好吧，为了我们今后的合作就订购 600 打，每打 1 131 美元吧。

● 好的，一言为定！

6. 阅读案例研究 1-1 并讨论下列问题：

(1) 分析在中美知识产权谈判中中方和美方的利益。什么是双方的眼前利益？什么是双方的长远利益和潜在利益？

(2) 对中美知识产权谈判的结果产生影响的主要事件是什么？

(3) 导致中美两国在知识产权方面发生冲突的主要原因是什么？

(4) 你认为中国在谈判中所做的让步是否值得？中国需要知识产权保护吗？

7. 阅读案例研究 1-2 并讨论下列问题：

(1) 克莱斯勒公司错失进入中国汽车市场良机的原因是什么？

(2) 它的机会成本是什么？

案例研究 1-1

中美知识产权谈判

1995 年 2 月 26 日，持续了 20 多个月的中美知识产权谈判最终达成了协定。

(一) 谈判过程

1994 年年末，正当中国全力以赴为在年底前实现加入关税及贸易总协定的目标而努力之际，中国和美国关于知识产权的谈判也进入了关键阶段。到 1994 年 12 月 14 日，两国之间关于知识产权的谈判已经持续了 20 个月，然而并无实质性进展。美国首席谈判代表明确表示，如果中国拒绝美国的要求，美国将阻止中国加入关税及贸易总协定，同时美国威胁要对中国实施经济制裁。

作为回应，中国对外贸易经济合作部部长吴仪表示，美国拒绝承认中国在知识产权保护方面已经取得的前所未有的成绩，企图借用知识产权问题阻挠中国加入关税及贸易总协定；中国不会屈服于美国实施经济制裁的威胁，美国宣布制裁中国之时即是中国宣布报复性措施之日。

果然如吴仪所言，1994 年 12 月 31 日，就在美国特别贸易代表米奇·坎特宣布价值

① CIF 是 cost、insurance and freight 的缩写，中译名为“成本、保险费加运费”，在国际贸易中被称为“到岸价”。

28亿美元的中国出口产品的制裁清单之后仅一小时，中国也提出了报复性产品清单。美国对中国销往美国的部分产品征收100%的惩罚性关税，这些产品主要包括电子产品、鞋、玩具、皮包、发电机、自行车和手表等。从制裁产品清单提出的12月31日开始，经过30天的公开讨论期后，最终结果将于1995年2月4日公布。中国的报复性产品清单包括美国生产的电子游戏机、游戏卡片、盒式录音带、激光磁盘、香烟、酒、化妆品和出口到中国市场的其他美国产品，对这些产品征收100%的关税，并暂停批准美国公司及其子公司在中国建立控股公司，不允许美国生产商在中国开设办事处。

1995年1月18日，美国和中国重开谈判，谈判持续了10天但是没有取得任何进展。于是1995年2月4日，美国谈判代表公布了对中国出口美国产品的最终制裁清单。但与第一份清单相比，这份清单在制裁的项目和价值两个方面都有所改变。制裁将对包括手机、传呼机、塑料产品和运动器械等在内的35项、价值10.8亿美元的产品征收100%的惩罚性关税，其价值不足第一份清单的一半。而中国最终的报复性产品清单没有任何改变。美国的制裁将于1995年2月26日生效，而中国的报复性清单也将于同一天生效。

中美两国处在贸易战的边缘。贸易战可能带来的严重后果引起了各方的深切关注，特别是中国周边的国家和地区。《日本时报》评论说，在贸易战中没有赢家，没有人希望这场贸易战发生。中国需要美国的市场，因为中国每年有价值380亿美元的产品销往美国，几乎占其出口总额的30%。美国制裁的对象是中国最具活力和利润最大的出口产品。

在短期内，中国的报复性措施对美国的影响是有限的，因为被征收高关税的美国产品又频繁地以走私方式进入中国，而悬而未决的谈判要到第二年才会有结果。然而从长远的角度看，一场全面的贸易战将会把美国电信公司、飞机制造商和汽车制造商排除在迅速发展的中国市场之外。贸易冲突的扩大也会波及亚洲其他经济体，对它们的经济产生影响。一些亚洲经济体的企业在中国南部省份投资建厂，目的就是利用当地低廉的劳动力和在贸易方面的优惠待遇。这些企业的产品出口也将随着中美贸易战的爆发而受到严重影响。美国的制裁也会对中国香港的经济增长产生负面影响，因为中国香港是许多中国出口产品的转口口岸。

尽管双方在谈判立场上仍然存在分歧，但在美国宣布制裁生效最后日期的当天晚上，也就是1995年2月26日晚，中国和美国就知识产权保护问题最终达成了一致意见，避免了一场险象环生的贸易战。

中美双方最终达成的贸易协定被国际舆论普遍称赞为一个双赢的结果。中国对外贸易经济合作部部长吴仪说：这个协定是我们双边关系的一个新的转折点。美国首席谈判代表巴尔舍夫斯基称赞这个协定具有历史意义。她说：这是在美国与其他任何国家所进行的谈判中唯一最全面和最详尽的协定。当时的美国总统克林顿评价说：对美国公司和美国工人来说，这是一个强有力的协定……对那些阻止美国具有竞争力产品出口的外国关税壁垒，我们利用了一切可以利用的手段与之进行斗争。

尽管舆论普遍认为中美所达成的协定是一个双赢的结果，但美国的舆论则认为美国是绝对的赢家。《洛杉矶时报》评论说，中国对美国的强硬要求做出了让步，坎特于星期六签署的美中保护知识产权的协定，被广泛地认为是中国政府同意对侵犯出版权、专利权和商标权的行为进行打击。

美国方面的满意不是没有理由的。按照所签署的协定，美国得到了中国完善打击盗版法，加强执法力度，惩罚非法拷贝唱片、计算机软件和其他知识产品的行为的承诺。中国政府在这个协定中做出了如下承诺。

第一，立即采取全面措施打击盗版行为。

(1) 确定一个特别强化执行期，在此期间，加大清除大规模生产盗版产品的生产商及销售盗版产品的销售商的力度。

(2) 采取措施打击目前正在生产盗版产品的工厂。

(3) 禁止非法产品的出口，包括盗版光盘、激光唱盘和光驱，投入足够的力量以保证这项行动的实施。

第二，从长期的角度制定措施，以保证知识产权保护措施的有效实施。

(1) 保证中国的政府部门不使用未经授权的知识产权产品，中国政府要投入足够的力量以确保只采购经过授权的、合法的计算机软件。

(2) 成立强有力的知识产权保护执行机构，包括由中央、省和地方三级组成的知识产权工作小组。

第三，向美国知识产权所有者提供进入中国市场的渠道，这包括以下承诺。

(1) 对从美国进口的音像制品不设定进口配额。

(2) 允许美国唱片公司在中国销售它们生产的全部类型的产品，但是要服从中国的审查制度。

(3) 允许与美国知识产权有关的公司在中国成立合资生产企业，在中国生产和再生产它们的产品。

根据这些条款，首先，美国为它的出口商打开了中国娱乐市场的大门，保证了美国工业品能够进入中国这个巨大的市场。其次，也是更为重要的一点是，美国把自己的法律体系和文化价值观念进一步推向中国的法律体系和社会生活，这无疑会对中美关系产生更加重大的影响，从长远的角度看，美国将会从这个结果中获益。

中方从美方又得到了什么？美国承诺支持中国加入世界贸易组织的要求。美国贸易官员表示，将允许中国有更多的时间，甚至是几年的时间来逐步取消某些产品的关税和保护性贸易限制措施。美国在中国以发展中国家的身份加入世界贸易组织问题上做出的让步尤其令中国政府感到满意，因为加入世界贸易组织，即关税及贸易总协定的后续组织，一直是中国的主要目标。

那么中国为什么一改过去几乎不向外部压力妥协的个性而同意了美国的要求呢？为什么美国在知识产权谈判中采取如此强硬的态度而最终又在中国加入世界贸易组织的问题上表现出灵活的态度？对中国来说，最容易解释的答案在于中国加入世界贸易组织的迫切愿望。潜在的原因是中国不仅亟须建立知识产权保护的法律体系来保障外国知识产权所有者的权益，而且需要保护自己的知识产权所有者的利益。对美国来说，它在中国知识产权保护问题上采取强硬态度却在中国加入世界贸易组织问题上做出让步的目的在于进入中国巨大的市场和维护自身的经济利益。此外，还有一个重要原因是，中美两国间的贸易不平衡程度在不断加大，美国对中国的贸易处于逆差状态。贸易逆差问题虽然不是影响此次谈判结果的直接因素，但是一个重要的间接因素。

（二）中国加入世界贸易组织的历程

1. 中国为加入世界贸易组织所做的努力

中国是关税及贸易总协定的缔约方之一。1950年，曾经代表中国的国民党当局宣布退出关税及贸易总协定。在随后的一些年中，中华人民共和国政府恢复了在一些主要国际组织中的席位，包括在联合国和国际货币基金组织中的席位。1982年，中国获得了关税及贸易总协定的观察员身份，并且于1986年7月10日正式提出了恢复中国关税及贸易总协定缔约方席位的申请。从那时起，审议恢复中国关税及贸易总协定缔约方席位的中国工作小组即宣布成立。到1994年年底，中国工作小组已对这个问题进行了18次讨论，取得了很大的进展。有鉴于此，1994年11月28日，中国谈判代表向关税及贸易总协定秘书处提出，恢复中国缔约方席位的谈判应在1994年年底结束；如果中国不能在最后期限之前恢复关税及贸易总协定的席位，中国将在市场准入方面不再做出任何新的让步，也不会主动提出召开任何双边会谈，中国将不再建议与中国工作小组举行更多的工作会议。1994年12月20日，中国为恢复关税及贸易总协定缔约方席位所进行的长达8年的努力以失败告终。

中国在恢复关税及贸易总协定席位上遭受的挫折，在中国人民中也产生了巨大的反响，因为中国政府为恢复关税及贸易总协定的席位/加入世界贸易组织已在全国做了大量的宣传准备工作。更为重要的是，为恢复关税及贸易总协定的席位和加入世界贸易组织，中国政府采取了许多果断的措施来改革经济和法律体系。从1979年到1994年，“中国政府已公布了五百多项法律和法规，这些法律和法规主要涉及经济领域和引入外资以及外国技术”。在中国工作小组召开的18次会议上，中国政府在外贸计划、外汇体系、价格体系、国内税收、关税和非关税、农业产品和非农业产品、服务和贸易、政策的持续性和透明度等方面做出了几百项重要承诺，这些承诺中的绝大部分都已提前兑现。

2. 中国复关/入世地位的争论

中国为什么在1994年年底未能恢复在关税及贸易总协定的席位？中国认为，尽管日本和欧盟都支持华盛顿提出的条件，即在进入中国的商品和服务业市场等方面获得更优惠的市场准入许可，增加经济政策决策上的透明度和加大对知识产权的保护力度等，然而阻碍中国入世的罪魁祸首则是美国。

中国一直坚持以原始缔约方身份恢复在关税及贸易总协定的席位，并且以发展中国家的身份加入。中国坚持的理由是，作为当时拥有12亿人口的贫穷的发展中国家，中国有权保护自己的幼稚产业，并要求按照发展中国家的待遇，减免关税及贸易总协定在对外贸易方面所要求的许多负担。作为发展中国家，关税及贸易总协定缔约方的身份使中国有权享受普惠制（GSP）待遇。普惠制待遇是发达国家向发展中国家的一些产品出口提供的非互利性的关税优惠待遇。按照世界贸易组织的规则，发展中国家可以在加入世界贸易组织后的前三年中维持现有的关税水平和其他进口限制，在这个期限结束后，必须通过谈判决定是否延长关税保护时间。这样的关税保护措施对中国来说是十分重要的，因为中国可以引用该条款来保护自己的幼稚产业，如汽车、电子、化工和航空。中国还可以采取措施来维持国际收支的平衡，同时能对国外出版物或对威胁国家安全的其他产品的进口实施限制措施。

作为关税及贸易总协定的原始缔约方和世界贸易组织的成员，中国应在非歧视的基础上享有与其他成员同样的贸易最惠国待遇。这一点具有十分重要的意义，特别是当时美国频频利用中国的最惠国待遇问题作为达到其政治目的的砝码。如果确定了中国作为缔约方和成员的地位，中国就免去了每年必须通过评审才能获得最惠国待遇的麻烦。[①]

然而，美国官员却一再地对中国的发展中国家身份问题提出质疑。他们认为，中国不是发展中国家，应该以发达国家身份加入世界贸易组织。为支持这个观点，克林顿政府的官员列举了中国不断增长的出口和大量的外汇储备作为证据。正是鉴于上述理由，美国拒绝承认中国的发展中国家身份，拒绝按照关税及贸易总协定的规定和乌拉圭回合谈判中就农产品和技术贸易关税问题所达成协议的规定给予中国发展中国家所应该享有的待遇，抵制中国在加入世界贸易组织后享有发展中国家应享有的在较长的期限内逐步削减关税和解除贸易保护性限制的优惠条款。

中国加入世界贸易组织争论的焦点就集中在了中国的发展中国家身份上。中国是世界第十大贸易国（1996 年），1995 年国内生产总值（GDP）列世界第三位（按照购买力平价计算的结果）。从 1979 年到 1994 年，中国的 GDP 平均增长率为 9%。但是，中国的高增长率并不等同于高工业化水平和高生活水平。由于中国薄弱的经济基础和当时 12 亿的庞大人口（其人口当时以每 7 年增加 1 个亿的速度增长），中国事实上不可能在改革开放后不到 20 年的时间内摆脱贫穷。按照 1994 年世界银行发布的《世界发展报告》，中国的人均国民生产总值在全世界排在第 105 位，属于贫穷和低收入国家。在联合国发布的报告中，中国被明确地划入发展中国家行列，甚至许多美国学者也从来没有质疑过中国的发展中国家身份。

中国是发展中国家，这是无可争议的事实，但美国为什么拒绝承认中国是发展中国家这个事实呢？尽管在中国有一些人认为美国的所作所为是出于它的政治目的，美国希望借中国入世的问题来牵制中国并且迫使中国在台湾地区的问题上做出让步，但其实美国在这一问题上最根本的关切还是自身经济利益。

很明显，美国的主要意图就是迫使中国在市场准入问题上做出重大的让步。例如，美国要求中国提供对 156 项产品实施免税措施的具体日程；大幅度地降低纺织品和化工产品的关税；开放中国的保险、电子通信等服务业市场和批发市场。美国连同欧盟和日本一起坚决反对中国把汽车工业作为幼稚产业加以保护的要求。当时，国际上普遍认为中国的汽车市场是 21 世纪最有希望和最有利可图的市场。当时有研究预计到 20 世纪末，中国的小轿车需求量（不包括其他类型的车辆）将达到 600 万辆，年需求量为 100 万～140 万辆；到 2010 年，中国对汽车的需求量将达到 2 000 万辆，年需求量为 350 万～400 万辆。毫无疑问，美国作为最有竞争力的轿车生产国必定会尽最大的努力来分享这块巨大的蛋糕。

除上面提到的有关利益外，美国关心的另一个问题的焦点是中国的服务业市场。为

---

① 美国谈判代表在一次讨论中国加入世界贸易组织申请的非正式会议上表示，世界贸易组织的最惠国待遇条款不适用于美国和中国。这意味着即便中国加入世界贸易组织，美国仍可能抵制给予中国最惠国待遇。

了获得这个市场的更大份额，美国一直对中国施加强大的压力，以促使中国采取措施来保护美国的版权、工业设计权、商标权和发明权。这些权利统称知识产权。知识产权的保护问题才是两国贸易摩擦发生的根本原因。下面的部分将讨论美国为什么如此热衷于知识产权的保护和中国如何应对美国的压力。

（三）知识产权保护问题

1. 美国在保护知识产权方面的利益和它采取的多边与单边保护措施

知识产权赋予产权所有者从他们创造的知识产品中获取经济利益的权利，包括创意、技术、研发以及其他类型的创造性成果，如书籍、计算机软件、艺术品和影视作品成果。如果没有对知识产权的保护（它们通过专利权、商标权和版权的形式体现），知识产权的所有人将很难防止他人仿制或使用他们的创意或产品。

知识财富指的是人类所发明和创造的产品在广义上的体现。它包括两个主要内容：一是工业产权，包括发明权、商标权和工业设计权；二是版权。在1996年以前的10年里，在发展中国家和发达国家之间，有关知识产权的纠纷已成为司空见惯的事情。发展中国家较低水平的知识产权保护状况常常是纠纷发生的原因，因为这些国家的政府允许国民通过廉价方式使用新技术产品，这种做法被美国人称为“损人利己”的行为。然而事实上，这样的纠纷同样发生在发达国家之间。例如，美国软件制造商协会曾声称日本是世界上最大的软件盗版国，其盗版的价值相当于美国工业每年为日本支付了30亿美元的成本费。该协会还估计，在欧洲，盗版给美国所带来的损失估计总值为45亿美元。美国《时代》杂志估计美国1993年因计算机软件盗版而遭受的损失超过16亿美元，其中中国占3.22亿美元，韩国占3.71亿美元，日本占8.54亿美元，德国占1.31亿美元。然而美国的统计数据经常是不准确的。例如，美国音乐制造业声称，由于中国的盗版行为，它在中国音乐市场中损失了30亿美元。这一数字远远超过中国全部音乐CD制造业当时的产值。此外，与购买美国的流行音乐相比，中国的音乐消费者更喜欢购买中国歌手和艺术家的唱片。

美国作为知识产权产品和服务的主要出口国，长期以来一直倡导在贸易大家庭中加强对知识产权的保护，因为美国认为由于国外的知识产权保护状况不良，美国的发明者和创造者遭受了重大的经济损失。1988年，美国国际贸易委员会的一项研究认为，国外知识产权保护的不良现状致使美国经济每年损失240亿美元。

知识产品进口国家和知识产品出口国家之间在经济利益方面的冲突，为美国提供了采取多边和单边行动措施来加强知识产权保护的理由。美国在20世纪80年代初期就试图把知识产权保护议题列入关税及贸易总协定的议程中，但遭到了广泛的质疑和反对，特别是以巴西和印度为首的发展中成员。[①] 但是，由于美国不断施加压力，在乌拉圭回合谈判中，知识产权保护最终被列入关税及贸易总协定的议程中，谈判最终达成的协议被称为《与贸易有关的知识产权协议》。

除了多方努力外，美国也寻求更加强硬的报复手段以惩罚那些被认为侵犯美国知识产权的国家。为达到这一目的而采取的最重要措施是1984年对301条款的修改。该条款

---

① 即使在乌拉圭回合开始之后，巴西和印度仍然坚持抵制知识产权保护的谈判，直到1989年4月才放弃。

也被称为特别 301 条款，它首次赋予美国总统以法律权力，来对那些未能提供充分、有效的知识产权保护措施的国家采取制裁措施。1988 年美国又通过了一项新的特别 301 条款，新条款要求美国谈判代表确定那些未能在知识产权保护方面及时采取充分、有效的措施和在消除这个问题方面没有进展的重点国家。1989 年 5 月，美国发布了第一个特别 301 条款报告。在这个报告中，美国的谈判代表没有指明任何重点国家，而是提出了一个重点考察国家名单和一个定期考察国家名单。包括中国在内的 8 个国家被列入重点考察国家名单，另有 17 个国家被列入定期考察国家名单。1991 年年初，中国、印度和泰国成为特别 301 条款的制裁对象。1992 年 1 月 17 日，中国和美国签署了《中美关于保护知识产权的谅解备忘录》，但很快在 1994 年 6 月，美国谈判代表又把中国列入特别 301 条款的重点考察国家名单，由此将两国带到了贸易战的边缘。

美国在要求其他国家加强知识产权保护方面采取强硬措施，是出于以下几个原因：除了美国所宣称的在海外遭受的损失外，美国认为美国国内的就业也受到了严重的影响。但更为重要的原因是，从 20 世纪 70 年代末开始，美国在制造业方面的贸易一直呈现巨额逆差，然而其服务贸易却一直表现良好，为顺差，这意味着美国希望依靠其服务贸易顺差来维持它的国际收支平衡。在 1960 年，美国从工业产权中获得的收入为 6.5 亿美元，到 1989 年便增加到 80 亿美元。当时，美国的经济正处于从以产业经济为主的结构向以信息和高科技为主的结构转型的阶段，这一趋势代表了发达国家经济发展的主流。在这样的经济转型期，美国采取强有力的措施来保护它的知识产权以维持它在信息和高科技领域的统治地位，以及在世界市场份额方面的竞争力，并且利用知识产权作为减少其贸易逆差的手段，便不足为奇了。

2. 中国的知识产权保护状况

美国在知识产权保护方面的利益导致美国对它所认为的违反知识产权法的国家采取强硬的措施，并通过这种手段来教导那些国家学会如何依法规范它们的行为。中国是世界经济舞台的后来者，其政治和社会体系以及文化观念与美国有很大的差别，因此极易成为美国的攻击目标，特别是当美国看到中国市场存在的巨大经济利益和美国估计的因中国较低的知识产权保护水平导致的严重损失时，美国更加不会轻易放过中国。

然而，正像许多中国官员和学者所反复指出的那样，中国仅在短短的 10 年内便完成了保护知识产权的立法工作，而西方国家却用了几十年甚至一个世纪的时间。从 20 世纪 90 年代初起，中国开始大幅度地修改和完善国内在专利权、商标权、版权和不正当竞争等方面的法律条例，力图使自己的法律体系与世界贸易组织的知识产权法接轨并达到国际法律的标准。这些法律在很大程度上反映了工业化国家法律的影响。例如，中国所采用的税收体系与美国的税收体系相近，而约束合同成立行为的法律和关于赔偿、违约等行为的法律，则将普通法法系与大陆法法系结合在一起。中国在起草工业产权法，也就是商标权法和专利权法时，专门派出了一个代表团赴联邦德国学习，联邦德国也派了专家到中国进行指导。由于这些原因，中国工业产权保护的法律体系从一开始就是与发达工业国家一致的。

自 20 世纪 80 年代中期以来，中国便开始逐渐加入某些重要的国际条约。1984 年，中国加入了《保护工业产权巴黎公约》。1989 年，中国加入了《商标国际注册马德里协定》。1992年，中国加入了《伯尔尼保护文学和艺术作品公约》以及《世界版权公约》。1994年，中国加入了《专利合作条约》。现在可以说中国有关知识产权保护方面的法律体系与现有的贸易伙伴国已相差无几。

然而必须看到，中国不具有知识产权保护的文化背景，而且中国的传统社会价值观认为知识是人类的共同财产。在中国，人们长期以来一直相信知识是每一个人都可以分享的社会财富。这种观念可以追溯到唐代，当时不少作家奉献自己的作品而不署名。自然，受这样的观念影响，中国人在思想深处并不认为分享知识是错误的，更不要说是违法的了。更为重要的是，保护知识产权的观念是从外部强加到中国人头上的，这也引起了他们的抵制，因为中国人事实上常常拒绝外来的干预。中国的历史对人们的提示是，欺凌政策必定适得其反，无论出于何种目的。正是在这样的背景下，中国取得了上述所有成就。

当中国在20世纪80年代向世界打开大门时，它所面对的是一个知识产权保护已经达到相当高水平的世界，以及美国为保护其知识产权而斗争的形势，特别是在冷战结束以后，美国更是加大了对知识产权的保护力度。中国已经认识到为了发展国家的经济，为了与世界经济接轨，也为了自己的生存和发展，必须采取保护知识产权的措施。保护知识产权不仅是为了保护国外的知识产权所有者的利益，而且是为了保护自己的利益。从某种意义上讲，中国是出于自身的利益而向美国的压力做出妥协的，但是从积极的意义上讲，美国的压力使中国加快了知识产权保护立法的进程。

1993年，正像当时的中国国家版权局副局长所指出的：出台仅3年的《中华人民共和国著作权法》还需要一些时间，才能够展现它的丰硕成果。但是美国人似乎缺乏对这一点的正确理解。他们只看到了新法规中的不完善之处。由于美国对中国的情况缺乏了解，只一味强调保护自身的利益，必定会使中美关系处于紧张状态。事实上也有不少美国学者完全理解中国的状况。他们指出：外国知识产权所有者应当注意参与和鼓励中国自己在知识产权领域进行的“自我教育”的努力。

案例研究1-2

克莱斯勒公司错失进入中国汽车市场良机

20世纪80年代中期，美国克莱斯勒公司本来可以成为率先敲开中国这个世界上人口最多而人均轿车占有率最低的国家的市场大门的公司，只是由于在激烈的国际竞争中的一念之别，而与这一机遇失之交臂，反而成全了德国大众汽车公司。20世纪80年代中期当中国轿车工业刚刚起步时，国际汽车业的“巨头”并不把中国放在眼里，它们感兴趣的是在中国卖车，而不是与中国合作生产汽车。

中国汽车业的决策层当时准备从克莱斯勒公司购买一条它即将淘汰的道奇轿车生产线。由于购买一条道奇600生产线的消息走漏了出去，克莱斯勒公司认定中国的合作对象非它莫属。因此，当中国第一汽车集团有限公司的代表赴美谈判时，克莱斯勒公司突然把这条旧生产线的价格提高到1 800万美元。中方代表的还价只有100万美元，连美方要价的零头都不到。中方代表直言不讳地指出：这是一条要拆掉的旧生产线，如果我们不买，它的价值等于零；若我方买了，对我们有利，对你们更有利，我们决不会出很高的价格来买这条旧生产线。中方代表还暗示中方已经派代表团去德国大众汽车公司进行考察。然而，克莱斯勒公司也许太大意了，把中国人传递的信息当成了耳旁风。在克莱斯勒公司得知中国汽车业决策层选择了德国大众汽车公司作为合作伙伴后，破天荒地提出要把道奇轿车生产线的报价降到 1 美元，但为时已晚。中国第一汽车集团有限公司和德国大众汽车公司合作生产奥迪轿车的意向书在几天后签署。后来的事实证明，德国大众汽车公司通过与中国的合作获得了丰厚的回报，中德合资的轿车企业占了中国汽车市场的半壁江山。

第二章
谈判程序与结构

重点问题
- 谈判的基本程序与一般结构是什么？
- 谈判过程中谈判者应考虑的要点是什么？
- 商务谈判的基本程序是什么？

案例导入

罗奕：几位请进入会客室。

艾玛：谢谢。(走入会客室。)

罗奕：欢迎，欢迎诸位光临本公司，请在这里就座。

阿德里安：谢谢，你们好！

罗奕：我们之前已经书面交流过几次了，此次是第一次见面，我先介绍一下我方人员。这位是王强先生，这位是陈芳女士，我叫罗奕。

艾玛：我来介绍一下我方人员。这位是法国帕克公司的经理阿德里安先生，这位是经理的助理玛丽小姐，我是秘书艾玛。

阿德里安：有幸认识诸位，我很高兴。不过请问哪一位是王经理？

罗奕：对不起，我忘了介绍了。这位王强先生就是王经理。

阿德里安：你好，很高兴认识你。

王强：谢谢。我们也很高兴能认识诸位。请喝茶。阿德里安先生，在北京感觉怎么样？

阿德里安：刚到的时候因为时差的原因不太习惯。现在好多了。

王强：几位第一次来北京，可要多住几天。

阿德里安：谢谢。这次我来北京，一方面代表本公司对贵公司几年来的照顾表示感谢，另一方面想同贵公司讨论一下我们订购产品的相关问题。我想先谈谈价格，如何？

王强：阿德里安先生，我知道贵方对价格十分在意，不过，我们此次会面还有其他几项内容要谈。我们先明确一下要谈的议题好吗？

阿德里安：当然可以，你先请。

▶**点评**

在上述对话中，罗奕在介绍我方人员的情况时只提到姓名而没有具体说明每个人的职务和职责，这是造成阿德里安不得不再次询问的原因。正确的做法是，罗奕在介绍我方人员时应当将每个人的姓名、职务、主要职责介绍清楚，这是谈判开始阶段不可或缺的一部分。谈判开始时先明确一下谈判的议题是非常有必要的，而阿德里安在谈判刚刚开始时就急于谈价格这个比较敏感的话题，对此王强的回复既有策略性又符合谈判开始的一般程序，因此阿德里安也十分赞同。

一、谈判程序

了解谈判这一社会活动，最好是从剖析它的外部结构和内部结构开始。事实上，无论谈判的内容和形式如何，从谈判的外部结构和内部结构来看，谈判都遵循一个较为固定的程序与框架。下面先从谈判程序即外部结构来看谈判的发生：（1）介绍谈判组成员；（2）制定谈判日程；（3）进行实质性谈判；（4）对谈判进行总结。

（一）介绍谈判组成员

正式的谈判一般从介绍谈判组成员开始。但是在正式介绍开始前，主队与客队都应找到自己合适的位置坐好。中国的习惯是将面朝门的位置视为贵宾席，因此客队通常被安排在贵宾席，而主谈坐在中间位置。如果是涉外谈判，翻译一般坐在主谈的右边。

成员介绍从主队的主谈开始，主队成员介绍完毕后再介绍客队成员。介绍的内容应包括姓名、职务和职称、专业领域、主要职责等。介绍团队成员不仅仅是一个程序问题，也不仅仅是一种客气的表示，更是一个不可或缺的部分，因为在谈判过程中除了主谈判会场外，双方谈判组常常会根据谈判的专业性质分成若干个小组，以便双方负责某项议题的成员直接对话，这样做可以极大提高谈判的效率。因此，通过介绍，双方谈判组的专家可以掌握对方成员的情况，以便随时商谈和咨询。

（二）制定谈判日程

谈判双方需要讨论的第一个议题常常是日程的安排。对复杂和重要的谈判而言，日程的安排显得格外重要。谈判日程的安排不仅是一个时间表问题，而且体现了双方的谈判策略和行为习惯的不同。既然存在着不同，就需要通过谈判来解决。

很显然，在谈判者的思维中并非所有谈判议题都同等重要，每场谈判都有其关键议题和难啃的硬骨头。有些人倾向于在谈判开始后即进入关键议题，即采取先难后易的做法。他们的想法是：首先，在谈判一开始可以集中精力，并且有充足的时间来讨论最关键的议题；其次，讨论困难议题导致的紧张气氛可以在谈论较为轻松的议题时得到缓解，使谈判在友好和富有成果的气氛中结束。

除以上先难后易的做法外，人们在选择做事的顺序时也各有自己的习惯性做法。例如，在一个小试验中，桌上按①～⑤，磕碰范围从大到小的顺序，摆有 5 个苹果。只有位置⑤的苹果没有一丁点磕碰，完好且新鲜。规则是一天只能吃一个苹果。现在选苹果吃。下面两种做法，你会选哪一种呢？

第一种：按①～⑤的顺序，苹果从差到好（先难后易）。

第二种：按⑤～①的顺序，苹果从好到差（先易后难）。

有人可能会选择第一种，有人可能会选择第二种。第一种做法考虑的是先难后易，苦尽甘来，让最糟糕的事情先过去。这样做得到的精神回报是渡过难关后尽享收获的喜悦。第二种做法考虑的是先易后难，每一天吃的都是当前最好的苹果，精神回报是天天都是好日子。

正如选择苹果一样，安排谈判日程的另一种做法，即先易后难的做法，是从相反的方向开始，即从不重要的、容易达成协议的议题谈起，然后是较难的和关键的议题。这样安排日程的优点是谈判可以从轻松、友好的气氛开始，逐步过渡。双方在开始时建立的友好关系和信任感将有助于解决后续的困难问题。

先易后难的日程安排方法迎合了一些人希望将难啃的骨头拖得越后越好的心理，特别是当谈判者预见到双方的分歧会很大、任何一方都不会轻易做出让步时，就更有可能选择先易后难的做法。正是鉴于人们不同的行为习惯和出于不同的考虑，如何安排谈判日程就成为第一个需要通过谈判解决的问题。在这一问题上达成协议有利于双方的利益。

（三）进行实质性谈判

在谈判日程确定后，谈判即进入实质性阶段。按照双方达成的谈判日程安排，双方就各项议题进行商谈。实质性谈判阶段是谈判最关键的部分，后面的章节将主要针对这一部分展开。

（四）对谈判进行总结

总结是谈判全过程的最后一个阶段。它的必要性和重要性在于通过回顾总结对各项议题达成的一致意见和仍存在的不同意见，确认对所达成的协议已确实不存在疑义。因为常常存在这样的情况：一些看似取得了一致意见的议题到最后阶段往往又会出现新的问题，因此需要进一步讨论和澄清。此外，谈判中可能会有一些被遗漏的问题或被忽略的事件，对此也许可在总结阶段加以解决。对一些谈判未能解决的问题也要有一个交代，以确定何时解决和怎样解决。总结还应包括今后如何实施协议，对相应的措施做出必要的部署。

根据总结阶段可能涉及的问题的大小和多寡，总结也许只需要几个小时，也许会延续几天或更长的时间。总之，分出一些时间和精力耐心地进行谈判总结是十分有必要的，它将有助于取得谈判的最终胜利。

谈判程序的四个步骤根据谈判类型的不同可以有所变动，例如简单谈判和非正式谈判可省去一些步骤，直接进入实质性谈判阶段。一般例行公事的商业往来，或者已建立固定关系的商业伙伴之间的谈判都是开门见山，直接进入关键议题。

二、谈判的一般结构

谈判程序描述的是谈判的外部结构，而下面要剖析的则是谈判的内部结构，即谈判的一般结构。之所以称其为一般结构，是因为无论何种谈判——复杂的和简单的、正式的和非正式的、国际的和国内的——都要经过这样的过程。懂得了谈判的一般结构即懂得了谈判的实质。

如前所述，无论何种谈判都存在利益冲突，冲突导致了谈判的发生。因此，谈判的过程就是解决冲突从而使双方利益实现的过程。由于谈判具有这一共性，所以所有谈判都在一个基本相同的框架内进行就不足为奇了。谈判的这一内部结构可表述如下：

（1）确定利益与议题；

（2）设计与提出方案；

（3）引入评价方案的标准；

（4）估计各自的保留点与底线；

（5）寻求达成协议的替代方案；

（6）达成最终协议。

下面就以上步骤的含义做解释。

（一）确定利益与议题

谈判各方的利益是多层次和多目的的。有些利益是公开表述的，而有些利益是潜在的和不公开的。人们出于不同的考虑，有时不愿意将自己的真正意图袒露出来。但是对谈判双方来说，只有明确各自的利益所在，谈判才有明确的目标，才能做到有的放矢。因此，在谈判开始后尽快确定双方的利益，特别是潜在的和隐藏的利益，是取得谈判成功的第一步。确定双方的利益有时需要一个过程，特别是对方潜在的和隐藏的利益只有在与对方的逐步交谈中才能确定。十分遗憾的是，不少谈判者既不十分明确自己的利益所在，又不清楚对方的利益所在，从而导致谈判失败。例如，著名 A 公司招聘职员，公开写出来的条件与其他公司的大同小异，要求有一定的学历，特别是要有实践经验等。一位应聘的年轻人小王认为自己的条件具有很强的竞争力，因为与其他应聘者相比，他的学历、经历、职位等都高出一筹。在面试时，他大谈特谈与客户建立的关系、与其他公司的交往等。当面试官询问他负责的产品的生产情况、产地情况时，他却知之甚少。A 公司感兴趣的不是善于搞关系的人才，而是真正脚踏实地地工作的人，因此小王的所谓长处反而成为他失败的根源。

谈判双方还应确定谈判的议题，因为利益是抽象的，而议题是具体的，是利益的载体。例如，在一项简单的交易中，买方的利益是以最低的价格获取最好的产品，而卖方的利益则是以尽可能高的价格出售自己的产品。这样价格就成为谈判的议题，双方的利益通过价格得到体现。

（二）设计与提出方案

在确定谈判议题并明确双方的利益之后，双方即设计并提出各自解决问题的方案。这里的方案指各方为实现自身利益而就建议、条件、要价等提出的想法。在双方交换意见之前，谈判方案主要表达的是谈判一方对谈判议题的想法与要求。

（三）引入评价方案的标准

一方提出的方案要接受另一方的评价，对对方的方案如何评价取决于各自的标准。例如，买卖双方对商品的价值都有自己的估计，因此以什么价格成交，双方都有各自的标准。在日常生活中买裙子的谈判中，卖方提出 200 元一条，而买方可能认为这条裙子只值这个价格的一半。在这类例子中，卖方一般处于有利地位。他的第一次报价一般是为了试探买方对市场信息的掌握程度。如果买方缺少对该产品的了解，就只能依赖对市场的一般知识来确定该产品的价值。买方可以通过货比三家来提高自己讨价还价的能力。由于任何一方都希望使自己的利益最大化，所以评价的标准有时可能相去甚远，双方的不同利益在此时互相碰撞，产生冲突，引发激烈的争论和矛盾。

（四）估计各自的保留点与底线

如前所述，谈判的过程就是解决冲突、缩小差距、达成解决问题的一致意见或做出某种安排的过程。但是当谈判双方的方案差距过大、无法达成一致意见时，就需要考虑什么时候离开谈判桌。何时离开谈判桌是谈判双方根据各自的保留点，也就是最低要求决定的。如果谈判无法满足一方认定的底线，则谈判者将退出谈判并宣告谈判失败。在前面提到的买裙子的例子中，假设卖方将价格降至 160 元时便达到了底线，低于这个价格卖方便无利可图，而买方能够承受的最高价格是 140 元，高于这个价格便超出了她的支付能力，那么，140 元和 160 元就分别是买卖双方谈判的底线。

保留点是谈判者为保护自己最基本的利益而设定的一条底线。在漫长的入世谈判中，中国为入世设定了几个基本原则，其中之一便是以发展中国家的身份加入世界贸易组织。如果这些基本原则不能得到满足，中国宁愿推迟入世。应当注意的一点是，不应将底线看作是固定不变的。这样的想法会误导谈判者以最低标准为谈判目标，妨碍谈判者争取更好的结果。底线仅是为自己设定的基本利益，而谈判者应当为争取利益最大化而努力。

（五）寻求达成协议的替代方案

当双方的条件分歧很大而无法弥合时，似乎只有宣布谈判失败。但是在很多情况下，谈判双方并不希望看到谈判以失败告终，因为失败意味着任何一方的利益都无法得到满足。此时有能力和有作为的谈判者应善于提出新的建设性方案，而新方案应表现出创造性和灵活性，并尽可能地朝着彼此能接受的方向靠拢，以争取得到认可。一个新方案的提出并不意味着双方就一定会接受此方案，它还要经过双方的再评价。有时提出多个方案后才有可能找到最切实可行的方案。

罗杰·费希尔、威廉·尤里和布鲁斯·巴顿三人在其著作《谈判力》中提出了“谈判协议的最优替代方案”的概念。谈判协议的最优替代方案指的是在对方的谈判条件和其他更好的机会之中做出的最好选择。下面的例子可以帮助我们理解它的含义。如果你对老板付给你的工资不满意，希望他给你加薪，你和他谈判时的最好筹码是什么？是一支枪还是另一家与你们构成相当竞争力的公司提供的工作机会？

寻找最优替代方案并非容易的事情。需要进行大量的调查和思考，还要衡量与比较你的选择和其他方面的选择。调查显示，大多数谈判者都不重视提出最优替代方案，原因是他们都太过于乐观和自信。事实上绝大多数谈判都不可能靠一个方案达成协议，缺少替代方案的谈判常常以失败告终。

下面是应用谈判协议的最优替代方案的实例。

第一步：头脑风暴。假设公司为海外销售代理费而与国外代理商进行谈判。如果国外代理商不同意6%的代理费，谈判代表可以考虑的替代方案是什么？注意，替代方案的选择应当建立在实际和可靠的信息上。例如可以考虑如下三个方案：通过国内销售商；利用互联网从事国外市场业务；增加海外代理商的代理费。

方案1：通过国内销售商；

方案2：利用互联网从事国外市场业务；

方案3：增加10%的海外代理商代理费。

第二步：对各种可能性做出评价。谈判代表可以根据可能的销售额来确定方案的选择。假设海外的潜在销售额为2 000万美元，三个方案取得这个销售业绩的可能性各为0.5、0.2和0.3。代理费和销售成本分别为：

方案1：7%；

方案2：4%；

方案3：10%。

可预见的销售额为：

方案1：2 000×0.5=1 000（万美元）；

方案2：2 000×0.2=400（万美元）；

方案3：2 000×0.3=600（万美元）。

销售代理费为：

方案1：1 000×7%=70（万美元）；

方案2：400×4%=16（万美元）；

方案3：600×10%=60（万美元）。

根据以上结果，谈判代表可以选择的最优方案是方案1。

第三步：确定保留点（谈判底线）。计算三个方案的销售价值。

方案1：7%×0.5=3.5%；

方案2：4%×0.2=0.8%；

方案3：10%×0.3=3.0%。

将各项计算结果相加后得：

7%×0.5+4%×0.2+10%×0.3=3.5%+0.8%+3.0%=7.3%。

因而7.3%为底线价格，也就是谈判代表给海外代理商的代理费不应超过7.3%。

（六）达成最终协议

如果新的方案成功地弥补了双方的差距，则可达成最终的协议并宣布谈判成功。当然，有时候所有方案都不成功，谈判失败是在所难免的。谈判者可寻找其他机会，或在条件成熟时再恢复谈判。

下面的埃及与德国关于返还埃及法老金棺棺盒的谈判可以起到帮助读者更好地理解谈判结构的目的。

埃及法老阿赫那吞是埃及第十八王朝的国王。他的金棺棺盒有一人高，重1 500千克，外层大部分由黄金制成，工艺十分精致，让众多的参观者赞不绝口。在20世纪上半叶，由于疏于管理，金棺棺盒不翼而飞，流落他乡。埃及方面直到1985年才得知金棺棺盒在德国慕尼黑埃及艺术博物馆进行修缮。埃及当即要求德方在金棺棺盒整修完毕后将其归还埃及，而德方则提出以埃及博物馆的其他文物作为交换，并且要求埃及补偿德方修缮金棺棺盒的费用。对德方提出的条件，埃方认为有悖于埃及的法律，因此断然予以拒绝。德方则认为金棺棺盒目前在德国，德国有实际所有权，并且德方修复金棺棺盒也付出了很高的代价，因此要求补偿是合理的。由于双方的立场相去甚远，谈判无果而终。从此谈判停顿了近十年。1994年德方再次提出以埃及长期向慕尼黑埃及艺术博物馆出租文物为交换条件归还金棺棺盒，埃及仍不能接受，因为这样做既不符合埃及的法律，也不符合国际上归还失窃文物的惯例。谈判再度陷入僵局。2000年，在埃及总统穆巴拉克的直接干预下，谈判再次恢复了。埃及方面提出迟迟不归还金棺棺盒将对埃德两国间历史悠久的良好关系产生负面影响。在这样的压力下，德方最终同意无条件归还法老金棺棺盒。2002年1月25日，这个三千多年前的古代埃及法老金棺棺盒终归故里。

三、商务谈判结构

商务谈判结构与前面所述的一般谈判结构是一致的，之所以单独强调商务谈判结构，是由于商务谈判的每一个阶段都有自己特殊的表达方式，即我们所说的职业行话。商务谈判的过程可以表达为询盘、发盘、还盘和接受四个阶段。通过询盘和发盘，谈判双方的利益和要求得到明确表达，同时提出了谈判的方案和评价标准。通过还盘和接受，谈判双方寻求弥合分歧的方法并最终达成协议。尽管商务谈判结构和一般谈判结构本质上是一致的，但是商务谈判的每个阶段都有其严格的法律解释。

（一）询　盘

询盘又称寻价，是买卖双方中的一方欲出售或购买某种商品而邀请对方提出交易条件的行为。询盘的形式不拘一格，可以是口头的或书面的，也可以由买方提出或由卖方提出。询盘的内容包括商品的价格、品质、成交量、包装、运输、支付条件等所有交易条件。询盘的目的是了解行情，寻找商机，因而不具有任何法律效力，对询盘方也就没有任何约束力。

（二）发　盘

发盘或报价是指买方或卖方向对方提出各项交易条件，是谈判的中心环节。通过提出成交条件，买方或卖方明确表达了希望以所提出的条件成交的意愿。发盘可以以口头或书面的形式提出，也可以以双方都理解的其他方式提出。发盘的内容必须清楚、准确，必须由发盘人或他的法定代理人通过适当的途径传达到受盘人。受盘人必须与发盘人直接联系，否则将得不到发盘。一旦对方同意接受所提出的成交条件，该条件就成为合同书中的一部分，因而具有了法律效力。一项报价在规定的有效期内或被对方否定之前都被认为是有效的。发盘通常规定了该盘的有效期，即受盘人决定接受条件的期限。超过了规定的期限，发盘人即不受该盘的约束。

(三) 还　盘

还盘是受盘人不同意发盘的交易条件而提出修改或增加新条件的行为。受盘人对原发盘的条件进行的修改和提出的新条件即构成还盘。有时还盘可反复多次，这个阶段称为"讨价还价"阶段，是商务谈判中最困难的阶段。对还盘方来说，他的还盘又构成了新的报价，而该报价对发盘人具有法律约束力。

(四) 接　受

接受是买方或卖方无条件同意对方在发盘中提出的交易条件，并愿意按照该条件与对方达成交易、订立合同的一种肯定表示。接受必须是明白无误的表达，不得含混不清。接受必须包括发盘中的全部条件。受盘方一旦明确告知发盘方愿意接受对方的条件，交易即告达成，合同即告订立，双方就要受合同的约束。接受可以是采用签字形式以书面方式送达的通知，也可以是以其他方式传达到发盘人的承诺。

询盘、发盘、还盘与接受从本质上讲与前面所述的一般谈判结构一致，所不同的是这里使用的语言是高度精练的专业术语。其他类型的谈判，如合资谈判、技术转让谈判、国际工程承包谈判、对外加工装配业务谈判等，从本质上讲也都可以用一般谈判结构来分析，但是与商务谈判一样，这些谈判都有各自的专业术语，因此在谈判前应根据不同谈判内容进行必要的准备。

思考题与讨论题

1. 你在谈判中试图寻找对方的利益所在吗？
2. 如果你的第一方案失败了，你一般会准备替代方案吗？
3. 你在谈判中设有自己的标准吗？你的标准是有目的地确定的还是随意确定的？
4. 按要求做模拟谈判"一次经济衰退"。
5. 阅读案例研究 2-1 并讨论下列问题：

(1) 你认为这个案例体现了谈判双方的给予与获取共存的原则吗？

(2) 寻找替代方案在这个案例中起到了怎样的重要作用？

(3) 为什么买方也同意卖方提出的提供自己成本信息的要求？买方的成本包括什么？

6. 阅读案例研究 2-2 并讨论下列问题：

(1) 美方谈判方案中的主要议题是什么？

(2) 美方在贸易谈判中体现的最重要利益是什么？在贸易争端背后美方谋求的长期利益是什么？

(3) 美方在每项议题中提出的主要条件是什么？

(4) 在第二条中，美方要求中方撤回在 WTO 对美方的申诉，而且不得对美方采取的措施实施报复行为。你如何看待这样的要求？

(5) 美国在这个谈判框架中不仅对中方提出数量要求、日期要求以及政策及法律方面的要求，而且做出对中方的审查规定，你如何看待美方提出的这些要求？

(6) 从美方提出的条件中你对美国政府在谈判中的行为有了怎样的了解？

模拟谈判

一次经济衰退

（一）背景介绍

一家利润中等的欧洲公司，其所在区域正在遭受经济衰退，主要现象是高达 10%的失业率和 0.5%的通缩率。公司管理层决定采取措施渡过难关，避免损失。公司采取的措施一般是裁员和降薪。在与劳方的谈判中，管理层提出两个选择方案：(A) 将所有雇员的工资降低 7%；(B) 解雇 5%的蓝领工人，将白领工人的工资降低 3%。

（二）谈判要求

分析劳方和资方各自的主要利益和谈判底线，与你的谈判伙伴商量资方的哪个方案对劳方更有利。如果劳方对资方提出的两个方案都不满意，可以再提出什么方案？

可组成若干个谈判小组，每个小组由 4 人组成，2 人为劳方谈判代表，2 人为资方谈判代表。

案例研究 2-1

对等性让步原则

一家大型的、享有国际声誉的快餐业零售商同一家薯条供应商联系，邀请其就供应薯条做出发盘。供应商考虑到良好的盈利前景，对这笔生意很感兴趣。但就在正式进行谈判之前，买方提出了前提条件，那就是要求卖方提供一份经过审计的公司产品成本结构清单。

卖方陷入了进退两难的境地：一方面，卖方确实很不愿意向买方披露这样敏感的公司内部信息；另一方面，卖方又很想做成这笔生意。谈判刚开始时，卖方坚持这样的信息属于公司机密，不能向买方提供，但买方坚持认为此信息的提供是前提条件，如果卖方不满足此条件，生意便做不成。谈判进行到这里，卖方提出先暂停谈判。之后卖方认真分析了当前的形势，认为如果己方一味坚持自己的立场，认为成本信息属于公司秘密，很可能会导致谈判破裂。卖方决定在再次谈判时提出，以提供成本信息为条件，要求买方同自己达成独家供应协议。但当双方重新开始谈判时，买方仍坚持卖方先满足提供成本信息的前提条件，谈判再次陷入僵局。

卖方再次仔细分析了当前形势，决定运用对等性让步原则，并最终向买方提出："如果你方愿意提供贵公司的成本信息，我方也愿意提供相应信息。"出乎卖方的意料，买方同意了这个要求，很快谈判气氛得到了缓和，双方开始就具体贸易细节问题进行谈判。

最终，只剩下买方分给卖方多少利润的问题。双方讨论了多个方案，最终决定采用双方平分销售价格高出成本的那部分利润的方案。

案例研究 2-2

2018 年中美贸易战之美方谈判条件

2018 年 3 月 3 日至 4 日，在中美贸易摩擦愈演愈烈之际，美国派出了一个高级别代表团前往北京与中方就贸易问题举行磋商。美国代表团包括美国财政部部长姆努钦、美国商务部部长罗斯、美国贸易代表莱特海泽、总统贸易与制造业政策顾问纳瓦罗、美国驻华大使布兰斯塔德和总统国际经济事务幕僚艾森斯塔。中方领队为主席高级经济事务顾问、副总理刘鹤。谈判将讨论如何解决当前的贸易争端。

5 月 4 日《华尔街日报》披露了美方代表团的谈判框架，并在免责声明中声称，下面所提供的美国代表团的谈判框架草案仅是为了帮助双方坦诚地、建设性地交换意见。这个文本不是一个国际合同文本，有待进一步审查。由于时间关系，出于对双方即将磋商事务严肃性的考虑，本文件在访问前发表，同时对文本的审查还在继续。美方代表希望本周末在北京讨论该草案以及相关的议题。

平衡美利坚合众国与中华人民共和国之间的贸易关系①

美国和中国需要立即减少美国与中国的贸易赤字，保证在公平及无歧视的前提下中国市场向美国的贸易商和投资者开放。

第一条：减少贸易赤字

中国承诺与中国进口商共同促进进口，以取得中美协议达成的目标。制定这些交易额的主要目的是让中国在自 2018 年 6 月 1 日起的 12 个月内减少 1 000 亿美元的对美贸易顺差；此外还需在自 2019 年 6 月 1 日起的 12 个月内继续减少 1 000 亿美元的对美贸易顺差。如此到 2020 年年底中国的贸易顺差与 2018 年相比将至少减少 2 000 亿美元。

中国承诺在 2018 年 6 月 1 日—2019 年 5 月 31 日新增的 1 000 亿美元进口中，至少 75%购买的是美国产品；在自 2019 年 6 月 1 日起的 12 个月内，在新增的 1 000 亿美元进口中，至少 50%购买的是美国产品。

第二条：保护美国知识产权

(1) 中国立即停止针对制造业的补贴和其他形式的政府支持，因为这样做可能会造成这些行业产能过剩。

(2) 截至 2019 年 1 月 1 日，中国将取消涉及技术转让的特定政策和做法。

(3) 中国立即采取可被验证的手段，确保阻止入侵美国公司商业网络的行为，并确保阻止通过网络盗取美国公司的知识产权、贸易机密和商业机密的行为。

(4) 中国应加强知识产权保护和执法力度。

(5) 到 2019 年 1 月，中国应取消对技术进出口管理的相关规定，同时取消中外合资

① 该文件为 2018 年 5 月 4 日美方对中方开出的要价清单，其中体现了美方对中方的许多无理要求。

企业法中有关执行条款的规定，这些条款已经在美国向WTO提出的“中国有关知识产权保护的一些措施案”（DS542）中提出并与中国进行磋商。

（6）中国应在2018年7月1日前撤回在WTO的诉求（即和美国就从中国进口商品征收关税进行磋商的要求）（中国和美国对部分中国产品的关税措施案，DS543），同时中国不再在WTO争端解决机制的规定框架和程序下就此问题对美方采取更多行动。

除此之外，中国不得针对进口的美国农产品对美国采取和即将采取的行动，包括美国新提出的限制中国投资或进口方面的措施，采取任何形式的报复行为。这些行为包括对从美国进口的商品征收关税，以及对从美国进口的农产品采取不必要的卫生和植物检疫措施，设置不必要的技术性贸易壁垒，进行反倾销及反补贴调查，以及进行歧视性的检查、检疫和测试等。

中国应立即停止现有正在计划中的报复行为，同时中国应同意立即停止通过网络操作、经济间谍、伪造和非法复制等方式窃取美国技术和知识产权的行为。

中国同意遵守美国的出口管制法律。

第三条：对敏感技术的投资限制

考虑到中国流行的投资管制和国家导向的对美国敏感技术领域的投资，中国应确保对美国限制中国投资美国的敏感技术领域或事关美国国家安全的关键领域的行为不反对、不质疑或不另外采取报复措施。

第四条：美国在中国的投资

中国应认识到中国不能通过投资限制来扭曲正常贸易关系，中国任何有关投资的限制或条件都必须限定在小范围内并且要透明。

中国必须给予美国投资者公平、有效和不歧视的市场准入待遇，包括去除针对外资的投资申请限制、对外资企业所有权和股权比例的要求。为了促进这些原则，中国应在2018年7月1日前发布改进后的覆盖全国的外商投资负面清单。在中国发布这个负面清单之日起的90天内，美国将清查目前存在的，没有按照公平、有效和不歧视的市场准入待遇对待美国投资者的限制行为。在收到美方确定的此类限制后，中国应在美中规定的时间表内取消所确定的全部投资限制。

第五条：关税和非关税壁垒

中国的关税和非关税壁垒显著地高于美国大多数同类可贸易商品。对美方所关切的关税和非关税壁垒问题，中国应承诺采取如下解决措施：

（1）到2020年7月1日，中国应把所有非关键领域的产品关税降到不高于美国同类产品关税的水平。

（2）中国应取消特定的非关税壁垒。中国应认识到美国可能对关键领域产品实施进口限制和关税壁垒，包括中国制造业计划涉及的部门。

第六条：美国服务和服务提供商

为使美国服务和服务提供商获得公平的待遇，中国承诺用指定的方法改善市场准入条件。

第七条：美国农产品

为使美国农产品获得公平待遇，中国应承诺用指定的方法改善市场准入条件。

第八条：执行

中美每季度开会讨论协议目标和改善措施的进展情况。

如果美国认为中方未能履行此框架的承诺，包括赤字目标，中国应认可美国将会加征额外的关税或者采取其他针对中国商品的进口限制措施，或者对中国投资和服务进行限制，直到达到美国认为合适的程度。

中国还应当确保不会采取抵制、质疑或者其他任何形式的行为来反对美国根据本文件内容附加的关税和其他限制措施，同时中国不会利用 WTO 争端解决机制提起申诉。

中国撤回在 WTO 针对美国（美国-价格比较方法的相关措施案，DS515）和欧盟（欧盟-价格比较方法的相关措施案，DS516）将中国列为非市场国家的申诉，并在将来也不会在争端解决机制下对中国非市场国家地位提出申诉。

除此之外，如果美方收到中国通过第三国转运禁止进口商品的书面消息，无论变更与否，中国都需要在 15 天之内提供每批转运货物目的地的详细信息。如果中国没有做到，或者信息显示转运行为仍在发生，美国将征收与可疑转运货物价值相等的关税。

中国确切知晓如果未能执行框架协议里的任何承诺，按照第二条第三款中中国的承诺或第二条最后一段，美国将会征收从中国进口产品的关税，美国海关和边境检察官将没收假冒和仿制的产品，或者征收关税以弥补美国技术和知识产权的损失。中国承诺对本款所提的美国加征的关税和没收的产品不采取任何报复行动。

第三章 谈判润滑剂

重点问题

- 谈判者必须做的谈判准备工作包括哪些？
- 为取得谈判成功应制定哪些目标？
- 在谈判中信息为什么如此重要？
- 谈判组应包括哪些成员？
- 谈判地点的选择对谈判结果有什么影响？

案例导入

星瑞广场项目是一个综合型建筑群，主体建筑地上9层地下2层，还有购物休闲等配套设施。该项目的业主是一家实力雄厚的大企业，企业总经理贺锐曾经在部队服役，转业后进入该企业。由于他作风干练果断，很快将企业做成现在的规模。对这样一个高端且有影响力的大型建筑项目，不少建筑承包公司都跃跃欲试。在这些竞争者中鑫兴公司属于竞争力最强的一家，而且它的老总与贺锐关系也不错。一天鑫兴公司的副总经理张端约见贺锐，想与他谈谈项目的事。两人在办公室见面后贺锐直截了当地让张端谈谈他们公司承包这个项目的优势。张端回答说："我们公司实力雄厚，技术先进，一直秉承客户至上的原则，可以满足你们所有的需求。"听闻此话，贺锐说："你们回去后再仔细考虑一下，我认为你们还没有做好准备。"与此同时，另外一家规模较小的公司——新发公司也想参与这个项目的竞争，希望通过这个项目提升企业形象，获得上升的途径。为此，新发公司不仅通过联合另外一家公司的技术人员制作出周密的项目3D规划图，而且对贺锐做了深入调查，发现他在企业中比较独断专行，而且他已经年近59岁，退休进入倒计时。针对这些情况，新发公司的两位项目负责人抓住一次"偶遇"的机会，利用贺锐给出的一分钟时间做了2件事：一是表明他们可以在第二年12月底前竣工，二是用随身携带的电脑快速展示了他们所制作的项目3D规划图。贺锐摇上车窗，不置可否，开车走人，但是3分钟后又返回来，说："明天到我办公室，我们面谈。"事后新发公司了解到，鑫兴公司虽然技术与资金实力都在自己之上，但该公司是按照招标书中提出的时间做的项目规划。当贺锐提出工期能否提前十几天，第二年年底前竣工时，鑫兴公司没有同意。这样新发公司凭借信息优势，特别是贺锐期望的竣工日期赢得了该项目。

▶点评

鑫兴公司之所以没能拿下这个项目，是因为该公司自认为凭借雄厚的实力和与贺锐不错的个人关系便可拿下该项目，张端所说的“可以满足你们所有的需求”只是一个泛泛的表达，恰恰说明他们缺少具体的准备。新发公司不仅对项目的施工做了周密的规划，而且对贺锐本人也做了认真的调查，满足了他希望在退休前主持竣工仪式的愿望。这个案例说明，谈判的准备工作包括方方面面，机会只留给有准备的人。

所有的谈判，特别是关系重大的谈判都需要做谈判前的准备。从某种意义上说，准备工作所起的作用相当于使谈判顺利运转的润滑剂。准备工作是谈判不可分割和最基本的部分。通过谈判的前期准备，谈判人员可以获得至关重要的信息，获得与对方讨价还价的砝码，从而建立信心，增加谈判的胜算。在国际商务谈判中，谈判失败的一个最重要的原因就是缺乏充足的准备和信息不全面。谈判者如果不能全盘掌握谈判的局势，不了解自己的谈判对手，缺乏对对方信用状况和市场的充分了解，就不可能做出正确的判断和正确的决定。正是由于这些原因，国际商务谈判成为高风险的活动。为了规避风险，或使风险下降到最低程度，谈判前的调研准备就成为谈判成功的基本要素。在当今的信息社会中，由于信息传播工具的发达，调研准备工作已变得越来越方便、快捷。不同的信息渠道，特别是互联网的应用使人们在全球范围内获取信息成为轻而易举的事情。

与谈判有关的准备工作包括以下几个方面：（1）做好知识准备；（2）设定谈判目标；（3）进行信息调研；（4）配备谈判组成员；（5）确定谈判地点；（6）制订谈判方案。根据以上几个方面的内容，谈判者即可规划谈判框架，选择、制定谈判策略。

一、做好知识和能力准备

商务谈判是知识密集型活动。商务谈判不是伶牙俐齿的辩论过程，更不是秀技的场所，而是谈判双方运用自己的学识与智慧为了实现各自的商业利益不断缩小彼此的差距、达成共识的过程。为了成为一个优秀的国际商务谈判人士，学习掌握必要的知识是基础和前提。商务谈判者应掌握的知识既要有广度，又要有深度。谈判者既要掌握与谈判相关的理论知识和商务领域的专业知识，又要掌握许多其他领域的知识和能力，它们是谈判者综合能力的体现。概括地说，国际商务谈判者的知识和能力结构应当是M形结构，即基础知识、谈判学基础理论知识与实践能力、谈判扩展知识与实践能力。掌握并能够正确地应用这些知识、具备相应的能力是谈判者首先应当具备的条件，见图3-1。

（一）基础知识

一名合格的商务谈判者必须具备商务谈判相关领域的基础知识，这样才可能在国际商务谈判中游刃有余。在基础知识列表中，与商务谈判有最直接关系的基础知识包括商务知识、国际政治知识、法律知识、跨文化知识、沟通学知识、社会学知识和心理学知识等，以及其他与商务谈判主题相关的专业知识。基础知识的获取可以通过在校学习、自学、“干中学”等方式完成。虽然基础知识不是本教材讲解的重点，但是在进行国际商

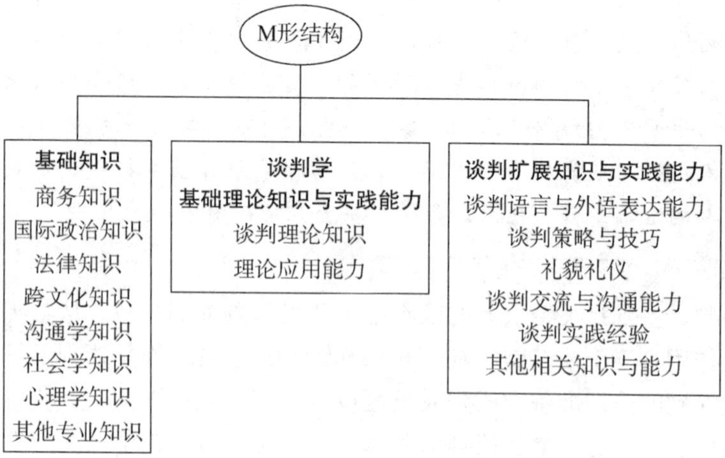

图 3-1 商务谈判人员的 M 形知识和能力结构

务谈判时谈判者却是围绕这些知识的应用展开的。

（二）谈判学基础理论知识与实践能力

谈判学基础理论知识是谈判者基本素质的组成部分，既是一个合格的商务谈判者应当具备的基本知识，也是谈判课程教学的核心内容。谈判学基础理论知识与实践能力的构建注重谈判知识与相关谈判能力培养之间的关系，使学生在学习谈判理论知识的同时获得理论与实践相结合的能力。在谈判过程中，是否能正确应用相关的知识只是一个方面；另一个更重要的方面是谈判者能否利用这些专业知识为己方获得应有的利益，这是谈判理论知识与专业知识相结合的过程，因此是更高层次的知识的应用与能力。

（三）谈判扩展知识与实践能力

谈判扩展知识与实践能力指的是在掌握了谈判学基础理论知识与实践能力后应当掌握的与谈判进行相关的知识，包括谈判语言与外语表达能力、谈判策略与技巧、礼貌礼仪、谈判交流与沟通能力、谈判实践经验等。这里要强调的是，不能空谈策略，更不能以技巧代替基本的商务与谈判理论知识。与谈判实践相关的能力，例如商务谈判知识的应用能力、掌控谈判的能力、灵活应对的能力等主要是通过实操获得和加强。

下面以实例说明掌握基本的商务知识与能力是进行商务谈判的基础和前提。在“一带一路”基础设施建设项目中，某商业银行希望为参与建设的某大型国有工程承包公司提供资金，同时希望参与该项目投资的还有另外几家银行。为了获得工程承包公司的认可，在谈判中获得更有利的地位，并且在与同行的竞争中胜出，负责该项目的银行项目经理至少应当具备的专业知识和能力包括：尽职调查能力、可行性分析和盈利性分析能力、风险管理能力、专业会计分析能力、行业运作分析能力、业务结构设计能力、头寸匹配能力、外汇业务知识、国家外汇政策分析能力、对竞争对手情况的了解、英语沟通能力等。在此类上亿元融资项目中如果一方发现对方是外行，就有可能对其产生不信任，或者放弃与对方的合作，或者借机为自己谋取更多的利益。除具备上述基本的业务知识与能力外，银行项目经理能否成功地获得该项目的投资机会就取决于他与承包公司、主管部门、其他职能部门、国内外其他支行、竞争对手之间的谈判结果了。可见，商务谈判是对谈判者的知识与能力以及智慧要求极高的活动。

二、设定谈判目标

设定谈判目标包括两个步骤：进行利益抉择和设定目标层次。

（一）进行利益抉择

一次谈判可能涉及谈判双方多方面的利益与问题。谈判者希望通过谈判获得的利益往往是多层次和多方面的。所涉及的利益与问题有轻重缓急之分，还有相互平衡和制约的因素。因此谈判者就应全盘考虑自己的利益得失，确定哪些利益应当首先得到满足，在哪些问题上可以做出让步以达到丢卒保车的目的。

为了说明这一点，下面通过一个简单的例子和一个较复杂的例子加以解释。当谈判双方的利益性质单一、所涉及的问题单一时，谈判目标的设定是一个简单的过程。例如，当谈判的焦点是价格时，对买方来说，他的利益所在就是以尽可能低的价格成交；对卖方来说，他的利益所在就是以尽可能高的价格成交。但是当谈判涉及的是发放贷款时，在借款方的偿债能力有保障的前提下，谈判双方至少要考虑两点：一是贷款利率；二是贷款期限。如果贷款方寻求的是高利率，就不得不在还款期限上做出让步，并且要冒资金被长期占用的风险。对借款方来说，就不得不在较长的借款期限和较高的借款利率之间取舍。

一个较复杂的例子是，一个老板由于经营上的问题打算把公司卖掉，他显然应当寻找报价最高的买主。然而，高收购价并不意味着高利润，其他因素也会影响他的决策，例如实现合法避税目的的交易、短期现金流问题、长期资金流动带来的附加值以及交易风险，如以股权方式支付时带来的特定风险。

再举一个例子，一名在北京某所高校学习的外地学生希望毕业后在北京找一份工作。在面试时，他要考虑的问题是多重的，如工资、晋升机会、工作环境、福利待遇、进修机会、住房条件，还有对外地学生而言至关重要的一点即户口问题。面对如此多的问题，制定合理的谈判目标对谈判者来说就有了一定的困难，因为他们必须在几种利益之间寻求一个平衡点，或者决定牺牲哪些利益以换取另外一些利益。有时这个平衡点是在谈判过程中随着谈判的进展而逐步确定的。

（二）设定目标层次

谈判双方除了应确定利益的轻重缓急外，从谈判战略角度出发还应确定至少三个目标层次，即期望目标、可行目标和底线目标。

期望目标是谈判双方设定的高于实际可能的目标，也就是说，它更多的是一种愿望而不是事实上能够达到的目标。制定这样一个目标有两重目的：第一，制定一个较高的目标以使谈判者有一个努力的上限；第二，更为重要的是，这个界限成为双方谈判的出发点，它设定了谈判的空间和范围，即后面的谈判是在这个空间范围内展开的。以前面买裙子的谈判为例，买卖双方的第一次出价 100 元和 200 元就属于期望目标，这两个出价也决定了后面的谈判区间。

可行目标一般来说是谈判者尽全力争取的目标。如果谈判者能够有效利用自己的长处，制定和有效实施谈判战略，则这一目标应该能够达到。可行目标和期望目标之间的空间对谈判者来说相当于奖励区间。最终的谈判结果越接近期望目标，奖励的幅度就越大。如果卖方可接受的价格目标是 170 元，当以 175 元将裙子卖掉时，他实际上多获得了 5 元的利润。

底线目标是谈判者要尽一切力量捍卫和确保的最基本目标。除非这一目标能够实现，否则只能终止谈判或宣布谈判失败。设定底线目标的目的有两个：第一，确定一条底线，即确定何时应离开谈判桌；第二，使谈判者有一个心理平衡点，也就是说，即使期望目标和可行目标都未能实现，特别是可行目标未能实现，如果能实现底线目标，谈判也算是成功的。

由于谈判进程常常无法预测，所以谈判目标的可实现性充满了变数。然而，谈判者不能由于存在着不确定性就否认设定谈判目标的必要性。设定谈判目标无论从谈判者的心理上讲还是从谈判策略上讲都是十分有必要的，原因十分简单。首先，从谈判者的心理上讲，对谈判这样意义重大的活动，谈判者如果心中没有把握甚至不知道自己为何踏入谈判场，其结果将难以想象；其次，从谈判策略上讲，设定三层目标可以使谈判者明白什么是必须争取的，什么是可能实现的，什么是希望取得的，以及何时应离开谈判桌。

（三）买方如何应用目标决策

买方在与卖方进行商务谈判前确定谈判目标是十分重要的。对买方来说，第一步可以先将目前的报价与过去的报价加以比较，看看价格是否真正反映了过去一段时间的价格变化。如果价格显著上升，买方应当要求卖方明确告知是哪些因素造成了价格的上涨。如果全部数据经比较后并不存在相关关系，买方就应当要求卖方做出解释。

第二步是认真审查卖方的建议，真正搞懂建议的每一部分。如果建议中有含混不清之处，买方应当在谈判开始之前弄清。此时买方便可设定谈判要实现的目标了。谈判目标要落实到具体的问题和谈判要点上，并且成为买方的秘密议事日程。之后，买方从卖方的建议中找出不能接受的条件，并将其纳入自己的秘密日程。一些琐碎的事情也可以包括进来，这样就构成了买方的一个完整的谈判议事日程。在大多数情况下，谈判是以买方的程序为基础进行的。当然，卖方完全有权确定谈判程序，然而很奇怪的是，卖方却很少这样做。

谈判工作日程根据买方的谈判目标、琐碎事件和部分卖方建议确定。对买方来说，最重要的是要记住卖方的建议只是提出了希望实现的目标，而不是实际期待实现的目标，因为卖方的条件不是单一的，而是根据不同的议题提出的一系列建议，这些建议构成了卖方对整个交易希望实现的目标。表 3 - 1 列出了谈判中买方与卖方的谈判议题和目标。这个表格使买方很容易设定一个明智的谈判目标，同时为整个谈判带来了确定的感觉。

表 3-1　谈判议题和目标

议　题	买方的期望目标	卖方的期望目标	买方的底线目标	卖方的底线目标
购买量清单				
仓储预留				
配置预留				
数量鼓励折扣				
包装预留				
促销补贴				
运输预留				
包装尺寸				
清算条件				
回扣				
货物发票				
合作预留				
卸载				
产品召回程序				
商务支持				
迟交货罚款				
总成本				

买方能否成功地安排上述议题十分重要，那些仔细研究了全部卖方提议的买方都得到了回报。搞清楚双方存在异议的议题有助于妥协和达成最终协议，因为在买方明确了这些议题的不同点和相同点后，就可以向对方证明达成协议的空间大于异议空间，这无疑有助于双方达成协议。

三、进行信息调研

（一）信息的概念

信息是一种有价值的商品，因为它具有降低不确定性的力量。众所周知，我们所了解的情况越多，越了解事物发展的来龙去脉，就越能准确预测事物发展的结果。我们对事物预测的准确性越高，则在谈判前制订计划和在谈判中做出决定时所冒的风险就越小。信息在谈判中有两个重要的用途：解决问题和战略策划。信息在解决问题上的作用更为显而易见，即应用所获得的信息做出具体的决策。在谈判过程中存在着许多并非公开和显而易见的问题，这些问题如果不被发现并得到及时解决就可能酿成更大的隐患。通过搜集信息可以揭示被掩盖的问题，同时信息有助于双方提出建设性的解决方案，防止高代价的错误发生。

战略策划是对信息的间接应用，却是商界对信息的最重要的应用。信息是制订谈判计划的一个最基本的依据。信息可以被用来评价市场情况，如通过调查消费者的偏好和需求的变化，考察消费者的意愿和态度，评价市场的特点。信息在下列活动中起着关键作用，如通过跟踪新产品开发获取产品竞争状况、监控市场份额的变化、提高公司的运营业绩和预测总的行业变化趋势。信息还有助于谈判者适应和跟上形势的变化，特别是法律、政治形势以及经济状况方面的变化，例如税收法规、进口限制、利率、汇率和经济增长方面。在决策过程中，信息可以防止决策者的优柔寡断行为。在制订战略计划时，信息又可以减少未来未知事件的不确定性。

总之，信息调研的重要性无论如何强调都不为过。如果在谈判准备阶段不能获得对谈判有用的充足信息，则可能导致重大损失。因而，为防止不必要的损失发生，谈判者有必要获取尽可能多的信息，尽管由于信息的无边界性，获取全部信息几乎是不可能的。尽管信息对谈判是如此有价值和重要，但仍然有不少谈判者不情愿从事谈判前的信息准备工作。第一个原因在于他们缺乏对各种文化、消费者偏好和市场需求差异的敏感性。第二个原因在于他们对其他国家不同环境的认知度有限。谈判者常常对他国的各种差异认识不足，因而也不准备接受与本国完全不同的劳动法规、销售体制、媒介渠道和广告法规等。加上迫于满足短期的经济目标，他们也不情愿花时间去寻找本国与外国的不同点。第三个原因在于他们不熟悉国内和国际上获取数据的渠道和信息来源，有时即便得到了国际数据资料也不知如何使用。结果，从事国内和国际范围的数据调研被认为是一项成本极高的投资，与所得到的回报相比就显得不值得和没有必要了。第四个原因是某些谈判者的惰性和碰运气的思想在作祟。这类人常常将他们在一个国家的经验套用于另一个国家，或者以某家公司的情况替代有组织的调研。

（二）信息来源

谈判者需要调研的信息主要涉及两方面：宏观方面的信息，如某国的关税情况、非关税措施、外贸进出口数据、政府的贸易政策；微观方面的信息，如与谈判活动有关的活动和事件的特别信息，如市场规模、当地的标准与规格、销售体系和竞争对手的情况。当然，如果每一次谈判都不得不进行上述调研活动以获取第一手资料或到有关国家进行实地考察，就是一项既耗资又费时的任务，因此的确没有必要做这样劳民伤财的事情。事实上，在很多情况下，谈判者可以利用二手资料，也就是一些组织早已搜集好的信息。利用二手资料不仅在经济上更划算，而且如果谈判者能够确定信息渠道的可靠性，就可以保证所得到的信息是可以信赖的。

1. 国际组织

一些国际组织为研究者提供有用的资料。最著名的有《联合国统计年鉴》。该年鉴提供有关产品贸易方面的数据，如国际贸易产品的数据、各国进出口数据。此外，还有联合国的下属组织如联合国贸易和发展会议发布的数据库，该数据库主要提供与世界各国贸易、对外投资、创意产品贸易等相关的数据。世界银行发布的《可持续发展目标地图集》刊登了人口、经济增长趋势和各成员 GDP 方面的有用资料。国际货币基金组织和世界银行还集中发布经济方面的数据，并刊登其工作人员就特定的地区和国家所做的十分有见地的评论。经济合作与发展组织还发布关于其成员情况的季度和年度报告。上述国际组织发行的刊物和数据资料可在这些组织在其成员处的办事处和驻地获得，也可以在这些组织的网站上获得。

2. 政　府

大多数国家的政府都会公布国内和国际的经济数据，包括宏观经济信息和微观经济信息，并提供专门的数据服务。宏观经济信息包括人口、与他国的贸易往来情况，以及世界工业产品和农业产品的生产情况。微观经济信息包括某国工业产业情况、发展前景和该国的国际贸易状况。各国政府公布的此类信息可以从各国驻外大使馆或领事馆获得。但是，关于某国最新的经济信息，最好还是直接从该国国内获取。

3. 服务组织

各种各样不同的行业服务组织可以提供有偿的信息服务，包括银行、会计师事务所、货物运输公司、航空公司、国际贸易咨询公司、研究公司和出版社等都提供与它们的服务领域有关的专门信息。服务组织提供的信息主要侧重于商务实践、立法或规章制度方面的要求、政治局势的稳定与否以及贸易和金融方面的数据。直接到这些组织索取你所需要的材料常常十分有效并且可节省费用。

4. 时事通讯和指南

人们可以获得大量的地方、国家和国际三个层次的工业指南。工业指南主要提供企业的名称以及简单的背景情况介绍，例如企业首席执行官的名字，企业的资本化水平，企业所在地、通信地址和电话号码，以及企业产品的介绍。在过去的几年里，一批时事通讯刊物迅速成名，它们的特点是评论具体的国际商务事件，如国际贸易、金融、立法活动、对等贸易、国际支付流动和客户信息方面的事件。时事通讯通常针对特定的读者，因此对希望了解某一特殊领域的读者来说，它们可以提供十分有价值的信息。

5. 网络在线服务

在当今的信息时代，若想在茫茫的信息海洋中迅速锁定所需的信息和有关分析，最快捷和最方便的方法莫过于使用在线服务。借助电子信息服务系统，人们可在几分钟内完成信息搜索。成千上万个国际在线计算机数据库有偿服务系统为人们提供公司外部信息，如汇率、国际消息和有关国家设置的进口限制。大多数数据库所有者不要求支付注册费用而只收取实际的使用费。最初选择数据库时应根据相关的资料库内容来确定，可以考虑它们的产品和市场限制、使用的语言和地理位置。例如，只需输入关键词如“中国”和“外国直接投资”，相关的文章或报告清单即可在短时间内出现在屏幕上。数据库的内容大多是由有关分析人员根据众多的以不同语言发行或出版的报纸、杂志、报告和书籍定期汇编整理而成的，这些资料对特定的产品和市场提供专门的分析。许多主要新闻机构的信息也可以通过网上数据库获得，内容包括影响某些市场的事件和消息。一些数据库提供某些国家的公司名单以及它们经营的产品信息。一大批现有的数据库都涉及贸易统计数据，如联合国、国际货币基金组织和欧盟的主要经济指标都可以从网上查到。大多数西方国家的标准局都提供网上可以查询的技术标准和特定产品的贸易规则信息。

从网络上获取信息时需要注意的一个问题是信息的可靠性。网络上的信息来源复杂，鱼目混珠，因此一定要注意从可靠的网络地址获取信息。

（三）地方法律和法规

谈判者在从事国际商务谈判时，他们所处的是一个全新和陌生的环境。因此，人们在国内从事经济活动所遵循的习惯和规则在其他国家不一定完全行得通。他们逐渐认识到在不同的国家从事商务活动，与不同国家的人打交道绝非易事。因此，一个合格的谈判者必须深入了解谈判对手国家的总体情况，例如该国总体政治经济形势，他还需要学习对方国家的文化，了解该国社会的稳定性、现有社会的结构和语言。此外，他还必须懂得当地相关的法律以避免做出非法的事。为了避免无谓的风险，所有商家都希望与政治和经济状况稳定的国家的商人打交道。然而，即便是在你认为十分安全的国家，仍然可能因不懂或不了解当地的法律法规而陷入困境和麻烦。因此，了解当地的法律法规就成为信息调研的重要部分。与此相关的信息包括当地的相关法律、立法、政府可能干预的领域，如专利和商标法规、商品标签要求、抵免关税的规定、反垄断法和反倾销法，以及其他贸易限制。下面的例子说明了缺乏对所从事经济活动国家的法律法规方面的知识将会给企业带来巨大损失。这些损失本可以避免，但是由于决策者没有重视这方面的工作，最终导致了巨大损失。

一个叫汤普逊的法国电子产品集团在芝加哥以收购的方式投资建立了一家公司，生产军用电子产品设备。直到收购结束后汤普逊才知道美国有一项法令叫《购买美国货法案》（Buy American Act），该法令规定美国政府只能购买外国公司生产的军事设备的零部件，禁止美国政府购买外国公司生产的成套军事设备。汤普逊计划生产的主要是成套军事设备，并且美国政府是主要的买家。这项法令意味着汤普逊生产的产品将无人问津，因此汤普逊不得不从美国撤销投资，但因此遭受了巨大的损失。

根据美国的反托拉斯法，任何公司都不得控制或垄断一个行业。美国天然气公司是一家生产工业天然气的主要厂商，因此，英国制氧公司在购买了美国天然气公司35%的股份之后便遭到了美国联邦政府的指控，受到指控的原因是英国制氧公司违反了美国的反托拉斯法。

天津医药工业公司与美国某公司就成立合资企业的事宜进行了谈判。在正式谈判开始前，双方先就谈判的日程和内容进行磋商，并确定以哪一方的方案作为正式谈判的依据。双方各自提出了自己的谈判方案草案。天津医药工业公司的法律顾问在仔细阅读美方的草案后，指出了该草案中的几处含混不清的表达和有悖中国法律的提议。例如，美国公司在其草案中提出计划在中国的股市上通过出售股票筹资，这种做法违反了中国有关中外合资经营企业的有关规定。依据相关法律规定，中外合资经营企业的组织形式只能是有限责任公司，这意味着合资企业不能在中国股市上市筹资。第一轮磋商的结果自然是采用中方的谈判方案草案。正是由于美方对中国的法律不了解，所以才从谈判一开始便让中方占据了主动权。

（四）财务信用状况方面的信息

信息调研还应当包括了解谈判对手的具体情况，特别是对方的财务信用状况。这方面的信息可概括为三个“C”，即对方的资信（character）、偿债能力（capacity）和财务状况（capital）。合作伙伴的资信状况是由他以前的偿还贷款情况及他在金融机构和信用记录组织的名声决定的。金融信用体制健全的国家都保留有企业和个人的信用记录，调查者可从有关机构特别是银行获得此类信息。谈判合作方返还到期款项的能力取决于借款的目的。如果还款的资金来源于卖掉进口货物的销售款，这被称作自我清算。如果借款的目的是扩充工厂，即被用来进行资本扩张，还款的资金来源是扩大销售后的收入。谈判对手的财务状况可以通过对方提供的财务会计报表来确定，主要是资产负债表和利润表等。

（五）市场调研与实地勘察

市场调研对国际商务谈判来说永远是不可缺少的。市场调研就是确定市场的需求和愿望，并根据调查的结果提供能够满足这些需求和愿望的产品。市场的需求与愿望指的是消费者的消费动机、他们的当前需求和潜在需求、他们对产品的消费偏好以及对品牌的认知度等。

有关市场调研其他方面的信息还包括：（1）市场筛选方面的信息，例如市场所在的区位、从仓库到市场的交通状况，以及各个市场间的联系；（2）市场销售方面的信息，包括产品价格、以往的销售额和预计的销售指标；（3）竞争对手方面的信息，如相同或类似产品的质量、促销支出、衡量市场销售份额的市场渗透率、产品数量、设计、包装和售后服务；（4）销售方式方面的信息，如行销网络、销售渠道、批发和零售状况以及仓储条件。

实地勘察是指对建设地点进行详细的勘察、测量和调查，以获取准确的地质、地貌、水文、气象等信息。实地勘察对工程承包企业和生产建设企业来说尤为重要。这些信息对工程设计、施工和后期运营维护都具有重要的指导作用，是工程设计的前提和基础，是确保工程质量和安全的重要环节。省略或者忽视实地勘察导致投资人重大损失的案例屡见不鲜。

近年来，墨西哥成为中国企业对外投资的首选地。根据《国际商报》2024 年 4 月 10 日消息，目前已有近 3 000 家中国企业进入墨西哥市场。中国已成为亚洲地区在墨西哥的第三大投资来源国。墨西哥成为中国企业青睐的“淘金地”主要有四方面原因：一是墨西哥工业体系相对完整；二是作为北美自贸区成员国具有关税优势；三是劳动力充足且便宜；四是作为美国的邻居具有地缘优势。近年来美国不断推进与中国产业链脱钩，导致国内一些企业接单越来越困难，而中国企业在墨西哥投资设厂不仅可以获得经济上的好处，而且可以规避一些政治风险。鉴于以上原因，一些国内企业急于将工厂搬到墨西哥，隔着太平洋就做出了投资建厂的决定，却忽略了投资所在场地的实际情况，省略了实地勘察环节。待到项目启动后才发现当地的地理位置、地质条件等不适合建厂要求，或者需要投入大量资金进行土地平整，导致项目受挫或成本大幅度增加。

四、配备谈判组成员

谈判组成员的多寡根据谈判内容和谈判方式的不同可以从一人到数人不等。当谈判性质简单或与老顾客进行一般业务交往时，谈判组成员往往只需少数几人即可。然而当谈判是大型复杂的谈判如跨国并购谈判、技术转让谈判、工程承包谈判和大型贷款项目谈判时就需要认真考虑谈判组成员的人选。一般来说，谈判组成员包括以下几个部分：谈判组领导或首席谈判代表以及必要的部门负责人，有关方面的专家和技术人员，如生产、销售、技术、财会、工程、法律以及与谈判有关的专门人员，最后还应有一名记录员。在国际商务谈判中还要配备专门的翻译。

（一）谈判组领导或首席谈判代表

谈判组领导或首席谈判代表应当是公司或企业的主要领导。由主要领导担任首席谈判代表有很多原因。首先，领导身居领导岗位因而有权做出决定。在谈判中常常需要即时做出决定，这对一般办事员来说是无法做到的。其次，谈判有一个级别对等的问题，主谈级别的高低显示了对谈判的重视程度和对对方的尊敬。最后，领导的位置使他可以获取全面的信息，因而能更好地掌控全局，做出正确的判断。

一个合格的谈判组领导或首席谈判代表既要有与谈判领域有关的知识，又要有领导全体成员实现谈判预定目标的能力。除了谈判组领导的知识和能力外，他的个人品质和原则性也是一个重要的方面。如果他在谈判中将个人的利益和打算作为交易条件，置集体利益于不顾，则不可避免地会给公司或企业带来巨大的经济损失。

（二）专家和技术人员

谈判组的专家成员首先应当是各自领域的真正的专家。他们的任务是向谈判组领导提供令人信服的与专业方面有关的建议，随时准备回答对方的问题，用他们的专业知识帮助谈判组领导做出正确决定。在谈判中专业人员的见解和提议十分关键，并且无论出于什么理由，都不应轻视和忽略专家的意见。有不少例子都说明正是由于缺少专家的指导才导致了重大的损失。然而在谈判中，专家的作用是提供专门的知识，他们应当在需要的时候才发表意见，否则就应保持安静。谈判桌上的秩序也需要认真维护，一般主要由主谈控制谈判进程。如果人人都想发表意见，就会使谈判失去控制。

（三）翻　译

在国际商务谈判中，翻译作为连结双方的桥梁常常成为谈判的中心人物，发挥着重要的纽带作用。一个合格的翻译，不仅是一个双语专家，而且要善于准确记忆和正确理解发言人的话语和观点。他应准确判断发言人的意图并填补发言人有意无意遗留的空当。对发言人暗含和潜藏的意思，尤其要特别注意，以免出现误解。对翻译的快速理解和反应能力的要求并不等于说他有权按照自己的想法去解释发言人的用意，因此，当翻译对发言人的用意不确切或不明了时，他应当马上向发言人澄清不明确的地方。此外，谈判时由于双方的利益对峙，常常会出现激烈的争论场面。此时，成熟的翻译应善于平息双方的火气，选择中性词语，既表达发言者的意图，又不至于太刺激对方。

翻译的工作十分重要并且有一定的难度。各种因素都可能影响翻译工作的顺利进行，例如频繁地更换翻译，当着众人的面指责翻译的错误。为了使谈判顺利进行，也为了使翻译工作方便开展，最好从谈判开始到结束都使用同一个翻译，因为翻译的正确快速理解不仅依赖于他对双方语言知识的掌握，而且依赖于他对谈判背景和谈判发展过程的了解，所以翻译越多地参与谈判，了解的情况越多，就能越好地发挥作用。

(四) 记录员

记录员的作用十分重要，其原因有三：第一，谈判中肯定会发生误解的情况，此时谈判记录为发生的事件提供了一份独立的记录。第二，与一个贸易伙伴过去的交往记录有助于制订更有效的战略规划，因为过去的记录有助于了解该贸易伙伴的行动规律，从而有助于更好地预测对方将要采取的行动。例如，如果被要求做出让步，对方的反应是“对不起，我们从不接受这样的条件”，但是随后的记录表明对方还是做出了让步，此时这一记录就是一个重要的证据，在后续的谈判过程中可将它作为一个重要的参考。第三，谈判记录有助于将谈判的相关知识保留在公司内部。谈判过程中人员的变化是不可避免的，如果主谈离开，相关的大量知识和信息也将随之而去。新来的谈判代表必须从零开始建立关系。谈判记录能为后来者理解细节、了解各种关系和预测未来可能讨论的议题提供方便且有效的途径。

(五) 对谈判队伍的其他要求

谈判组成员的多少也是一个值得考虑的问题。一般来说，应当与另一方的人数和级别相当。人数过多会对对方产生一种无形的压力，尽管组织者并没有以人数威胁对方的用意。许多在中国举行的谈判由于方便，也由于领导要平衡各方关系，常常把有关和无关的人员全部招齐以示重视。例如，在地县级举行的外商投资谈判中，常常是四大班子领导再加上有关和无关的政府部门如（公安、税务、物价、卫生）领导一起出席，场面十分浩大。

谈判从某种意义上说是谈判者智慧、精力和耐心的较量。一些大型谈判常常是一场消耗战和持久战，这就需要谈判者不但要机智敏锐，而且要有旺盛的精力和充沛的体力，只有如此，才能经受住谈判中的紧张和压力。由于谈判的这一特性，谈判人员的年龄和身体状况也应成为选拔谈判组成员需要考虑的因素。

五、确定谈判地点

谈判地点是一个看似简单其实不然的问题。选择谈判地点是谈判准备工作中的重要一环。它可以极大地影响谈判者的心理、决策和谈判结果。谈判地点的选择方式按照参与方可分为主场、客场、第三方场所和主客场轮换制。下面对这四种场所选择方式的作用加以分析。

(一) 主　场

主场谈判地点指的是谈判一方在自己的工作所在地的国家、城市或办公楼主持谈判。在主场，谈判主持方可以获得许多优势，概括地说就是占有天时、地利与人和各种优势。

具体地说，一个熟悉的环境可以提供不少优势，特别是在开展国际贸易时更是如此。主要的益处有：便于后勤安排（例如选择会议室、安排座位、安排会议休息），能方便及时地获得档案材料和相关人员、专家的建议，可避免时差和不熟悉的工作环境带来的困扰，同时有机会展示自己公司的设备。主持方可以选择对自己最有利的时机举行谈判而不必因陌生的环境分心，也不必为不可口的饭菜、陌生的语言和行为规范而费心。这一切都会大大节省谈判者的精力和时间。同时主持方可随时得到各方面的帮助，包括人力、物力和财力的支持。此外，主持方可以利用主场的便利，通过环境的选择及布置、对客队的招待方式以及其他办法达到削弱对方斗志和向对方施加压力与设置障碍的目的。主持方如果抓住并利用好这些优势，就可以大大增强自己的谈判力。

（二）客　场

谈判如果是在另一方所在的国家、城市或办公楼进行即是客场谈判。作为客队，它在主场所具有的天时、地利与人和的优势几乎丧失殆尽，主队的优势成为客队的劣势。在客场，客队必须更具有耐心、更坚定和更有持久性。然而正如人们所说，所有事物都有两面性。客场谈判也并非一无是处，例如客队可以以信息不完全或需要领导批示为借口终止一场对己方不利的谈判，或者撤出正在进行的谈判。另外，必要时在客场谈判还可以借用机会去实地调查合作者的情况，以便获得对对手更详细的了解。

（三）第三方场所

谈判也可能既不在主场也不在客场而是在第三方场所进行。这里所指的第三方是与谈判双方有直接或间接关系的一方。选择第三方场所主要有以下原因。

（1）谈判双方处于敌对或对峙状态，或彼此正以武力相交。在这种情况下，双方根本没有对话的渠道，因而也不可能邀请一方去另一方的所在地进行谈判，因此有必要选择一个第三方场所进行谈判。在历史上和在现代国际事务中，有许多例子都说明了选择第三方谈判场所的重要性和必要性。以色列和巴勒斯坦之间的谈判、中美恢复邦交的最初谈判、美朝之间的谈判等都是在第三方场所进行的。

（2）当谈判陷入僵局而一时又没有缓解的迹象时，显然谈判无论在哪一方的所在地进行都不合适。如果双方仍希望谈判继续进行下去，第三方场所就成为最好的选择。

（3）如果以上两种情况都不存在，而是由于双方都强烈要求在己方所在地进行谈判，那么为解决这样的争执，只能选择中立的第三方场所。这类纠纷在经济案例中经常发生，特别是当涉及法律的适用问题时，当事人都愿意在本国或当地法院解决纠纷，以期在司法判决过程中享有一定的便利。为解决此类纠纷，选择第三方场所成为有效的方法。

（四）主客场轮换制

一些复杂的大型谈判，如涉及大宗货物、整套机器设备项目的谈判，常常采取主客场轮换制。复杂谈判涉及一系列议题，需要的时间也大幅度增加，所以谈判必须分成若干轮，分别在谈判各方所在地举行，以示公平。中美之间旷日持久的中国入世谈判就是分别在北京和华盛顿举行的，而最后一轮谈判是在北京举行的，因而我们得以在自己的国家见证了那个激动人心的时刻。

选择一个合适的谈判地点也是制定谈判策略的一部分，而且是不可忽略的一部分。从以上分析不难看出，在主场谈判具有更多的优势，主场谈判的一方如果善于利用这一优势，可大大增强自己的谈判力。因而谈判者应当尽可能地争取主场谈判的机会，绝不能因可以借机出一次国等这样的一点小利而放弃谈判中可能获得更大利益的机会，做丢了西瓜捡芝麻的事。

良好的准备是谈判成功的保证。然而人们往往由于资源有限而忽视准备工作，例如时间有限、专业知识不足、缺少资金和数据。正是由于资源有限，才要求谈判者做好成本与收益的计算，做好资源分配决策。例如，多长时间做调研、分析和计划？搜集更多的信息是否值得？总之，认真的思考、准备和安排可以节省谈判者大量的时间和宝贵的资源。

六、制订谈判方案

制订一个深思熟虑的谈判方案是谈判顺利进行的保障。谈判者对影响谈判的各方面因素的梳理和分析，能够使谈判成为一个理性和目的明确的过程，而不是随意、无目的、跟着感觉走的过程。对学习者来说，制订谈判方案的过程也是建立正确的谈判理念和形成基本谈判思维框架的学习过程。本教材中的模拟谈判案例，有些较为简单，有些较为复杂，但在制订谈判方案时需要分析和涉及的内容基本是一致的。制订谈判方案时所涉及的有关谈判的基础知识有些已经学习过，有些将在未来的章节中学到，这里先为学习者提供一个制订谈判方案的思路框架。谈判方案的制订过程和内容应当至少包括以下 6 个方面。

(一) 头脑风暴

谈判小组成员对模拟谈判案例进行透彻的解读和分析，讨论并回答下列问题。

(1) 这个案例涉及的专业知识包括哪些？哪些知识已经了解，哪些知识需要进一步学习，哪些问题可以通过查阅资料自己解决，哪些知识需要请教业内人士？

虽然国际商务知识不是谈判课程学习的内容，却是国际商务谈判谈论的主题，在商务谈判课程中需要结合谈判知识学会如何应用这些专业知识以实现谈判的目的。在专业课课堂上学到的是国际商务理论知识，但有许多行规和商业惯例需要请教业内人士才能学到。

(2) 双方最关切的问题是什么？他们的核心利益何在？案例中双方提出的条件如何反映了双方的核心利益？

(3) 双方的非核心利益是什么？它们与核心利益的关系是什么？

(4) 根据案例的要求谈判应该谈哪些议题？哪些议题最能反映自己的核心利益？

(5) 从动机、依赖和替代三个因素分析双方的谈判力，明确自己的谈判力来源，并根据以上分析确定自己和对方的谈判地位，分析的结果将为己方可能实现的谈判目标和在谈判中应当采取强硬态度还是更为合作的态度提供依据。

（二）谈判核心内容综述

根据第一部分对案例的分析解读，对此次谈判做一个综述，它应当反映谈判者对此次谈判要点的通盘考虑，也是对第一部分思考的一个结论。具体内容包括：

（1）根据对己方核心和非核心利益的确定与对对方可能的核心和非核心利益的分析结果，对各自利益的重要性做出排序。

（2）确定此次谈判准备谈哪几个议题，对己方来说哪个议题是最重要的。

（3）明确此次谈判中己方和对方可以利用的谈判力或筹码具体包括哪些；对双方来说，哪一方处于更有利的地位。

（4）计划如何以及在哪些非核心利益方面做出让步以确保自己的哪些核心利益的实现。

（三）具体的谈判条件

具体条件部分是谈判方案的核心部分，是前面思考结果的具体表达，反映了谈判者是否真正理解了谈判的核心意义。可以考虑提出三套谈判条件方案。

（1）底线目标。底线目标是确保核心利益实现的目标。在商务谈判中，保证核心目标不仅是一个概念问题，更是一个技术问题，需要谈判者认真核算才能避免盲目性。在确定底线目标后，根据对对方可能的核心利益的分析，确定己方在哪些条件上可以做出适当让步。

（2）可行目标。在确保核心利益实现或基本实现的基础上争取更好的目标。根据利益重要性的排序，在坚守自己核心利益诉求的同时，确定还可以争取到其他哪些利益，为此可以放弃的条件是什么。

（3）期望目标。设定期望目标一般是为谈判确定一个起点，基本上是第一次报价。除非有特殊原因，能以第一次报价的条件结束谈判的情况比较罕见。例如，一方的谈判力完全碾压另一方，从谈判力的角度讲，另一方完全依赖对方，没有任何可替代的资源。

具体谈判条件的设定一定要反映是否确保了自己的核心利益。在这个过程中谈判者最经常出现的问题是盲目让步，如各项条件同比例让步，这反映出谈判者对自己的核心利益与非核心利益仍然不十分明确。

（四）确定谈判策略

谈判策略是最容易出问题的部分。许多学习者容易将策略与谋略混为一谈，脱离具体谈判案例，空谈所谓策略，结果往往适得其反。

谈判策略应当是在对前面分析的基础上为确保谈判的成功而制定的措施与应对方法。策略不是僵硬和固化的，而是需要随谈判桌上形势的变化而做出调整。例如，需要考虑如下问题：

（1）对谈判议题是一揽子谈，还是分项谈？

（2）谈判过程中是先谈自己最关切的议题，还是先谈对方最关切的议题？

（3）在哪些条件上做出让步，在哪些条件上坚持到底？

（4）是采用更为合作的态度，还是采用强硬的态度？

（5）对方提出的条件与自己的期望值相差太大时如何应对？是立即放弃，还是探索其他路径？

（6）谈判如果陷入僵局，如何解决？是放弃还是寻求其他解决方法？可以提出的解决方案是什么？

(五) 组织谈判队伍

根据谈判案例要求，组织谈判队伍。考虑谈判队员的专业能力、文化背景和性格类型，特别是以往谈判中的表现，选择合适的主谈和其他队伍成员。

(六) 选择谈判地点

谈判地点的选择往往被忽视，所以如果有选择谈判地点的机会，就要充分利用好这样的机会，综合考虑各种谈判地点的优劣势，不要轻易放弃主场谈判的机会。

思考题与讨论题

1. 你所在的公司将与巴西代表团就合作勘探矿产项目举行谈判，你认为谈判小组应当包括什么成员？

2. 你认为现在的工作不太理想，决定换一家公司。有一家外企——德国西门子公司约你去面谈。请制订一个谈判计划，主要包括你希望获得的利益和目标。

3. 获得足够的信息对谈判成功至关重要，你是否同意获得的信息越多越好？

4. 你能提出一些需要在客场谈判的理由吗？

5. 以四人为一小组做模拟谈判“丝绸销售”，之后讨论以下问题：

（1）你从最后的谈判结果学到了什么？

（2）你认为对国际国内丝绸市场的充分了解对你的谈判有帮助吗？

（3）有关中国香港和欧洲丝绸市场的情况介绍对你的谈判有何影响？

（4）在谈判中你是否应用了其他方面的知识？这些知识在多大程度上有助于你的谈判？

（5）范厂长在与美国商人的谈判中态度很坚决，你认为是什么原因使他能坚持自己的报价？

6. 阅读案例研究 3－1 并回答下列问题：

（1）读完该案例后，你的第一感觉是怎样的？有趣还是震惊？

（2）中国有一句俗语：“眼见为实”。读完“一次商务考察”这一段后你还支持这种说法吗？

模拟谈判

丝绸销售

（一）背景介绍

20世纪80年代中期，中国香港的丝绸市场主要是境外制造商的天下。中国内地生产的丝绸产品由于花色品种和质量等问题在中国香港的市场份额大幅下降，已经从以往的90%下降到10%左右，企业的生存面临着挑战。为改变这一不利状况，绍兴丝绸厂的范厂长决定以新产品开辟新市场，向欧美市场进军。在经过一番周密的市场调研，获取了对市场价格和消费者需求方面的信息之后，绍兴丝绸厂开始小批量地生产各种不同花色和图案的丝绸产品。产品的图案根据不同文化、习惯和偏好设计，力求满足不同层次人群的需要。

（二）谈　判

在一个凉爽的秋天，一个名为爱德华·尼古拉的美国女商人来到了绍兴丝绸厂。范厂长在厂里的样品展览室接待了她。尼古拉仔细研究完展览室里的样品后脸上露出了满意的神色。这时她突然转向范厂长并提出她打算预订其中的7种款式，她的报价是每码[①]3.5美元。听到尼古拉的报价后，范厂长并没有对她的报价做出正面回答，而是报出了同类产品在意大利、法国和其他欧洲国家以及美国的价格，接着他报出了每码5.36美元的价格。

听到这个价格，尼古拉大叫起来，她说每码5.36美元是中国香港市场的零售价格，如果以此价格成交，她的老板一定会骂她。范厂长信心十足地回答说这个价格的确是中国香港市场的零售价格，但是目前中国香港市场上没有这样的产品。事实上，这个价格是产品的成本价，因为工厂所进的坯绸价格是每码5美元，印染加工费是每码0.36美元。同类产品在欧洲市场上可以卖到每码30美元。范厂长进一步强调说，因为这是第一次与她做生意，建立友谊和关系是第一位的，所以他的报价是不赚钱的。

尼古拉再也沉不住气了，不断提高自己的报价，从4美元到4.2美元，再到4.3美元，最后提到4.6美元。范厂长只是微笑不语，最后他让尼古拉回去再考虑考虑，并说中国有一句俗语："买卖不成友谊在"。尼古拉没有多说什么，她钻进汽车离去了。三天后尼古拉发来电报，希望与范厂长再谈谈。

（三）谈判要求

学生每四人分为一组，其中两人作为卖方（范厂长），另外两人作为买方（尼古拉）。从谈判的第二阶段开始继续谈判，达成最终协议。谈判尽可能在40分钟内完成。

学生读完对背景材料的介绍后可以先与自己的同伴讨论，确定下一步的计划和打算，重点从以下几个方面考虑：

（1）你们可以利用的信息是什么？

（2）你们将怎样继续谈判？

（3）你们的最终报价/出价是多少？

---

① 1码=0.9144米。

案例研究 3-1

谈判前准备工作的重要性

一些中国公司忽视谈判前搜集相关信息的重要性，也不认真调查商务伙伴的财务状况，因此给公司带来了重大的损失。下面的两个例子为从事海外业务的中国公司提供了深刻的教训。

（一）中国承包公司在加蓬

中国某工程承包公司在加蓬承包了一项工程任务。在工程的主体建筑完工之后，中方由于不再需要大量的劳动力，便将从当地雇用的大批临时工解雇了。谁知此举导致了被解雇工人持续40天的大罢工。中方不得不同当地工人举行了艰苦的谈判，被解雇工人的代表提出让中方按照当地的法律赔偿被解雇工人一大笔损失费，直到此时中方人员才认识到他们对加蓬的法律知之甚少。根据加蓬的劳动法，一个临时工如果持续工作一周以上而未被解雇则自动转成长期工。作为一个长期工，他有权获得足够维持两个妻子和三个孩子生活的工资，此外还有交通费和失业补贴等费用。一个非熟练工人如果连续工作一个月以上则自动转成熟练工人；如果连续工作三个月以上则提升为技术工人。工人的工资应随着他们技能的提升而提高。该公司的管理人员按照其在中国国内形成的对临时工、长期工、非熟练工、熟练工以及技工的理解来处理加蓬的情况，结果给自己招来了如此大的麻烦。谈判结果是可想而知的，公司不得不向被解雇工人支付一大笔失业补贴，总数相当于已向工人支付的工资数额，而且这笔费用属于意外支出，并未包括在工程的预算中，全部损失都得由公司自行负担。

这个例子的教训是在国内长期经济活动中形成的认识和观念在国外新的环境中必须重新调整，这样才能降低在国外经营的风险。遗憾的是，这一点常常被忽视，这是由于大多数谈判者成长在本国的经营环境中，他们只是在潜意识中了解了经济活动中的制约因素和可能的风险。国外的经营习惯、理念和对风险的理解与认识可能完全不同于国内的情况，如果一味地生搬硬套国内的做法，必然会增加经营的风险，在谈判桌上也会使自己陷入被动。

（二）一次商务考察

苏州某公司听说南非是一个诱人的市场，便希望将自己的产品打入南非。为了摸清合作伙伴的情况，公司决定组团到南非进行实地考察。他们到达南非后，对方立即安排他们与南非公司的总经理会面。会面地点被安排在一座富丽堂皇且颇有气势的大厦里。考察团在电梯门口遇到一个满面笑容的招待员，她将考察团引入一个装修豪华、配备有现代化设备的房间。坐在皮椅上的南非公司总经理身材肥胖，手中夹着雪茄，脸上一副自信的表情，言语间充满了激情。他滔滔不绝地介绍公司的情况、他的经营方略以及公司未来的打算。总经理的介绍和他周围所有的一切都深深打动了考察团，考察团深信这是一个可靠和财力雄厚的合作伙伴。考察团回国后即刻给合作伙伴发去了第一批价值一百多万美元的货物，然而这些货物就如同肉包子打狗一样再也没有了音信。苏州公司只好再派人去调查，这才发现掉进了一个精心设计的圈套。那个肥胖的“南非公司总经理”原来是当地的一个演员，在电梯门口招呼他们的女招待员才是真正的总经理，而陈设精美的接待室不过是临时租来的房间。待真相大白之后再寻找这家南非公司才知道它已宣告破产。苏州公司的考察团如果事前从可靠的渠道调查了解情况，是完全可以避免此类损失的，实际却被对方的表象迷惑从而遭受了重大损失。

第四章

双赢原则

重点问题

- 为什么双赢理念是谈判界的一场革命？
- 传统谈判是怎样一个过程？传统理念对谈判的影响如何？
- 谈判双方怎样实现双赢的结果？

案例导入

A：我方发现包装货物的箱子损坏严重，这显然是因为包装有问题。

B：真的吗？那是什么问题？

A：根据合同，每个纸箱都应该用双金属带加固。我方发现你方没有这样做。有些纸箱并没有用金属带加固。这是检验师出具的检验报告。

B：哦，我现在想起来了。或许有一个车间忘了做加固工作。他们一定是认为买主是国内客户。如果是这样，我方同意解决你方的索赔问题。你方检查过损坏的纸箱里有多少产品还能用吗？

A：根据检验报告，大部分可以抢救，有大约20%不能使用或出售。我方对此非常担心。我方本指望收到这批货来完成几笔订单。

B：我方十分理解你方的问题。你方对解决问题有什么建议？

A：如果你方能降价30%，我方愿意接受这批货。

B：恐怕30%的降价超出了你方的损失。我们折中一下吧，这批货降价20%。对你方的下一个订单，除了你方现在从我方这里得到的折扣外，我方会给你方一些优惠条件。

A：我方很感谢你方能迅速做出决定。我方愿意接受这个建议。我方很高兴找到了解决问题的办法。

▶点评

在以上对话中，双方的利益表达得十分清楚：A方要求B方对造成的损失做出赔偿，并且提供了相应的证据。B方一方面要尽量减少赔偿金额，另一方面要保证不因此失去这个客户。在经过协商后，双方都确保了各自的利益目标，实现了双赢的结果。

自“人猿相揖别”以来，谈判就伴随着人类文明的发展。然而尽管谈判活动源远流

长，但是直到 20 世纪五六十年代，人们才将谈判作为社会科学的一个分支来进行系统的研究。经过理论家与谈判工作者在这个领域进行的大量理论研究和实践，人们透过纷繁复杂的谈判活动的表象，不断地揭示谈判活动的内在规律，取得了令人瞩目的成就。从谈判研究中产生的有影响的谈判理论和原则成为指导人们谈判实践的重要理论依据。

现代谈判理论最先产生于西方国家。在 20 世纪五六十年代，谈判理论侧重于解决下列问题：怎样实现谈判者的目标？如何在谈判中占上风和推迟妥协？怎样使用威胁手段制造压力？如何在谈判不陷入僵局的情况下赢得自己的利益？从 20 世纪 60 年代到 80 年代初，随着一些有影响力的著作的出版和文章的发表，双赢理念逐渐形成并最终导致了谈判界的一场革命。谈判理论的焦点从如何分配利益向如何整合资源和扩大利益方面转移。为了更好地理解双赢理念，下面对传统理念影响下的谈判过程与双赢理念影响下的谈判过程做一比较。

一、传统理念

在人类活动的早期阶段，尽管谈判是解决冲突的一种和平方式，但是谈判对谈判者来说仍然是极其危险的任务。在中国被称为“说客”、在西方被称为“特使”的谈判代表在准备如何“晓之以理，动之以情”的同时，必须做好一旦谈判不成功就可能献出生命的准备。对方在谈判失败后往往以砍掉使者的头表示宣战或者以其血举行祭旗仪式来激励士兵的斗志。谈判对谈判双方来说不外乎两种结果：一种结果是谈判以双方达成协议告终，这样就避免了冲突的进一步发展，避免了人头落地和大量的财产损失；另一种结果则是谈判以失败告终，导致双方的武装冲突，结果常常是惨不忍睹，国家被侵占，人民沦为奴隶。

正是由于谈判的成功与失败带来的后果差异如此之大，谈判双方都将谈判要么视为绝对的成功，要么视为绝对的失败。因此，为了取得谈判的成功，谈判双方都尽一切努力，甚至包括使用阴谋诡计和欺骗的伎俩来确保己方利益最大化。

受此观念的影响，人们也将商场视为战场，将同行视为冤家，因此就有了各种不正当竞争手段的应用。一些公司在与外商谈判中竞相压价，互相拆台，进行恶性竞争，将自己的同行置于死地而后快。受传统的赢-输理念的影响，谈判的模式和结构如下：

（1）确定己方的利益和立场；

（2）捍卫己方的利益和立场；

（3）双方讨论做出让步的可能性；

（4）达成妥协方案，或宣布谈判失败。

谈判双方由于受赢-输理念的影响，在谈判中自然习惯性地为尽力维护自己的利益而保持坚定的立场，因此妥协就成为获取更大利益的砝码，不到万不得已，双方是不会轻易做出让步的。妥协是双方达成协议的关键点，如果难以取得双方的妥协或一方的妥协，谈判就不可避免地会以失败告终。这种非赢即输的理念是导致众多谈判以失败告终的原因。当然，在国际社会、经济活动和日常生活中，存在因一方的实力十分强大而迫使对方接受其条件的情况，这样的谈判与其被称为谈判，倒不如说是霸权的反映。

事实上，当一场谈判以某一方的胜利和另一方的失败结束时，失败者一般很难接受作为失败者的事实，他会千方百计地寻找机会来改变谈判的结果，这又为今后埋下了冲突的种子。有时谈判需要制造胜利者，这也是事实，特别是在特定的事件和有限的双边谈判中更是如此，但是这样谈判取得的成果常常难以为继。

人们需要新的理念和原则来指导冲突的解决。

二、双赢理念的引入——谈判界的一场革命

20世纪下半叶，随着经济全球化和一体化的不断发展和深化，世界各国各地区之间的经济交往和经济协调不断密切，在经济上的相互联系和依存、相互渗透和扩张、相互竞争和制约不断向更高的程度发展，形成了世界经济从资源配置、生产到流通和消费的多层次、多形式的交织和融合，使全球经济成为一个不可分割的有机整体。这种你中有我、我中有你，一荣俱荣、一损俱损的局面使得人们认识到在经济相互依赖的世界里，不能简单地以输赢论英雄，而必须寻求通过合作来取得双赢的结果。这种认识使人们越来越多地通过和平的方式，在平等互利的基础上解决一切冲突，特别是经济领域的冲突。

一些学者和社会工作者开始宣传和倡导解决冲突的全新理念，即赢-赢理念，又称双赢理念。其中比较著名的有美国学者罗杰·费希尔、威廉·尤里和布鲁斯·巴顿，英国谈判学家比尔·斯科特（Bill Scott）等。他们思想的核心是强调共同的胜利和利益的一致性。所谓共同的胜利是指在尽可能取得己方利益的前提下，或者至少在不危害己方利益的前提下，双方应通过这样或那样的方法使对方的利益得到一定的满足。寻求双方利益的一致性是指在谈判中应努力挖掘双方利益相同的部分，再通过共同的努力将利益的蛋糕做大，如此双方都可获得更多的利益。与此同时，美国律师杰勒德·尼伦伯格（Gerard Nierenberg）于20世纪60年代中期在纽约创办了一所非营利性的谈判学院，在学院里他极力推销“所有人都是赢家”的谈判哲学。由于杰勒德·尼伦伯格办学的成功和他的谈判哲学的推广，他被《福布斯》誉为“谈判训练之父”，被《华尔街日报》评为“全球八大智者”之一。

以双赢理念为指导，一个全新的谈判模式——双赢模式形成了。大量的谈判实践证明了这一新的谈判模式在解决冲突的谈判中十分有效，成果卓著。在新的理念指导下，许多长期无法解决的冲突得到了有效化解，许多可能升级的对抗得到了缓和。双赢理念极大地促进了合作，减少了对抗，提高了整个社会的共同福利。因此，双赢理念的谈判指导思想已被全世界广泛接受。双赢模式的结构如下：

（1）确定己方的利益和需求；

（2）寻找对方的利益和需求；

（3）提出建设性的建议和解决方法；

（4）宣布谈判成功，宣布谈判失败，或宣布谈判陷入僵局。

比较双赢模式和赢-输模式可以看出，两种模式最大的区别体现在第（2）步和第（3）步。赢-输模式中的（2）“捍卫己方的利益和立场”被“寻找对方的利益和需求”取代。这不是一个简单的文字游戏，而是一种思想观念的重大变化，是通过谈判取得双赢结果的第一步。在寻找对方的利益和需求的过程中，谈判者可以更好地理解自己的谈判

对手，并能够从对方的角度考虑问题，促使双方朝着理解与和解的方向发展。双方在建立了相互理解的关系后便可在此基础上提出双方都可能接受的建设性的解决方案。由于这样的方案不再仅是一方利益和意志的反映，而是综合了双方的观点，特别是强调双方的共同利益，所以谈判以双方满意的结果告终的概率大大提高。埃及和以色列为解决西奈半岛领土争端而进行的谈判是一个经典案例。这一案例常常被用来对比两种谈判理念的不同效果。

1967 年的中东战争结束之后，以色列占领了埃及西奈半岛 6 万平方千米的土地。战争虽然已结束，但是两国之间的领土争端不断，成为这一地区一个重要的不安定因素。为协助双方解决争端，实现和平，一些国家特别是美国多次以调解人的身份督促双方通过谈判解决争端。然而各种努力均告失败，因为双方都坚持自己的利益和谈判立场，没有丝毫的妥协迹象。对埃及来说，被占领的西奈半岛是埃及领土不可分割的一部分。鉴于国际上承认的领土完整和国家主权原则，埃及有权要求以色列无条件归还被占领土。对以色列来说，占领西奈半岛是出于对以色列的安全考虑，因为几次针对以色列的武装进攻都是从这一区域开始的，所以以色列认为这一区域应当由它控制。由于双方不让分毫，谈判不断举行但又一次次陷入僵局，持续了 11 年也未取得任何实质性进展。

1978 年埃以之间再次恢复谈判，地点是美国的戴维营。此次和谈不同于以往的所有谈判的一点是，双方摒弃了传统的思维模式，转而采用全新的双赢理念来指导谈判。双方在双赢理念的影响下重新审视各自的利益和需求，同时从对方的角度了解对方的利益和需求，双方有了新的认识和发现。埃及的主要利益在于恢复领土主权，保持领土完整而不在于威胁以色列的安全；以色列对领土扩张并不感兴趣，它的主要利益在于保证国家的安全。基于这样的观念，双方达成了共识，提出了一个双方都能接受的解决方案：以色列归还占领的埃及领土；作为回报，埃及将西奈半岛的大部分领土划为非军事区域。这样，一场持续了 11 年的谈判终于画上了圆满的句号，而这次谈判只用了短短 12 天。

埃以之间的和平谈判结束了双方长时间的对抗，使两国实现了最终和平。埃以之间以双赢理念为指导，通过谈判解决冲突的成功经验为中东地区的和平谈判树立了一个可以遵循的榜样。以色列和巴勒斯坦之间的和平谈判受埃以谈判成功的鼓舞相应提出了“以土地换和平”的方案。这一谈判原则在巴以谈判中一直发挥着重要的作用，是谈判的基石。当然，中东地区的和平谈判由于长期遗留下来的积怨，外加外部势力的干扰，不可避免地出现了各种挫折，但是相信在双赢理念的引导下，通过世界热爱和平的人民的努力，中东地区永久的和平最终必定会实现。

双赢理念在解决许多难题中被证明是有效和成功的，这其中的主要原因是该理念强调从彼此的角度考虑问题，这极大地促进了双方的相互理解，因而能产生事半功倍的效果。但是必须认识到，双赢理念尽管有效，但并非所有人在所有场合都能自觉地运用这一理念。由于传统的非赢即输观念根深蒂固，再加上双方利益本质上的冲突性，所以，要使新理念成为人们的自觉行为还需要长期的努力。

三、怎样实现双赢

“双赢”已经成为一个为人们所广泛认同的观念，但怎样实现谈判双方的双赢仍是一个难题。英国学者乔治·霍尔姆斯（George Holmes）和斯坦·格拉泽（Stan Glaser）提出，现实中实现双赢是可能的，因为在谈判中谈判各方都有自己优先考虑的事情。

为了更合理地解释这个问题，我们应该重新考虑一下“隐蔽议程”这个概念。实际上，对一方很重要的议题对另一方很少有同等的重要性。换言之，各方对议题的优先顺序往往是不同的。如图4－1所示，图中两个倒置的三角形分别列出了卖方和买方的隐蔽议程。最重要的议题位于倒三角形的顶部，其他议题按其重要性由高到低顺序排列直至倒三角形底部。从图4－1中可以看出，在两个三角形中列出的是同样的议题。这说明谈判各方的总体议程是相同的，只是各项议题的重要性对各方是不同的。

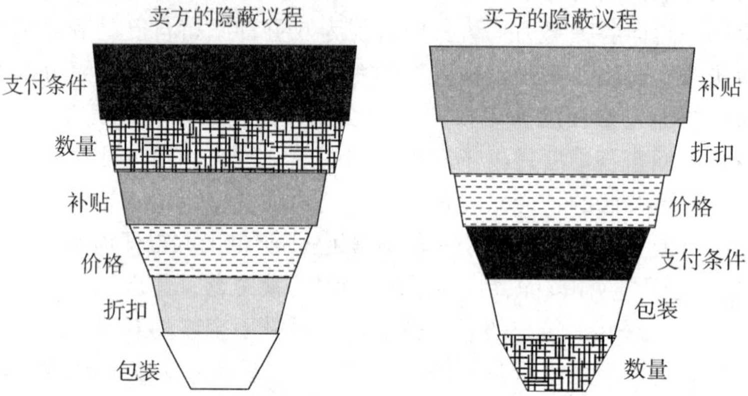

图4－1 有条件的谈判

很明显，在谈判中，有条件地给予很重要，双赢便是通过这种方式实现的。例如，买方很想从卖方处得到某种形式的补贴，并提出了这样的要求。从图4－1中很容易看出，补贴问题对买方来说是最重要的，但对卖方而言，它的重要性仅排第三。这样卖方便可以以要求更优惠的付款方式为条件答应给予买方补贴。以给予对方优惠条件来交换对方的优惠条件，最终双方都得到了好处。买方也许会提出第二个要求：折扣。卖方此时可能会以大批量的订单为条件，答应给予买方折扣。如果买方同意，双方便又一次达成协议，而且双方均获益。大批量的订单会极大降低卖方的固定成本，所以实际上卖方的利润可能不会减少。

虽然上面所述的完全是一个人为设定的例子，但它很真实地反映出，同样一个议题，对买方和卖方的重要性确实存在差异。因为各方均从自己的角度出发，以放弃非重要议题上的利益为代价，获得了在重要议题上的利益，所以双方才有了讨价还价的可能，最终双方才有可能均获利。双赢的结果其实恰好反映出买卖双方的隐蔽议程是不同的。在谈判实践中，从来没有两个谈判对手的隐蔽议程是相同的。但是商界人士却常常错误地认为对谈判一方很重要的议题对另一方也很重要。

人们常常倾向于认为别人看世界的角度同自己一样，他们进一步自以为是地认为别人在乎的、优先考虑的事情同自己一样。有上述想法的商人可就大错特错了。总体来说，只有在两种情况下，谈判双方中一方的获利才能以另一方的受损为代价。第一种情况是双方的隐蔽议程完全相同，但这种情况一般不存在。第二种情况是谈判一方仅依靠自己的强势地位来讨价还价，肆意压低价格。当第二种情况发生时，受损的一方很有可能伺机报复。

思考题与讨论题

1. 你是否认为建立双赢理念是件很困难的事情?
2. 在谈判中，你是否考虑过另一方的利益?
3. 当在与别人的争论中处于下风时，你有什么感受? 你是否有种想报复的冲动?
4. 分析 1～2 个你参加过的商务谈判，并且说明谈判成功或失败的原因。
5. 按照要求做模拟谈判“融资租赁谈判”。在进行谈判前先结合本章所学知识制订自己的谈判方案。可参考本章案例研究 4-1。
6. 阅读案例研究 4-1：本案例研究为同学们提供了一个如何根据谈判案例制订谈判方案的实例，主要目的是提供一个谈判方案的思路框架，解决所学知识的应用和实操问题。

模拟谈判

融资租赁谈判

(一) 谈判背景

林县的三峰集团是一家颇具规模的机床制造企业。为了在快速变化的市场竞争中取胜，三峰集团决定对已经老化落伍的设备进行更新，需要采购包括特种机床、IT 系统、网络设备等的全套软硬件设施。

经过仔细测算，全部设备投资高达 12 亿元。作为一家从事机床加工的企业，稳定的现金流对企业经营至关重要。虽然更新生产设备可以显著提高生产效率，对企业长远的发展意义重大，但是短期内如此高额的现金支付对三峰集团来说有不小的困难。虽然三峰集团保持着很好的银行信用，可以考虑利用银行贷款来解决资金困难，但如果采取一次性买断方式，机器设备的法定折旧年限是 15 年，企业需要支付的税金也很高，而且如此高额的贷款势必提高集团的负债比率，这对正在筹备中的企业债券的发行尤为不利。

另外，现金流的巨大波动也是一个棘手的问题。根据设备供应商提供的付款条件，三峰集团必须在 18 个月内付清全部价款，而其中价款的 60%需在首付期即 3 个月内支付，加上系统维护成本，企业在系统运营初期将面临巨大的现金净流出。根据测算，在全部设备更新完成后，可大幅压缩集团运营成本、提高效率及增强市场竞争力，从而带来很高的收益。面对巨大的前期投资和滞后的收益，如何消弭如此巨大的现金净流出对企业财务稳健性的影响，是一个颇令集团领导踌躇的难题。

在专家的建议之下，集团领导与阳光金融租赁公司进行了接触，了解到集团可以通过融资租赁方式获取资金。融资租赁亦称金融租赁或财务租赁。融资租赁是出租人根据承租人提出的要求，与供应商订立购买合同；出租人在与供应商订立购买合同的同时，与承租人订立租赁合同；出租人以承租人支付租金为条件，授予承租人使用设备的权利；租赁期满，承租人支付完全部租金后，获得对租赁物件的所有权。作为出租人的租赁公司由于并不直接给予企业贷款，而是代其购进机器设备，然后租给企业使用，所以这种方式是以融物代替融资。

在国际租赁业务中应如何计算租金，租金构成中应包含哪些内容，这些对出租人和承租人都是需要认真商谈的问题。目前国际上对租金的计算方法有很多，最常用的是平均分摊法。平均分摊法的原理很简单，由于租金的构成一般包括租赁物的购置成本、利息、利润、手续费、预期名义货价等，所以租金的计算公式为：

$$\text{每期租金}=\frac{(\text{租赁物原价}+\text{运费}+\text{保险费}-\text{设备残值})+\text{利息}+\text{利润}+\text{手续费}}{\text{租期内交付租金次数}}$$

支付租金是承租人的主要义务，所以在该条款中要明确规定总的支付金额、方法、时间、地点、货币，以及每次支付的数额。租期的长短根据设备的使用寿命来确定。例如，价值较低的一般设备在 3 年左右；厂房、机器设备、计算机等一般在 5 年左右；飞机、轮船、铁路机车一般为 10 年。总的来说，租赁期限以设备寿命 75%的时间作为最低期限。

（二）谈判已达成内容与待谈议题

经过第一轮谈判，阳光金融租赁公司同意以自有资金将三峰集团所需的全部设备和软件一次性购入，而后向三峰集团出租，待租期结束之后设备归三峰集团所有。在接下来的谈判中需要商定的内容包括：租金的计算方法、服务手续费（一次性支付）、融资利率（按照总价款计算）、租金期限和租金交付的时间等。

（三）谈判要求及提示

承租人与出租人按照所谈各项内容的重要性进行排序，确定双方最重要的利益所在，并据此制订谈判方案，包括但不限于：确定如何保证自己最重要的利益得到满足，以及在什么问题上可以做出让步。

谈判双方可与贷款买断做比较，考虑银行贷款利率和贷款买断设备的法定折旧年限所产生的税金等。

谈判目标是尽可能先在涉及双方主要利益的问题上达成协议。

案例研究 4-1

如何制订谈判方案——以融资谈判为例①

（一）谈判背景

阳光金融租赁公司早期的业务是专营设备产品融资，即作为出租人先行购买承租人需要的设备，将其租给承租人，并以租金方式收回投资，这种业务也被称作“直租”业务。随着国内融资租赁业的发展，融资租赁市场向多种产品、多种租赁模式转变，以融资为核心的“回租模式”成为主流，占到了融资租赁市场业务量的 90%。阳光金融租赁公司及时调整企业的发展战略，成功实现业务转型，成为业内的佼佼者。公司的所有权也发生了变化，上市公司阳光集团成为它最大的控股股东。公司业务一直做得顺风顺水。然而到 2017 年由于国内金融领域发生了一些重大违约事件，为防范金融风险，国家金融政策全面收紧，企业融资难度加大，阳光金融租赁公司原有的资金渠道要么被开发殆尽，要么还在合同期内，无法再次融资，导致大量优质项目积压在手上无法投放，眼睁睁地看着大量利润流失掉。在这种情况下，阳光金融租赁公司开始在市场上大力寻觅新的资金来源，隶属北城银行的北商行就是其中之一。

① 本案例根据李磊提供的案例改编而成。

北城银行是一家国内的城市商业银行，其资产规模在2016年突破人民币5 000亿元。它的战略定位是为中小企业提供深度服务，在金融领域有众多首发、独创的产品，在风险控制手段和理念方面也和传统银行有许多不同。北商行是北城银行的业务标杆，连续多年获得先锋模范分行称号，但在2017年上半年，由于国家金融政策全面收紧，市场不景气，完成业绩的压力比往年大了很多。

（二）初步磋商

一个需要解决融资难问题，一个需要完成业绩，在此背景下双方开始接触，并进行了几轮磋商。在前期的接触中，北商行认为，阳光金融租赁公司的信用资质较好，企业经营发展也有保证，初步确定了融资意向。考虑了双方的情况后，北商行提出融资形式为综合授信，额度为人民币5亿～10亿元，期限为1～2年，利率为6.8%～7.2%，利息月付，本金期末支付。

在接下来的沟通中，北商行提出发放贷款的要求：第一，阳光金融租赁公司必须提供相当于本次融资额本息总数1.2倍的优质应收账款或其他优质资产作为质押或抵押；第二，阳光金融租赁公司的上市股东——阳光集团对此次融资提供连带责任担保；第三，北商行要对资金用途进行监管，资金申请支付时，需要对资金投放的项目进行逐个审批，获批后北商行才会放款。

阳光金融租赁公司认为，上述条件过于严苛，不仅增信措施太多，还涉及上市股东，并且对资金的使用也不自由，要求银行方至少去掉其中一条，并且降低另外两条的标准。

对此北商行的回复是：上市股东担保这条无论如何要保留，因为上市公司提供担保必须在证交所进行公告披露，有上市公司担保，还款才有最大保证。质押或抵押这条可以降低标准，从1.2倍覆盖率降低为1.1倍，同时不考虑资产质量，只要是足额资产即可。资金用途监管是银监会的硬性要求，它也没有办法，但口头表示可以在实际操作中不做太严的要求，并加快审批速度，保证不会影响正常项目的投放。北商行还表示，考虑到长远合作的便利，希望阳光金融租赁公司能将其在中国工商银行开立的基本户迁移至本行，只有这样，北商行的领导才能保证此次批贷成功。

阳光金融租赁公司在收到回复后马上和阳光集团进行了沟通。阳光集团表示：要提供担保不是不可行，但是既然要集团进行担保，融资成本就必须尽量压低。至于迁移基本户的要求，集团考虑再三后，认为北商行的规模和知名度还是不太够，婉拒了这一请求。

在随后的沟通中，阳光金融租赁公司表示，如果去掉资产抵押或者股东担保条件，作为补偿，可以接受利率上浮。对此，北商行提出了新的方案，表示可以不要求应收账款质押或资产抵押，但要求阳光金融租赁公司必须将价值融资本息总额1.2倍的项目回款账户设置在北商行，且银行对该账户的使用进行监管，同时要求阳光集团提供连带责任担保。双方决定坐下来进行面对面的磋商，将本次融资的所有细节最终敲定下来，会谈时间定在2017年6月6日。

就在双方的谈判即将开始时，北商行又带来一个新消息：由于近年来企业信用违约事件频频发生，北城银行总行2017年6月5日下令，对企业贷款进行限额，分行对单一企业融资不得超过5亿元，超过5亿元的一律需报总行从严审批，同时对高息融资企业要加强风控审查。高息的界定标准是比同期贷款利率上浮超过50%，即7.125%。

在千头万绪之中，一方顶着总行的压力，尽可能争取到不出风险的优质融资项目；另一方顶着股东的压力，尽可能争取到低息、高额、长期和可控的资金。双方怀揣着合作才能双赢的心态，在约定日期开始了成交谈判。

（三）谈判方案（仅供参考，有部分省略）

1. 头脑风暴

讨论过程省略。

应掌握的基本商务知识：

（1）融资租赁：直租、回租。

（2）综合授信：形式、方案。

（3）银行账户：基本户、回款账户。

（4）担保条件：质押抵押、一般担保、连带责任担保。

（5）银行基准利率与 LPR[①]。

（6）行业操作知识：行业惯例如利率上下浮动比例，其他行业操作惯例需要咨询银行和融资租赁公司的项目经理。

2. 综　述

利益分析：此次谈判是在前几次磋商的基础上对双方提出的条件进行最后的磋商。基于头脑风暴讨论的结果，双方各自的核心利益包括：（1）阳光金融租赁公司：以尽可能低的成本获得低息、高额、长期和可控的资金。关键词：贷款成本。（2）北商行：尽可能不出风险的优质融资项目。关键词：资金安全。

以上利益分析结论是由双方的业务性质决定的。融资租赁公司是拿别人的钱为别人办事，自己挣差价，因此借贷成本很关键；对银行来说，银行的钱借自储户，到期要连本带利返还给储户，因此风险防控是第一位的。

谈判议题：本次谈判涉及的议题，按照对己方的重要性排列如下：（1）阳光金融租赁公司：利率、金额、期限、资金审批速度、担保、项目资金监管、1.2 倍回款账户；（2）北商行：担保、1.2 倍回款账户、利率、金额、期限、项目资金监管、资金审批速度。以上排序可以根据情况的变化做出调整。

谈判力分析：依据谈判力理论中的三要素，即动机、依赖、替代，对双方谈判地位的分析结果显示，双方都有较强的达成协议的愿望，阳光金融租赁公司急需资金，北商行需要优质客户完成当年的业绩。阳光金融租赁公司是一家业绩良好的企业，是业内翘楚，以往的业绩也不错。北商行的谈判力来自 2017 年宏观经济形势的变化和国家金融政策全面收紧的大背景，市场上的资金供小于求。因此，虽然双方都有各自的优势也彼此依赖，而且双方又都不是不可替代的，但是阳光金融租赁公司对资金的需求更为迫切。综合各方面因素，北商行处于较为有利的谈判地位。当然，结果如何还取决于谈判中各自如何发挥。

基于以上分析，谈判中阳光金融租赁公司最重要的利益是利率与融资额度，因此可

① 贷款市场报价利率（loan prime rate，LPR）。

以考虑在担保和回款账户方面做出必要的让步。北商行的核心利益是在资金安全基础上获得较好的业绩，因此可以在利率、金额、资金审批速度与项目资金监管上做一些让步。在此基础上尽可能争取更多的利益。

3. 具体谈判条件

根据双方在初步磋商中已经取得一致意见的条件和新提出的建议，双方可以制订下一步的谈判方案。

阳光金融租赁公司：

总目标：以较低的成本获得较长期的贷款。降低成本主要包括争取较低的利率，减少增信措施。其他目标：降低审核标准，降低回款账户比例，实现合作共赢（见表4－1）。

2017年银行仍然在实行贷款基准利率，当年贷款基准利率1～5年期为4.75%，北商行提出的利率是6.8%～7.125%。

表4－1　阳光金融租赁公司的目标

目标	具体内容		
	底线目标	可行目标	期望目标
贷款利率	上浮35%，4.75%×135%=6.412 5%	上浮25%，5.937 5%	上浮20%，5.7%
贷款额度	5亿～8亿元	8亿～10亿元	8亿～10亿元
期限	2年	2年	2年
增信措施	阳光集团连带责任担保	阳光集团一般担保	
设立回款账户	1.2倍回款账户	1.0倍回款账户	1.0倍回款账户
审批标准	保证项目资金的使用	放松资金使用监管，加速审批	放松资金使用监管，保证项目资金使用

北商行：

总目标：处理好资金安全与业绩之间的关系，但是保障资金安全是前提，在必要的增信措施到位前提下，争取较高的贷款利率和回款账户的设立（见表4－2）。

表4－2　北商行的目标

目标	具体内容		
	底线目标	可行目标	期望目标
增信措施	阳光集团连带责任担保 对回款账户资金使用监管	阳光集团连带责任担保 对回款账户资金使用监管	阳光集团连带责任担保 对回款账户资金使用监管
贷款利率	上浮30%，4.75%×130%=6.175%	上浮40%，6.65%	上浮45%，6.887 5%
贷款额度	5亿～8亿元	8亿元	10亿元
期限	2年	2年	2年
设立回款账户	1.2倍回款账户	1.2倍回款账户	1.2倍回款账户
审批标准	适当放松资金监管，保证对方项目用款需要	必要的资金监管，根据贷款数额确定审批时间	资金监管，根据贷款数额确定审批时间

4. 确定谈判策略

双方可以采取的共同策略：以双赢理念为指导，采用一揽子谈判方案，贯彻有条件的退让原则。前文分析显示双方彼此依赖，有合作的基础和愿望，因此实现双赢结果可行。采用一揽子谈判方案是因为谈判中涉及多个议题，应当综合考虑各项议题，能够在各项议题之间找到平衡点，在最大限度地保证各自核心利益的同时，在非核心利益上做出让步。孤立地一个议题一个议题地谈，往往会使谈判陷入零和博弈的过程，无法实现双赢的目的。有条件的让步体现为在己方非核心利益上做出让步，以换取己方核心利益的实现。

阳光金融租赁公司：

谈判开始后可以先谈判自己最关心的议题，即贷款成本，首先提出自己的最优目标，这样可以锚定谈判的利率范围。

强调充分考虑北商行的关切，表示可以说服阳光集团为项目贷款提供担保，但是利率必须合适。

己方的谈判力：本公司是业界佼佼者，是优质客户，可以在保证北商行资金安全的同时使其获得较好的业绩。

可谈的让步条件：利率的上浮、银行对资金的监管、资金审批速度、回款账户的设立等。

根据对方的回应提出其他要求，包括资金监管与资金审批速度等。

考虑到金融政策收紧的大环境，己方又迫切需要资金，谈判时应采取更为灵活的合作态度。

准备谈判陷入僵局后的其他方案，也可以考虑寻求其他可能的合作伙伴。

谈判队伍：负责该项目的项目经理、主管领导、其他有关人员等。

地点：双方轮流主场。

北商行：

谈判开始后可以先谈自己最关心的议题，即增信问题，首先提出自己的最优目标，这样可以锚定谈判的范围。如果对方先提出谈利率条件，可以指出利率也是己方关切的议题，但是担保要求以及其他必要的增信条件一定要得到相应的满足。

由于市场上资金较为短缺，对方急于获得资金，己方处于较为有利的地位，可以采取较为强硬的态度，要求对方在满足自己的增信需求时可以考虑对方对贷款成本的要求。

可谈的让步条件：利率上浮比例、贷款额度、资金监管、资金审批速度。有条件让步的含义是在己方的非核心利益上做出让步，以换取己方核心利益的实现。

了解其他类似商业银行的利率情况，做到退让有度。

准备谈判陷入僵局后的其他方案，包括寻求其他可能的客户。

谈判队伍：负责该项目的项目经理、主管领导、其他相关人员等。

地点：双方轮流主场。

第五章

合作原则谈判法

重点问题

- 合作原则谈判法包括哪几个部分？
- 合作原则谈判法提倡的理念是什么？
- 为什么说合作原则谈判法为谈判成功提供了一种指导性方法？

案例导入

我国在与美国的入世谈判中所签订的《中美农业合作协议》曾引起广泛的关注。该协议主要解决了美国小麦和肉类的市场准入问题。美国某些小麦生产区的小麦患有“黑穗病”，因此我国长期以来禁止从美国西北部地区的 7 个州进口小麦。在此次入世谈判中，我国政府考虑到我国从美国进口小麦的数量已经从最高峰时的每年 800 万吨降至 20 世纪 90 年代末的 10 万吨左右，这使我国检验小麦的工作量大大减少，使通过海关检疫防止“黑穗病”进入中国成为可能，因此我国决定放弃对美国 7 个州进口小麦的禁令。中方的“让步”在美国引起极大轰动，各大报纸都以大幅标题报道了这件事，美国这 7 个州的参议员、众议员和广大的农民为此积极支持中国入世，我国的这一举动取得了非常好的政治上的效果。

▶点评

中国在入世谈判中与美国在农产品贸易谈判中的谈判策略真正体现了合作原则谈判法的精髓。中方在谈判中本着注重利益而非立场、创造双赢结果的原则，成功地解决了中美关于小麦和肉类的市场准入问题。

一、合作原则谈判法及其四个组成部分

双赢理念的广泛传播促进了新的谈判理论的诞生。其中最有影响力的就是合作原则谈判法，也就是著名的哈佛原则谈判法，它的主要代表是罗杰·费希尔、威廉·尤里和布鲁斯·巴顿。三人的代表作是《谈判力》。许多谈判理论家和谈判者都将此书视为谈判界的圣经。在此书和其他著作中，他们发展了合作原则谈判法并使之得到广泛推广。

合作原则谈判法的核心和精神实质是通过强调双方的共同利益，而非讨价还价本身，以及通过寻求双方各有所获的方案来取得谈判的成功。基于哈佛谈判项目发展起来的合作原则谈判法，通过强调事物的原则来确定事物的性质，而不是在双方曾经表示的他要做什么或不做什么的问题上讨价还价，争论不休。合作原则谈判法鼓励人们尽可能寻求使双方都获益的途径，在双方的利益发生冲突时，应坚持以客观标准，也就是以独立于双方意志的标准为基础解决冲突。合作原则谈判法坚持对事不对人，在原则问题上毫不让步，但在对待谈判伙伴上应与人为善。合作原则谈判法强调谈判中不用诡计，不故作姿态；它既使你得到理所应得的，又使你不失风度。它既使你能保持公正，又不致使对方利用你的公正。

合作原则谈判法具有广泛的适用性，学习应用合作原则谈判法对双方取得双赢的结果具有十分积极的意义。它是对双赢理念的发展和理论化。

合作原则谈判法由以下四部分组成。

（1）对待谈判对手：对事不对人。

（2）对待双方利益：着眼于利益而非立场。

（3）对待利益获取：创造双赢方案。

（4）对待评判标准：引入客观评判标准。

合作原则谈判法的四个部分相互依存，环环相扣，在谈判中贯彻始终，共同影响谈判的进程。下面就这四个组成部分加以简要解释。

二、对事不对人

谈判气氛是决定谈判双方关系的一个重要因素。众所周知，在诚挚友好的气氛中谈判，双方的心态比较平和，因而谈判中的难题也比较容易解决。但遗憾的是，友好的谈判气氛可能时常因双方互有偏见，或者在谈判过程中对对方形成的不良印象，或者对对方意图的否定看法等而被破坏。当这种情况发生时，谈判就无法围绕谈判议题展开，而是演变成个人之间的攻击和对抗，从而使相互之间的信任和感情被破坏，导致谈判无法正常进行。

例如，如果谈判一方认为对方的行为举止显得傲慢无礼，说的某句话让他感到没面子，他反过来可能会抛出一两句话来挫伤对方的傲气，这又会进一步激怒对方，促使他采用进一步的报复措施。比如，在双方争执不下的情况下，人们喜欢抛出这样一句话："跟你这种人没法儿谈。"此话一出，可以想象，谈判的焦点只会从讨论双方的利益和问题转移到维护个人的脸面和尊严上来。谈判最终将不欢而散，什么问题都得不到解决。在另外一些情况下，当谈判一方对另一方提出的理由和表述的事件的目的存有疑虑，认为对方可能想利用谈判达到其险恶目的时，常常会表现出情绪激动，出言不逊，使谈判气氛骤然变坏而无法达到通过谈判解决问题的目的。

在国际贸易中经常被企业遗忘的一个基本谈判事实是，同你谈判的不是抽象的另一方代表，而是活生生的人。他们有自己的情绪、已形成的价值观、自己独特的背景和观点等，他们是不可预测的。你自己也是一样。

谈判中人性的这一方面既有助于谈判的成功，又可能给谈判带来灾难性的后果。达成协议的过程要求双方心理上希望有一个双赢的结果。如果双方之间能建立一种充满信任、理解、尊重和友谊的工作关系，则每轮新谈判都会变得更顺利、更有成果。人们渴望得到别人的肯定，很在意别人对自己的看法，这种心理会使他对另一方的利益更敏感。

要解决谈判中有关人的这个棘手的问题，可以从以下三个方面考虑：理解、情绪和交流。各种有关人的问题都可以被纳入这三个方面。

(一) 理　解

理解另一方的想法能帮助你解决你的问题，并且他们的想法本身就是问题。不论是谈生意还是解决争端，双方的不同点在于思想的不同。冲突不是由客观事物引起的，而是由人们的想法引起的。

从对方的角度考虑问题。你怎样看待这个世界取决于你身处的位置。人们看到的事物往往是他们想看到的。在大量具体的信息中，人们倾向于挑选出那些能够支持他们预先看法的信息，忽略或者曲解那些会给他们的想法带来质疑的信息。谈判中各方可能都认为自己一方是正确的，而错误都在对方。

虽然很难做到，但从对方的角度分析问题的能力是谈判者应拥有的最重要的技巧之一。理解他们的观点并不等于赞同他们的观点。的确，更好地理解对方的想法可能使你修正你对情况好坏的评估，但理解他们的观点不是你方付出的代价，而是一种收获。这种理解使你能够缩小冲突发生的范围，同时有助于你获得新的利益。

不要因自身的问题而责怪对方。人们喜欢让对方为自己的问题承担责任。责怪别人是人们很容易采取的一种方式，尤其当你认为对方确实应该对此负责时更是如此。即使你确实有理由责怪对方，这样做也是没有任何作用的。对方在受到攻击时会变得戒备心十足，对你的话产生抵触心理。他们不再听你的陈述，甚至还会向你发起攻击。

处理双方意见分歧的一种方法就是明确地提出分歧并公开讨论。只要你采取的是一种坦然、诚恳的方式，而不是按照自己的想法责备对方，讨论就会使他们认为应该认真考虑你提出的问题。反之亦然。

使对方参与谈判过程，并使其利益与谈判结果相关联。一个很简单的道理是，如果对方没有参与产生结果的谈判过程就不会同意谈判的结果。如果你想让对方接受一个不称他们心意的结论，最关键的就是让他们参与得出结论的过程。除了实在的好处外，决定谈判者是否同意一项提议的唯一最重要的因素就是参与其中的感觉了。在某种意义上，过程本身就是结果。

(二) 情　绪

在谈判中，尤其是在激烈的争论中，感觉也许比言语更重要。双方也许都预期到会有一场恶战，而不认为双方能够合作协商解决共同的问题。人们来到谈判桌旁，往往认为自己要争取的利益很大并受到了威胁。一方的情绪会影响另一方的情绪。不好的情绪很快会使谈判暂停或终止。

允许对方发泄情绪。应付人们愤怒和受挫等不良情绪的一种有效方法就是帮助他们释放这些情绪。人们通过把心中的痛苦说出来获得心理上的释然。发泄情绪也许有利于接下来的理性谈判。也许当对方发泄情绪时，我们可以采取的最好的策略就是静静聆听，而不要对对方的攻击做出反应，同时偶尔可以要求对方继续他的发言直至他倾诉完毕。

不对情绪爆发做针锋相对的反应。如果情绪释放会导致另一方做出相应的反应，那么这种情绪释放是有风险的。如果不得到控制，这种情绪释放最终会导致激烈的争吵。人类关系委员会是钢铁行业的一个劳工管理组织，主要处理可能导致严重冲突的问题。该委员会于20世纪50年代曾使用过一种不寻常但很有效的控制情绪的办法。该委员会的成员遵守的一项规则就是一次只能有一个人发火。该规定使其他人面对愤怒情绪的爆发不做出激烈的反应。同时该规定使发泄情绪本身变得合理，因而也使发泄情绪变得更容易。这项规定的另一个好处就是可以帮助人们控制自己的情绪。因为犯规便说明你不能自控，而这是很丢脸的事。

(三) 交　流

交流绝非易事。即使是在价值观、经历等背景都很相似的人之间，交流也不是一件简单的事情。

交流中存在三大问题。第一，谈判者可能不是在互相交谈，或者至少不是在以对方能够理解的方式交谈。即使你说得很直接、很清楚，他们也未必在倾听。第二，你应当注意到对方常常没有集中精力倾听你的讲话。可能同样地，你也不能复述别人刚说过的话。在谈判中，你也许忙于思考下一步你要说什么，如何回应刚才对方提到的观点，或者是怎样组织下一个论点。在这个时候，你忘记了倾听对方在说什么。第三，就是误解。

你怎样应对上述三大问题呢？首先，积极倾听，了解对方正在说什么。倾听使你能够理解对方的观点，感受到对方的情绪，并弄清楚他们试图表达的内容。如果你很专注地听，并偶尔打断对方："如果我没理解错，您刚才是说……"这样，对方就会知道他们不是在浪费时间，也不是在走一个程序。他们同时会得到被倾听和被理解的满足感。让对方知道你在倾听是你可以做出的最小代价的让步。

其次，谈关于你自己的事，而不是对方的事。在许多谈判中，各方花很长时间来解释、谴责对方的动机和意图。然而更有说服力的做法是阐述该问题对你方的影响，而不要评价对方的做法。例如，你可以说"我感到很失望"，而不是说"你是个种族主义者"。如果对方认为你对他们的某项评价不属实，他们便会不理睬你或者发火，并且不再关注你考虑的事情。但对你自己的感觉，对方却不易反驳。

最后，避免给对方打分，或视对方为辩论对象。一些谈判者常常将谈判当成辩论赛，或者把它当作一次庭审。谈判双方是平等的，你没有理由去为某个问题责备对方、辱骂对方，或者提高你的声调。

上面提到的一些解决理解、情绪和交流方面问题的技巧通常都很有用，但处理关于人的问题的最佳时间是在它们真正变成问题之前。这意味着应该同对方建立个人或组织上的联系，以缓解谈判对谈判者的冲击。这同时意味着在谈判过程中将实际问题与人际关系分离，同时避免将个人利益掺杂到对实际问题的讨论中。

总的来说，谈判中将人与问题区分开的至关重要的一点就是：理解对方，控制自己的情绪和加强交流。如果对方的看法是不正确的，我们应该在事后寻找机会来指正他们；在对方感到烦躁时，我们应该允许他们表达不满情绪；同时在误会产生时，我们应该多寻找机会来交换双方的意见。我们这样做就是把对方当作同舟共济的合作者，而谈判就是共同迈向成功的过程。

三、着眼于利益而非立场

立场指的是对某件事情预设的态度，是选边站。罗杰·费希尔、威廉·尤里和布鲁斯·巴顿三人通过两个人在图书馆吵架的故事，区分了利益和立场的差别。故事中一个人想开窗户，而另一个想关上窗户。他们不断地争论究竟窗户应该开多大——开一条缝，开 1/3，还是开一半。没有一个让双方都满意的答案。这时一个图书管理员走了进来。她问其中一个人为什么想要开窗户，那人回答："我想呼吸新鲜空气。"她又问另一个人为什么要关上窗户，那人回答："避免有穿堂风。"图书管理员考虑了一会儿后打开了邻屋的一扇窗户，这样既可以有新鲜空气又避免了穿堂风。这个故事是许多谈判中的典型例子。如果谈判中双方将问题看成是立场的冲突，而双方谈判的目的也是对一个立场达成一致，那么他们自然要考虑而且要讨论立场问题，结果常常导致谈判陷入僵局。

成功的谈判是利益的给予和付出的结果，而不是源于各自坚持自己的立场。如果图书管理员只关注两个人阐明的立场，即一个想关窗户，一个想开窗户，那么她便不可能找到解决问题的上述方法。相反，她注意到了两人潜在的利益所在，即新鲜空气和避免穿堂风。立场和利益的区分是至关重要的。把注意力集中在双方的共同利益上会有很好的效果，其原因在于：首先，满足各方利益诉求的方法往往不止一种；其次，双方总可以找到共同利益，否则他们便无法坐在一起讨论和交谈。

为使谈判各方注重利益而非立场，可以尝试以下方法。

(一) 确定利益

探寻会对我方造成损害的对方的利益所在。探寻立场背后的利益所在的好处是不言而喻的，但具体怎样做却并不清楚；因为立场往往是清晰具体的，但立场背后隐藏的利益却未被准确表达，是无形的，而且可能是不确定的。那么你怎么理解谈判中的利益，并且提醒自己弄清楚对方的利益至少和明白自己的利益一样重要呢？

最基本的一种方法就是从他们的角度考虑问题。分析他们所持的每一个立场并且问自己："他们为什么这样做？"弄清楚这个问题的目的并不在于要证明他们的立场是正确的，而是要理解这些立场背后的需求、希望、畏惧或是愿望。发掘对方利益所在的一种很有用的方法便是，先弄清楚在对方心目中你方希望他们做出的最根本的决定是什么，然后你再问自己他们为什么没有做这样的决定，他们的哪些利益诉求起到了妨碍作用。如果你试图改变他们的想法，首先要做的就是弄清楚他们的想法。

弄清对方不同人的不同利益。几乎在所有的谈判中，各方的利益都不是单一的，而是多重的。分析谈判形势时的一个常见错误就是认为对方每个人的利益都一致，但这种情况几乎是不存在的。事实上，各方中每个人均有多种利益。如果谈判者能认识到这一点，并且能分析这些不同的利益，那么便会发现隐藏在立场背后的最重要的利益所在。

注意隐藏在立场背后的人的需求。在寻找隐藏在立场背后的利益时，特别要找出那些能激发所有人的基本需求。如果你能满足他们的这些基本需求，那么你同他们达成协议的概率便增大了；一旦达成协议，他们遵守协议的概率就会增大。由于人类的基本需求容易被忽略，在许多谈判中，人们常常将“钱”视为唯一的利益。

（二）谈利益问题

谈判的目的就是满足自己的利益诉求。如果双方就此进行交流，那么达到这一目的的概率便会增大。如果双方都不清楚彼此的利益所在，如何摆脱僵硬的立场束缚而积极地讨论利益问题呢？如果你希望对方考虑你的利益，就要向他解释清楚自己的利益所在。如果你希望对方理解你的利益，首先你应该表示理解对方的利益。除了表明你了解他的利益所在外，你应该承认，他的利益问题是你想要解决的所有问题的一部分。当你们双方有共同的利益时，这一点就更容易做到了。

对问题毫不留情，对人温和宽容。在谈判中执着于自己的立场也许是不明智的，但执着于自己的利益却是明智之举。争取自己的利益才是谈判中你应该全力以赴去做的事情。谈判对方出于对自身利益的考虑，倾向于对可能达成协议的范围抱有高度乐观的期望。在这种情况下，最聪明的解决办法常常是通过积极地宣讲自己的利益，寻求让对方付出最小代价而我方获得最大利益的办法。

在讨论某个问题时，如果对方感到个人受到威胁，便会处于防御状态，并且不再倾听你的述说。这就是要“对事不对人”的重要原因。毫不留情地对待实际问题能促使有效结论的产生，给予谈判对手人性化的支持可以改善双方的关系，并且增加达成协议的可能性。对问题的强硬和对人性的关怀两者相结合才能真正发挥效力，缺一不可。

四、创造双赢方案

合作原则谈判法的前两部分主要针对谈判者与问题、利益与立场之间的关系，解决好这两对关系可以帮助谈判双方正确对待彼此，正确对待彼此间的利益，找准谈判的重点和立足点。合作原则谈判法的第三部分，创造双赢方案，则为双方实现自己的利益提供了一条可行的路径。

在谈判中，人们为何极易陷入对自己的立场的讨价还价之中？其原因有两个方面：一方面是谈判的内容往往属于非赢即输类型，如汽车的价格、佣金的高低、房屋租期的长短，或者人们遇到的问题是非此即彼的选择，如离婚谈判中对财产的分割、孩子的归属。这种两分法类型的谈判限制了人们的思维，制约了人们的创造性，使谈判者的目光盯在谈判的结果是输还是赢这个问题上。另一方面是人们往往把问题的解决方法限制在很窄的范围内，比较典型的做法是认为解决问题的方法只有一种，如果这种方法不能解决冲突，谈判只好陷于停顿。

总的来说，阻止人们寻求建设性替代方案的因素有以下三个。

第一是认为分配方案保持一成不变。双方都认为利益的蛋糕是固定不变的，因而你的胜利就是我的失败，或者我的胜利就是你的失败。这种僵化的分配观念制约了人们解决问题的创造力和谈判中的灵活性，因而常常导致谈判失败。解决这一问题的方法是转变观念，将固定不变转为灵活可变，即双方在利益分配之前共同将利益的蛋糕做大，这样双方都可以获得更大的利益。

第二是只寻求一种答案。谈判者往往满足于已取得的成就和进展，并且希望谈判能照此方式继续下去，不再出现其他麻烦，顺利达成最终协议。但是如果谈判中途出现其他问题从而使现有方案无法实施，他们又不愿意放弃在现有方案上已取得的进展，那么谈判将会失败。谈判双方应当认识到总有其他更好的办法来解决目前的问题，因此当一个方案行不通时应及时提出替代方案，避免谈判陷入僵局。

第三是在提出方案时只考虑满足自己利益和需要的解决办法。谈判代表应当认识到谈判过程是给予与获取并行的过程，成功的谈判协议是权利与义务的结合体，因此谈判方案应充分体现双方共同的利益和需要。只有在考虑自己的利益的同时考虑对方的利益，才能激发人们的创造力，提出富有建设性的方案。

要摆脱上述障碍，创造双赢方案，可以考虑以下步骤。

(一) 提出创造性方案

将提出方案和评价方案分开。由于评价会阻碍想象力的发挥，所以应该将提出方案同评价方案分开，而且应该将提出可能方案的过程同筛选方案的过程分开。先提出方案，后决定方案的采用方式。作为一个谈判者，你很有必要做许多创造性的工作，但创新并非易事。根据定义，创新就是要提出你脑子里原本没有的东西。因此你可以考虑安排几个同事或朋友开一个创新研讨会，献计献策。这样的环节可以有效地将创造过程同决定过程分开。创新研讨会的作用是为解决手头的问题提出尽可能多的解决方案。创新研讨会最关键也是最基础的一条原则就是推迟所有对这些方案的批评和评价。创新研讨会只需提出方案，无须考虑这些方案是好是坏、现实与否。当障碍被清除后，一个提议会激发出另一个提议，就像互相引爆的爆竹一样。

先提出各种可选方案，再决定最终方案。创新研讨会充分释放了人们的创造性思维。思想解放后，下一步需要做的是找到提出建设性解决方案的方法。从大量不同的方案中筛选一个合适的方案是做出明智决定的关键。一种选择方案的方法是从总体和具体两个方面考虑。例如，先找出问题，再分析问题，接着考虑应该怎样解决问题，最终提出具体可行的行动方案。另一种选择方案的方法就是从不同专业、不同原则的角度来考虑问题。例如，对不断上涨的房价问题的考察，可以分别从工薪阶层、承包商、银行家、政府官员、房地产投机商、经济学家或者社会学家的角度来进行。

(二) 寻找双赢方案

妨碍创造性解决方案提出的一个主要因素是谈判者认为利益蛋糕的大小是固定的：你获得的越少，我得到的就越多。但事实上使双方都获利的可能性几乎总是存在的。这种可能性也许体现在建立对双方都有利的关系上，也许体现在提出能满足双方利益的创造性解决方案上。

明确共同利益。从理论上说，共同利益将促进协议的达成，这是显而易见的。根据定义，提出一个符合双方共同利益的方案对自己和对对方都有好处，然而实际情况却并非如此简单。在价格谈判或者土地谈判中，双方的共同利益就不明了。在这种情况下，寻找共同利益的方法该如何发挥作用呢？例如，巴勒斯坦和以色列在耶路撒冷地位问题上的共同利益是什么？因为事实上只有一个耶路撒冷，如果只是从领土角度来看它们的争端，那么解决问题的希望将很渺茫。但如果从两国人民的角度来讨论这个问题，那么答案毫无疑问是和平。

关于共同利益有三点应该牢记。第一，每场谈判中都存在潜在的共同利益，这些共同利益一开始时可能并不为人们所认识。第二，共同利益是机会，而不是上天的恩赐。明确共同利益，使其成为双方共同的目标对谈判有很大的帮助。换句话说，要将共同利益具体化，使其成为未来的努力方向。第三，强调双方的共同利益会使谈判更顺利，气氛更友好。打个比方，漂流在大洋上救生艇中的人，在面对有限的供给时，会搁置对食物分配的分歧，追求抵达岸边的共同利益。

寻找让对方容易做出决定的方案。由于你方在谈判中能否胜利取决于对方的决定是否如你所愿，所以你应该尽力帮助对方轻松做出决定。你希望对方尽可能轻松地做出你所希望的选择，而不是让对方感到事情很难办。在谈判中，人们往往只看到自己的长处，而极少考虑用满足对方需求的方式来推进谈判。你只有站在对方的立场上才会克服因只顾眼前利益而目光短浅的问题。你提出的方案如果对对方没有任何吸引力，谈判就不可能达成协议。

在提出各个选择方案后，下一步就是选择一个切实可行的能为双方所接受的方案。然而在选择方案的时候存在着以什么标准来评价所选择方案的问题，也就是说，如何确定此方案优于彼方案，或者某一方案是几个方案中最好的方案。由于双方的评判标准往往存在着很大的分歧，所以以谁的标准来衡量各个方案就成为一个关键的问题，这就是下面要解决的问题——引入客观评判标准。

五、引入客观评判标准

上面虽然强调从双方的利益出发来考虑分配方案，以求得令双方都满意的解决办法，但是无论双方如何从对方的角度考虑问题，理解对方的需求，争取提出具有创造性的方案，都无法抹杀双方利益冲突和对抗的一面。这种矛盾冲突在对待方案的评价标准上得到集中反映。当双方因评判标准不同而无法确定方案的合理性和公正性时，最好的解决方法就是寻求一个客观评判标准。

在一次国际海洋法会议上，印度和美国为海洋矿藏勘探公司是否应当向资源国支付一笔初期费用发生了争执。由于深海矿藏勘探开发对勘探技术、设备水平、技术人员和管理水平都有很高的要求，所以一般只有发达国家才有能力从事这一活动。由于各方面的限制，发展中国家海域内的资源只能依靠发达国家的公司进行勘探开发，为此印度代表发展中国家提出勘探公司每开发一个区域就应当支付 6 000 美元初期费用的要求，而美国代表发达国家坚决反对支付初期费用。双方就此问题展开辩论，谁也无法说服对方。由于双方坚持各自的立场，争论变成了一场意志力的较量，会议也因此无法继续进行。此时有一位会议代表发现了麻省理工学院的一个关于深海采矿的经济学模型。该模型对各种收费对勘探的影响进行了测算，与会代表普遍认为该模型是一个具有客观标准的模型。该模型的计算结果显示印度要求勘探公司支付的初期费用对开发确实有影响，因为这意味着勘探公司在缴费之后才能取得采矿收入，这可能对公司的正常经营带来一定的困难。面对这一结果，印度代表表示愿意重新考虑自己的建议。同时麻省理工学院的模型也告诉美国代表适当的初期费用在经济上是可行的。因为美国代表的资料大都是勘探公司提供的，具有片面性，所以美国同意改变自己的立场。

(一) 发展客观评判标准

1. 寻求公平标准

麻省理工学院的模型之所以具有说服力，是由于它具有中立性、合法性、有效性、科学性和权威性。它同时为何为客观标准设定了一个模式，即客观评判标准应当具有中立性、合法性、有效性、科学性和权威性。在判断一个标准是否属于客观评判标准时应从以下几个方面考虑。

（1）客观评判标准应当独立于所有各方的主观意志，即应当具有中立性，因而它可以不受任何一方的感情影响。例如世界贸易组织所确定的各项原则，如非歧视性原则、互惠原则、透明度原则、关税减让原则、取消数量限制原则，因为不代表任何个别国家的利益，而是以增进全体成员的利益为出发点，所以被所有成员视为客观评判标准。

（2）客观评判标准应当具有合法性和有效性，并且切合实际。世界贸易组织的上述各项原则已成为世界贸易组织宪章以及其他协定中的主要条款，成为各成员普遍遵守的法律条约，同时这些原则通过多年的试用被证实是切合实际和可行的，因而被各成员普遍用来作为解决贸易争端的客观评判标准。

（3）客观评判标准应当具有科学性和权威性。例如上例中的经济学模型出自世界知名学府，并且模型的建立是在科学理论基础上经过严格的计算得出的结果，因而具有较强的说服力。

显然，在确定客观评判标准时，对不同的事物有不同的客观评判标准，所考虑的因素也不尽相同。例如，在与国外商人就产品价格进行谈判时，对价格的衡量标准就应当包括产品的成本价、市场的变化、汇率的稳定性、竞争对手的情况以及其他必要因素。此外，专家的意见、国际协议和国际惯例、一国的法律和规章制度都可以作为客观评判标准。

在中国和美国之间就中国入世问题进行的谈判中，双方就中国的发展中国家身份发生了激烈的争论。如果中国以发达国家身份加入世界贸易组织，中国就无权享受发展中国家所享有的权利，如只有发展中国家能够享有的普惠制待遇、逐步开放市场、对幼稚产业的保护权利。由于以什么身份加入世界贸易组织是关系国家利益的重大原则问题，所以中国坚持以发展中国家身份加入世界贸易组织。然而，美国为了撬开中国这个大市场，在市场准入方面获取更多的利益，坚持中国应以发达国家身份加入世界贸易组织。其理由是：中国的出口增长迅速；外汇储备量名列世界前茅；中国的航天技术，特别是中国的卫星发射和返回技术达到了少数发达国家的水平，而发展中国家中绝没有第二例。一个美国谈判代表甚至将中国贫困地区的情况和非洲国家甚至印度的情况进行比较。他说他亲自考察了中国的最贫困地区，在那里随意敲开一家农户的门询问男主人是否吃过早饭，男主人都说吃过了。又问中午饭有没有，回答是正在准备。再问晚饭，也不成问题。然而在非洲一些国家甚至是印度一些贫困地区，情况就完全不一样了。当他询问当地人是否吃过早饭时，回答是还没有。再问午饭和晚饭，当地人反问他是否要向他们提供救济粮。

中美两国在这个问题上各有自己的见解和标准，双方的意见一时难以统一。谈判的焦点就在于以谁的标准来衡量中国是发达国家还是发展中国家。事实上联合国、世界银行等国际组织就有现成的衡量标准，即人均国民生产总值。按照联合国和世界银行的统计，人均国民生产总值在 785 美元（1996 年标准）以下的国家为最贫穷国家，而中美就中国的发展中国家地位进行谈判时，中国人均国民生产总值为 750 美元，属于最贫穷国家。中国进入 2000 年后才走出最贫穷国家的行列。

2. 寻求公平程序

运用合作原则谈判法不仅涉及如何寻求客观评判标准的问题，而且涉及如何应用客观评判标准的问题。所以衡量客观评判标准是否公平，是否具有科学性和有效性，应当从两个方面入手：一是从实质利益入手；二是从处理程序入手。从实质利益来看，是以不损害双方各自的利益为原则；从处理程序来看，就是解决方法本身是否公平，也就是说要有公平的程序。例如，从程序来看，如果一方分割蛋糕，让另一方先挑选，这就是一个公平的程序。人们常用的被视为公平的其他程序还有“轮流坐庄”“抓阄”“寻找仲裁人”等。抓阄、抛硬币和其他碰运气形式具有内在的公平性。虽然结果可能不公平，但是至少每一方都有公平的机会。

（二）判断谈判成功与否的标准

人们可以采用不同的方法和途径进行谈判。某种方法是成功还是失败，根据罗杰·费希尔、威廉·尤里和布鲁斯·巴顿三人的观点，可以从以下三个方面做出判断。

（1）一项可能达成的协议应当最大限度地满足双方的合法利益，解决他们之间的冲突，同时保护公众的利益不受损害；

（2）协议应当是高效的；

（3）协议应当改善或至少不损害双方的关系。

合作原则谈判法为我们提供了一种在艰苦的谈判中达成明智的协议的方法。实践证明，合作原则谈判法适用于几乎所有的谈判场合——从国际谈判到国内谈判，从简单事件到复杂事件，从日常商业交往到紧急突发情况。合作原则谈判法还可服务于不同类型的谈判者，可用于解决各种各样的问题，如各国外交官和政治家就限制核武器扩散问题进行的谈判，华尔街律师代表世界 500 强企业就反垄断问题进行的谈判。它还可以帮助夫妻解决假期度假的去处、离婚时财产的分配等问题。

人们每天进行着各种各样性质不同的谈判。可以说，没有内容相同的两场谈判，但是无论谈判内容如何变化，谈判的基本要素不变。合作原则谈判法还适用于不同类型的谈判——从简单谈判到复杂谈判、从双边谈判到多边谈判。无论谈判场合如何变化，不管是在有充分准备的场合如集体辩论，还是在未经准备的突发场合如与劫持者的谈判，合作原则谈判法都适用。在谈判中使用合作原则谈判法的策略十分安全，也就是说，一旦被对方看穿非但不会使谈判陷入困境，反而更有利于谈判的进展，因为合作原则谈判法不依靠谈判者的计谋和随机应变，而是依靠公正、客观和相互理解。

思考题与讨论题

1. 各国之间关于领土主权的争端是谈判中的硬骨头，但是中国就中国香港和中国澳门的回归所进行的谈判则是此类谈判中成功的范例。请结合合作原则谈判法谈谈你的感受，并指出促成中国香港、中国澳门回归谈判成功的关键因素。

2. 所使用的谈判程序体现了谈判的公正性。除了本章已经提到的方法外，你还可以提出体现谈判程序公正性的其他方法吗？

3. 在谈判中做到对事不对人是件容易的事吗？在谈判中受到个人攻击时你的感受如何？

4. 用实例说明通过谈判双方的努力可以做大利益蛋糕。

5. 请完成模拟谈判“中美大学合作交流项目争议谈判”，并思考下列问题：

(1) 合作原则谈判法对完成这场模拟谈判有什么指导意义？

(2) 美国人的性格直率且咄咄逼人，你如何做到对事不对人？

(3) 在这场模拟谈判中，你如何做到着眼于利益而非立场？

(4) 提出创造性交流模式对解决与美方的争议有什么重要意义？

6. 阅读案例研究 5－1 并讨论下列问题：

(1) 在谈判中，有一方坚持自己的立场而另一方运用合作原则谈判法。说出谁使用的是合作原则谈判法，以及他是怎样应用该方法的。

(2) 谈判最终产生了一个赢家还是一个输家？

模拟谈判

中美大学合作交流项目争议谈判

（一）背景介绍

20 世纪 90 年代末期，北京某高校国际经济与贸易学院李院长，在美国佛罗里达州某州立大学商学院访问期间，与该商学院院长舍费尔德商谈了两院交流合作的事宜。两位院长认为，不同国家学校之间学生的校际交换已经十分普遍，中美学校虽然已经开始相互访问，但是学生之间的交流项目开展的还比较少，因此希望两校可以互派学生，到对方学校学习一段时间，这对双方国家的学生了解对方学校和国家与文化具有十分积极的作用。在学生交流的基础上还可以深化交流内容，开展教师交流和科研交流。有鉴于此，双方学院院长商谈后就两校之间的交流活动达成如下协议。

（1）双方学院每学期可选派2～3名学生到对方学校学习一个学期；

（2）交换生的国际交通费与在对方国家的国内交通费自理；

（3）双方学校为交换生提供住宿与饮食信息，但交换生在对方国家的生活费用需自理；

（4）交换生在对方学校的学费互免；

（5）中方交换生可以在美方商学院提供的所有课程内选课；

（6）美方交换生可以在国际经济与贸易学院以及中文学院提供的课程内选课；

（7）中美双方院校每年可派1位教授到对方学院讲授至少一门专业课，由对方安排住所，并给予一定的生活费补贴；

（8）双方轮流主办教学与科研研讨会。

该协议自2000年开始执行。自从该协议签订后中方一直按照协议规定的内容，每年派出4～6名学生前往美国学习。国际经济与贸易学院的学生对能前往美国院校交流非常积极，免交美方学费对中国学生来说是一项较大的优惠，因此竞争比较激烈。每年选派学生的综合考评成绩都位列前茅，此外还要通过面试。美国学生在国际经济与贸易学院可选的专业课程十分有限，因为学院的课程以中文讲授为主，全英语授课的课程只有2～3门。美国学生到中国来主要选学汉语言课程，因此来中国的学生人数每年都不确定，一般在1～2名。

在教师交流方面，中方院校派遣了2位教授到美方院校授课，美方派遣了1位教授。科研交流进展十分顺利，双方共举办了五六次科研研讨会，并出版了论文集。

（二）合作出现争议

两校的交流协议执行到2012年时出现了问题，美方商学院办理中国学生签证相关手续的进度不知为何放缓，导致当年的中方交换生没能按时赴美。就在学院等待美方的解释时，美方商学院突然致函国际经济与贸易学院，提出暂时停止接收中方派去的学生。当被问及原因时，美方商学院项目负责人斯蒂格措辞强硬地指出，中国学生在美方商学院选择的都是专业课，而中方提供的专业课程数量有限，不能满足美方学生的选课要求，因而美方学生基本上选择的都是汉语言课程，内容简单，这导致双方院校在学费上的付出不对等。如果这种情况继续，美方商学院将终止该交流协议。

在美国，高校学生的学费是按照学分付费的，语言课不属于正式专业课，因此学费不一样。例如，美国的一所二流院校一个学分的学费已经从2000年年初的700多美元涨到2017年的大约1400美元，一门课一般是2～3个学分。专业课教师与基础课教师，包括语言课教师的工资待遇也不一样，专业课教师的工资普遍高于基础课教师。所以，美方学校认为中美学生的选课使双方学校付出的费用不对等。

收到美方商学院的来信后，中方有人认为美方商学院提出终止双方建立的长期合作协议，实在不顾及双方的友谊与情面。既然如此，停止与美方商学院的交换协议也问题不大，因为现在中方已经与其他5所美国院校建立了访学关系，学生已经有了更多选择。然而中方负责教学与国际交流的白副院长认为，与其他美国院校签订的合作协议没有免交学费的优惠条件，合作也没有深入到教师与科研交流层面。所以尽管美方商学院不是美国的一流院校，中方学生依然首选该校。此外，与美方商学院的交流协议是学生互换协议。中方院校以往与美方院校的交流基本上是单向流动，中国学生去的多，美国学生来的少，因此这个学生互换协议具有了与其他协议不同的意义。况且与美方商学院的合作已经开展了十几年，双方已经建立了良好的合作基础，有什么问题可以通过对话来解决。

这样，白副院长去信斯蒂格，提出邀请他来中国，当面商谈解决此事。

双方商定于 2013 年 5 月在国际经济与贸易学院举行会谈。

（三）对谈判双方的提示

结合本章所学的理论知识，认真分析双方的利益所在，包括：双方的共同利益和各自不同的利益；如何通过提出创造性的解决方案，取得双赢的结果。可以在考虑原来合同条件的基础上确定此次谈判的条件和取得各自目标的谈判策略。谈判的最终目的是达成双方都能接受的协议。

1. 对中方的提示

（1）与美方商学院的合作能够减免学费是国际经济与贸易学院以后与所有国外合作院校都没有的优惠条件，美方商学院是学生交流院校中的首选，所以要力争实现与美方商学院继续合作。

（2）分析美方商学院不愿意继续合作的根本原因和对方的主要利益。为了维系两院的交流合作关系，国际经济与贸易学院可以为对方提供什么样的课程以解决对方的关切？中方在学生交流方面可以提出什么样的创新模式？

（3）国际经济与贸易学院的培养目标是国际化的复合型人才，课程改革中的双语和全英语授课比例的增加是学院教学改革的方向，因此学院正在人才储备、课程改革方面做出努力。这对与美方商学院的合作有什么促进作用？

2. 对美方的提示

（1）美方商学院与中方的合作已经持续了十几年，双方的合作一直比较愉快。随着中国经济的重要性不断提升，越来越多的美国学生也希望到中国来学习，通过中国教授的课程了解中国教师和学生对中国经济发展和中美关系的观点，因此美国学生到中国学习的需求也在增加。

（2）中方提供的专业课程较少的主要问题是全英语授课师资缺乏，美方是否可以考虑其他交流方式，例如充分利用合作协议中的教师交流条款，组织教师短期到中国教授一两门专业课？

（3）在以往的交流中，中方学生显然在学费上获取了较大的利益。此次谈判针对己方的谈判目标，美方应考虑采用何种谈判策略？

案例研究 5-1

公司政策

汤姆停在路边的汽车被一辆自倾重型卡车撞得完全报废。所幸的是，他的汽车购买了保险，但他能从保险公司处得到的具体赔偿数额，最终取决于他和保险公司调停员的谈判。下面以 T 指代汤姆，以 A 指代调停员。

A：我们已经调查过您的车辆被撞情况，也查看了此类事故适用的赔偿政策。也就是说，您可以获得 3 300 美元的赔偿。

T：这我已经知道了。但你们是怎么得出这个数额的？

A：我们认为您的车的市值就是这么多。

T：我懂了，但你们是依据什么标准得出这么一个数值的呢？你们知道我在哪里可以买到一辆差别不大的车吗？只用你们所补偿的金额？

A：那您想要多少赔偿？

T：不管根据你们的政策我可以获得多少赔偿，我知道，买一辆类似的二手车需要 3 850 美元。加上销售税和特许权税，一共约 4 000 美元。

A：4 000 美元！这也太多了吧！

T：我并不是要求 3 000 美元或 4 000 美元甚至 5 000 美元的赔偿金，只是想要一个合理的赔偿。你难道不认为，赔偿的金额只有足够我更换一辆车才算是公平合理的吗？

A：好吧，我可以给您 3 500 美元。这是我可以给您的最高赔偿了。公司政策就是这样规定的。

T：贵公司是怎样计算出这个数额的？

A：您请看，3 500 美元是您所能得到的所有赔偿，您可以接受或者拒绝。

T：3 500 美元或许是合理的，我也不太清楚。我很清楚您的立场，因为您必须按照公司的规定办事。但是，除非您能很客观地告诉我为什么这些是我所能得到的全部赔偿，否则，我想在法庭上这个问题能更好地得到解决。我们何不重新考虑和商讨这件事呢？您觉得星期三上午 11 点如何？

星期三

A：我这里有一份今天的报纸，一则广告中提到出售一辆价格为 3 400 美元的菲亚特。

T：哦，那么它的行车里程是多少？

A：49 000 千米。为什么问这个？

T：因为我的车的里程只有 25 000 千米。在贵公司的规定中，在这个基础上还可以增加多少赔偿？

A：让我看看…… 150 美元。

T：也就是说，如果可能的赔偿金额基数是 3 400 美元，加上增加的 150 美元就是 3 550 美元。广告中提到了收录机吗？

A：没有。

T：那么在贵公司的规定中，它能增加多少金额？

A：125 美元。

T：汽车空调又能增加多少？

…………

一个小时后，汤姆带着一张 4 012 美元的支票走出了保险公司。

第六章

利益分配法则

重点问题

- 国内谈判中所涉及的利益层次有哪些?
- 不同层次的利益是如何影响谈判结果的?
- 双层博弈中的两个层次利益指的是什么?
- 国内利益的良好协调对国际谈判的结果有什么影响?

案例导入

史密斯是一家汽车零部件生产企业的总经理。由于资金管理不当，公司陷入了严重的财务困境。董事会几经讨论后决定卖掉公司，并且委托史密斯与有意收购的公司进行谈判。在与某企业的谈判中，双方因收购价格有一定的差距而使谈判陷入僵局，主要原因是史密斯坚决拒绝对方的出价。之后收购公司私下会晤了史密斯，并且承诺如果收购成功，将来会为他保留职位并且将其工资提高5%。史密斯对此非常动心，因为他已经55岁了，再想找到类似待遇的工作绝非易事。当然，如果他接受所谓的回报，就得接受对方的收购条件，这让他进退两难。

▶点评

在这个案例中史密斯的个人利益和公司的利益出现了严重的不一致。史密斯的例子在谈判中具有广泛的代表性，即如何处理个人利益与组织利益之间的关系。事实上，谈判是各种利益碰撞和交锋的场所，这些利益之间的关系十分复杂，对谈判过程和结果都会产生重要的影响，因此有必要深入探讨并了解其中的规律。

在谈判过程中，利益的多样性和复杂性不仅通过所涉及的事件表现出来，而且通过所涉及的个人、利益群体以及国家部门等各个层次表现出来。这些不同个人和群体的利益相互交织、相互作用，对谈判结果发挥着各种直接或间接的作用。即便是在谈判一方内部，每个成员的利益也是不同的。本章将具体介绍各个不同的利益层次是如何相互作用从而影响谈判结果的。

一、需求理论

满足各种各样的需求几乎成为人类从事各种活动的动机，对谈判也产生着直接的影响。

来自布兰德斯大学的亚伯拉罕·H. 马斯洛（Abraham H. Maslow）在他 1954 年出版的名为《动机与人格》（*Motivation and Personality*）的书中，提出人类有 7 种基本需求。这 7 种需求为研究与谈判相关的需求提供了一个有用的框架。

以下为马斯洛提出的 7 种需求：（1）生理需求；（2）安全需求；（3）爱与归属的需求；（4）得到尊重的需求；（5）自我实现的需求；（6）认知需求；（7）审美需求。

（一）生理需求

生理需求人所共有，其目的就是满足生物学上的饥饿、疲劳、性欲等本能欲望和冲动。近年来发展起来的体内平衡这一概念指人体为保持自身处于正常、平衡状态而做出的自发尝试。毫无疑问，体内平衡需求是所有需求中最重要的。一个人可能缺少许多东西，诸如爱、安全、自尊，但当他很渴或很饿时，他在至少部分满足他的饥渴之前不会关注其他需求。一个饥肠辘辘的人是无心画画或写诗的。对他而言，除了吃的东西，其他一概不感兴趣。他必须全力以赴获取食物，而在得到食物之前，其他需求事实上并不存在。

应该注意的是整个机体都参与了对一种需求的满足过程。没有人会说“我的胃好饿”，而是说“我很饿”。一个人在饥饿时，他的整个身心都受到影响，他的感知变了，记忆力也受到了影响，情绪变得紧张和焦躁。在他满足了饥饿需求之后所有这些变化便会减弱。在一些需求得到适当满足后，另外一些需求又成为他行动的动力。

（二）安全需求

当生理需求得到满足后，机体将安全放在首位，此时人的机体便开始寻求安全了。寻求安全的个体同饥饿的人一样，他的整个生活都受到缺乏安全感的影响。没有什么比成功得到安全更具有吸引力的了。我们在儿童身上更容易观察到对安全的需求，因为我们的文化使成人学会了克制对危险做出显性的反应。但是任何突发而有威胁的事情都会使儿童感到不安，使他们的世界从一个光明稳定的状态变成一个任何事情都会发生的黑暗之地。儿童在一个可以预见的有秩序的世界中才会感到安全，他喜欢不受干扰的常规生活。他们在一个有组织、有秩序和可依赖的世界中，也就是在一个有父母保护他们免受伤害的世界中感到更安全。

在我们的社会中，成人除在战争时期外，很少直接面对暴力。人们一般不会遭受诸如野生动物、极端气候、杀戮或大屠杀的危害。然而，人们对安全和稳定的需求通过银行存款、失业保险和退休计划等活动体现出来。尽管人类不再居住在丛林中，但我们需要在险象环生的经济竞争的“丛林”中遭遇危险时得到保护。

（三）爱与归属的需求

在生理需求和安全需求得到合理满足后，接下来的一个占主导地位的需求便是对爱和归属感的渴望。渴望知己、爱人或亲人会占据一个孤单的人的心灵。在饥饿或面临危险时，他只会想到食物和安全，但现在这些需求已经得到满足，在这个世界上他最想要的就是别人对他的爱。他渴望与其他人建立一般的情感关系，渴望在他的人际圈内得到一席之地。但我们不应将这种对爱的需求等同于对性的需求。虽然我们不得不承认，爱也受性欲的驱动，但性行为体现在多方面，从根本上说属于生理需求。

（四）得到尊重的需求

在基本需求的阶梯上，下一个便是得到尊重的需求。这一需求其实是多种需求的体现，它们有共同的特点。这些需求可以分成两类。第一类也是最重要的一类，就是渴望自由与独立，与此相伴的还有面对这个世界时的毅力、能力和自信。第二类包括对名声的追逐，对地位、权势、他人尊重的渴望。满足得到尊重的需求让一个人感到他在这个世界上的价值和存在的必要性。最健康的自我尊重建立在他人对自己应有的尊敬上，而非毫无根据地一味逢迎。

研究以及经验一再表明获得尊重对人有巨大的激励作用。对商业界不同阶层人士的研究表明，人们对自己的工作最强烈、最持久的良好感觉来自如下方面：在工作中不断学习，不断成长，提高自己的能力，对工作更加精通，最终成为专家并得到别人的认可。

（五）自我实现的需求

假使上述所有需求都得到了充分满足，人们依旧不会知足。他们又会产生什么需求呢？多数人只有真正从事适合自己的工作才会感到幸福。音乐家想作曲，艺术家想作画，人人都喜欢做他们能做也乐于做的工作。然而遗憾的是，人们并不总能如愿以偿，只有当他们实现自己的目标时他们才会感到平静。这一近乎普遍的需求被马斯洛称为自我实现的需求。从广义上讲，自我实现包括人们力所能及的所有愿望和努力。这些努力形式多样，因人而异。

（六）认知需求

正常人身上都具有认识周边环境、探索和理解相关知识的动力。我们都受到活跃的好奇心的驱使，去探索神秘的未知世界。调查并解释未知事物的需求是人类活动的基本元素。满足好奇心的需求是在自由和安全的条件下进行的。

（七）审美需求

最后，人类的行为受到审美需求的驱使。有些人在肮脏的环境中健康受到影响，而搬到环境优美的地方时便得到康复。自然，这种对美的追求在艺术家中表现得最为强烈，他们中的一些人无法忍受丑陋的事物。但是马斯洛把具有此类行为的人都归入有审美需求的类别，例如，看到墙上挂得歪歪斜斜的画时有强烈的把它摆正的冲动。的确，对次序和平衡的需求是一切审美行为的基本表现。

以上 7 种基本需求按其重要性降序排列。这种固定的排列顺序适用于多数人和多数人类行为。当然，这种排列不是一成不变的，也并非适用于所有人（所有的归纳模式都有其自身的局限性）。毫无疑问，对许多人而言，自尊比爱更重要；对有创造力的人来说，审美需求的满足与更基本的需求的满足同等重要。

总之，人活于世就是不断地奋斗以满足这些需求，人的行为是机体为降低需求压力而做出的反应，人类行为受需求目标的驱使。我们的目的是将关于人类需求的知识应用于成功的合作谈判中。

二、需求理论在谈判中的应用

需求和需求的满足是谈判的共同特点。如果人们所有的需求都得到了满足，就没有进行谈判的必要了。谈判的前提是双方都需要获得利益，否则他们对对方的需求只会充耳不闻，也就无所谓讨价还价了。即使双方的需求只是为了维持现状，也需要谈判双方受这一需求的驱使进行谈判。谈判活动，无论是个人买卖房产、劳资双方签订新协议，还是两家公司的总经理讨论并购方案，都是寻求满足一定的需求。需求理论引导我们找出谈判桌旁双方的需求，它进一步引导我们关注需求，并且发现各种不同的需求是如何促使反对意见产生的，它还指导我们采取不同的应对方案来反击或者修正对方的动机。前面已经解释过，人类的需求排序按其重要性遵循一定的规律，因此在谈判中我们可以有针对性地采用有效的谈判技巧。在了解了每种需求的相对能量和重要性后，我们即可决定对付它的最有效的办法。越是基本的需求，就越容易满足，而谈判时以满足对方的需求作为讨价还价的筹码就越有效。

需求理论在谈判中的应用还体现在以下对利益层次的分析上。

三、国内谈判的三层利益

任何在国内举行的谈判都至少涉及两个层次的利益，有时甚至涉及三个层次的利益，即个人利益、组织利益和国家利益。这三层利益如何融合、协调和平衡对谈判结果常常起着决定性的作用。

在谈判中，个人利益的代表是谈判者本人。谈判者同时代表着组织和国家，因而也是组织利益和国家利益的代表。当谈判者代表组织和国家参与谈判时，后者的利益就依赖于谈判代表来实现。组织在这里指的是各种不同所有制的企业，包括私有企业、公有企业、外资企业、事业单位和其他实体。国家在这里指的是所有主权国家。下面以个人、组织和国家的划分为基础，对这三个利益层次的相互关系加以详细分析。

（一）谈判者的个人利益相对于组织利益

谈判者的个人利益和他的物质需求与精神需求是紧密相连的。从以上人类的需求层次来看，尽管有些需求属于基本需求，有些需求属于高层次需求，但是无论人们希望实现哪一个层次的需求，都与其工作单位或组织以及所在国家密切相连，特别是与其工作单位的联系更为密切和直接。个人为满足基本生活需求所需的货币收入取决于他在单位的工作表现和工作性质，他的能力、地位和个人价值的实现也都首先与他在工作单位的努力和成就相联系。这种内在的联系会使他尽一切努力为实现组织的利益而奋斗，因为组织利益的实现同时意味着他个人需求的满足和利益的实现。由于这个原因，谈判者在谈判中自然要把组织的利益放在首位并尽最大的努力来实现组织的利益，有时即便个人利益与组织利益有一定冲突，谈判者也愿意将组织利益放在首位。

然而，尽管个人利益和组织利益有如此密切的联系，但个人利益并非总是与组织利益保持一致。当个人利益与组织利益发生尖锐对立时，尤其是发生物质利益冲突时，谈判者可能会为了满足个人利益而牺牲组织利益。当个人利益占据上风时，谈判的结果可想而知，必然是谈判者为了获取个人的小利而牺牲组织的重大利益。调查表明，的确存在国有企业和事业单位因贿赂和腐败导致谈判失败而给国家和集体带来重大损失的案例。2000 年 6 月 29 日《钱江晚报》刊登的一则报告揭露的在三峡工程中发生的一起事件具有一定的代表意义。

1993 年由葛洲坝三峡实业公司（以下简称“葛洲坝公司”）总经理、总工程师和香港敏达公司主要领导人组成的谈判小组，前往美国寻找一个能为葛洲坝工程提供二手设备的美方合作者。在与美方的谈判中，中方总工程师就设备的要求提出三个条件：第一，所有设备都应当是 1985 年以后生产的；第二，设备的技术状况要达到新设备的 80%以上；第三，二手设备的价格不能超过新设备价格的 40%。对此三个条件，美国代理公司表示原则上同意，同时主动提出愿意给予中方三年期的卖方信贷，也就是说，葛洲坝公司可以在使用设备三年后再支付设备价款。

第一轮谈判结束后，葛洲坝公司总经理就匆忙安排总工程师到瑞典进行考察，而他和香港敏达公司的主要领导人留下来继续与美方谈判并签订了购买合同。所签订的最终合同放弃了有利于葛洲坝公司的三年期卖方信贷，而改成了买方信贷，并且对设备的要求如生产日期、技术状况都大幅下降，但是价格反而提了上去。在所购买的设备中，有些设备根本不适合水电工程使用，如 140 吨的装载机，每台价值 70 多万美元，是煤矿使用的，而 45 吨的特列克斯汽车已经被美国市场淘汰，没有相应的零配件。更糟糕的是，有些车辆在美国码头根本驶不上货轮，因而是被拖进船舱的。花费数亿元购买的这些所谓二手设备到头来不过是一堆废铜烂铁。

根据签订的合同，应进口的设备应当是 388 台，后来在广大干部职工的强烈反对下合同被迫终止，实际进口了 284 台。合同终止后有 1 亿多元的设备订购款长期无法收回，造成葛洲坝公司 4.3 亿元的实际亏损，负债 11.2 亿元。事实证明，在此次谈判中，葛洲坝公司总经理及香港敏达公司的主要领导人与美方串通一气，以公司利益为代价，中饱私囊，给公司造成了重大的损失。

(二) 谈判者的个人利益相对于组织和国家的利益

个人利益和组织利益之间由于存在内在和直接的关联，所以比较容易取得一致，个人利益在多数情况下可以做到服从组织利益，但可能有时与国家利益不能达成一致。从个人利益的角度看，国家利益有时显得很遥远，与个人利益的关系比较间接，因此国家利益常常被视为一个指导原则。

然而，当个人代表自己的国家以国家的名义与另一个国家谈判时，他会坚决捍卫国家的利益并尽一切努力实现国家的利益，因为在这种情况下，国家利益是如此重大，以至国家利益的损失不仅意味着组织利益的重大损失，而且意味着个人利益的重大损失。中国入世谈判的首席代表龙永图曾经说过，当他代表中国与其他国家就中国的入世问题进行谈判时，他心中充满了强烈的爱国心和自豪感。与作为13亿中国人的代言人相比，个人的利益实在微不足道。尽管如此，仍然有少数谈判者利用他们在谈判中的权力，以国家利益为代价来获取个人利益，特别是在一些商务谈判中。

组织利益和国家利益按理说应当是一致的，因为国家利益是全局利益的代表，但是必须承认组织也有自己相对独立的经济利益，具有使自身利益最大化的倾向。因而一些组织也就不可避免地为追求自己团体的利益而忽略甚至损害国家的利益，例如有个别企业从发达国家进口工业垃圾，仅是为了获得一点蝇头小利。另外有企业则以国家和人民的长远利益为代价生产严重污染环境的产品或排放污染物，或者生产假冒伪劣产品，以此来换取自己眼前的一点经济利益。

然而在一些双边谈判中，或者在企业对另一国政府的谈判中，企业必须依赖政府或请求政府作为企业的代表与对方交涉。在涉及双边或多边国家关系时，由于涉及各方面的因素，其复杂性远远超出企业的能力和权力范围。一场经济纠纷可能要涉及国际政治、外交关系、国家安全等各方面的问题。对涉及此类问题的谈判，只有政府出面才能协调各种关系，并且只有政府有权做出有效的决定。当然，企业要求国家的支持并不意味着企业在政府的决策中不具有影响力。事实上，企业常常在国家的决策过程中发挥重要的作用，特别是当企业的利益与国家的利益完全一致时。政府在这种情况下无一例外会全力以赴地为国家和企业的共同利益而努力。

2018年12月1日，华为首席财务官孟晚舟在加拿大被非法拘禁。加拿大政府是应美国政府的要求，为了配合美国打压中国高科技企业华为而拘禁了孟晚舟。后经中国政府的不懈努力，孟晚舟终于在被非法拘禁1 000多天后被释放回国。在孟晚舟案中，我们可以清楚地看到，中国企业的利益和中国的国家利益高度一致。当中国企业在国际社会上受到不公正待遇时，中国需要用国家的力量捍卫企业的合法权益，这在本质上是在捍卫中国人民的利益，更是在捍卫中国的国家尊严。

四、双层博弈规则

当谈判的舞台由国内转移到国际时，双边谈判或者多边谈判的最终结果将取决于两个层次利益即国际利益（第一层利益）和国内利益（第二层利益）的相互作用：国际利益是国际上各种势力，包括国际组织、区域一体化组织、各类经济体等相互较量的结果；国内利益则取决于这个层次的各个利益集团包括政府、企业、组织等的相互作用。美国学者罗伯特·D. 帕特南（Robert D. Putnam）在他于1988年发表的《外交和国内政治：双层博弈规则》（Diplomacy and Domestic Politics: The Logic of Two-Level Games）一文中详细论述了国际和国内两个层次的利益变量是如何相互作用并共同影响两国之间的谈判结果的，同时揭示了双层博弈规则。埃利斯·S. 克劳斯进一步通过实证研究特别是对谈判案例的研究说明了双层博弈规则。

第二层次也就是国内层次的利益变量的代表有政府、政府各部门、利益集团和联合体等。克劳斯的研究表明，对这一层次的相关利益集团，它们的利益存在一致性的地方越多，各方就越容易达成一致的决议，因而它们的谈判实力和讨价还价的综合能力就越能得到加强。其结果是，在第一层次与另一方的谈判中胜算的可能性就会大大增加。这个道理是显而易见的，因为参与任何国际谈判的国家首先必须在国内形成关于谈判的一揽子方案，在国内层次形成的方案和条件越具体、范围越清晰就越容易形成团结一致的力量。在国内形成的统一的具体方案将最终决定国际谈判的条件、谈判战略和国际谈判的动力。这就是说，如果在国际谈判中一国国内形成的谈判条件和要求得不到满足，国内主要利益的代表将不会通过任何协议。反之，国内各有关方面的利益分歧越大，要求越多越不具体，则在国内层次达成一致意见的可能性就越小，这样的结果只会削弱自己一方的谈判实力，导致在第一层次与另一方的谈判中获取谈判成功的可能性降低。由于不得不满足各方的利益，在国内达成的一揽子谈判条件就可能分歧过多，这样的条件将使谈判者在谈判中缺乏必要的灵活性，因为他们的行动受到限制，任何微小的变化都可能打破国内利益集团之间脆弱的平衡。

国内各利益集团在国内层次达成的一揽子谈判条件由谈判代表拿到国际谈判桌上进行比较和辩论。随后进行的谈判的成败在很大程度上取决于双方的一揽子谈判条件中是否有利益相同的部分，也就是说，双方是否分享共同的利益，因为共同的利益部分可以作为谈判的出发点或者谈判的平台。如果双方的提案中重叠部分较多，即共同利益部分较多，或者使双方共同利益增大的可能性较大，则谈判成功的概率就会增大。如果双方利益冲突过大，立场相去甚远，则谈判成功的概率就微乎其微。

双方共同利益的边界不是固定不变的，它的变化取决于如下几个方面：谈判双方的共同努力；国际和国内势力因政治、经济和外交形势的变化导致的加强或削弱；安全问题；国际贸易市场的变化；谈判组成员的变化。谈判的最终结果依赖于国际和国内两个层次利益变量的相互影响和相互制约。美国和日本就半导体争端所进行的谈判为双层博弈规则提供了一个精彩的例证（仔细阅读本章末的案例研究 6-1）。

从美日半导体谈判中得出的一个重要结论是，当谈判一方（如 A 方）在国内达成的一揽子谈判方案与另一方（如 B 方）相比更具体和包括的条件更集中时，A 方在谈判中获取更大利益的机会就会大大增加。如若希望取得比较集中的一揽子谈判方案，国内的主要相关各方应当设法解决好内部的不和及意见分歧。只有内部意见统一、消除分歧以后，才有可能在国际谈判桌上以团结的姿态出现，以一个声音说话。

在美日半导体谈判中，美国国内各方团结一致，因而达成的一揽子谈判方案内容具体、确定，而在日本国内由于一些制造商的抵制，企业和政府之间无法达成一致的意见，所以日方的一揽子谈判方案既松散又不具体，根本无法与美方的方案相提并论。从最终的谈判结果看，由于日本通商产业省在日本国内的政治利益与美国的要求实际上相吻合，即加强对国内产业部门的控制，所以美国和日本通商产业省曾秘密地协商同意由日本通商产业省出面形成一个政府主导的争端解决机制。由于日方政府部门与美方所具有的共同利益，再加上美方威胁使用反倾销诉讼和动用 301 条款，日本政府被迫不顾本国半导体产业的愿望而与美方达成协议。这样做导致了日本半导体产业的背叛，因为日本通商产业省从一开始就既不能迫使厂商在日本以外的国家和地区遵守协议，也无法加快日本市场开放的速度以达到美国所期望的程度。

对这样的谈判结果，用纯粹的国内政治因素（第二层次）是无法加以全面解释的。例如，日本通商产业省为什么要迫使一个实力强大的产业如半导体产业达成一项其根本不想要的国际协议，并且这个协议不利于其不断增长的全球份额？回答是日本政府部门对日美关系的考虑是一个绝对不容忽视的原因。同时，单纯的国际因素（第一层次）也不能提供全部的答案。美国谈判代表之所以对日本半导体厂商态度强硬，甚至不惜采用报复手段，与美国半导体产业说客的有效游说，以及随后美国政府与谈判代表的团结一致有着重要的关系。

从双层博弈理论的扩展来看，美日半导体谈判从国内利益集团和国际谈判之间的关系方面揭示了一些有意义的东西。首先，在国内谈判的利益变量等式中，利益集团以往应当是一个静止不动的因素，如此才更便于在政府的操纵下获取一个稳定的协议。但是在这一案例中，国内利益集团并没有仅扮演“赞成者”或“非赞成者”的角色。其次，我们还必须放弃这样的观点，即认为实力强大的政治利益集团总能有足够的势力来否决政府意见和谈判的最终结果。最后，不要总是认为只有政府才能既在国内层次又在国际层次发挥作用。随着经济独立性的不断提高，国内的主要经济利益集团常常有国际经济利益，它们也可以在国际谈判桌上提出建议，采取行动。在美日半导体谈判中，日本国内企业为捍卫自己重大的国际经济利益甚至不惜破坏本国政府在双边谈判中达成的协议。

美日半导体谈判揭示了两国谈判代表在谈判中所使用的策略具有相似之处。例如，日本谈判代表一直采用强硬的谈判立场，甚至比在日本国内达成一揽子谈判方案时所表现的态度更强硬；虽然官僚机构和企业代表并不与政府配合，但日本政府方面的代表坚持在不导致美国方面的报复的情况下解决争端，并且不到最后一刻不做出让步。美国方面则一直威胁对日方采用报复性措施，同时由国会扮演“坏警察”的角色并采用贸易法即 301 条款作为谈判的筹码；美方还使用最后通牒等方式迫使日本达成协议。美日两国虽然都采取了强硬的谈判策略，但是方式有很大的不同。美国对日本采取的是压迫式的强硬方法，步步紧逼；日本则是进行顽强的被动抵抗，步步为营。双方之所以如此，其原因在于双方不同的国际地位和由此决定的谈判力和谈判地位。日本虽然在经济上更依靠美国的市场，但同时是美国霸权力量在政治上和战略上的盟友。这些因素为美国威胁利用经济制裁、最后通牒以及双方最高领导层的尴尬不安等谈判杠杆提供了很大的空间。

思考题与讨论题

1. “个人利益无论在什么情况下都应当让位于集体利益和国家利益”，你同意这样的观点吗？

2. 你认为在处理冲突的时候将谈判者个人的基本需求考虑进来是一种有效的方法吗？

3. 如果谈判中组织利益和国家利益发生冲突，谁的利益更重要？

4. 国内利益的统一对国际谈判的成功具有怎样的重要性？

5. 你能提出一些有效的建议来防止谈判者个人假公济私吗？

6. 按要求做模拟谈判“河上建坝纠纷”。

7. 阅读案例研究 6－1 并讨论下列问题：

（1）美日谈判涉及的主要事件有哪些？双方的主要利益各是什么？

（2）在这个案例中，国内层次的利益对谈判的最终结果有什么影响？

（3）谈判中的主角是谁？美日双方各自扮演了什么样的角色？

（4）比较美日双方的一揽子谈判条件，说出它们的主要差别。

（5）你对美日谈判的最终结果有何看法？你认为美日双方谁从谈判中获取的利益更多？

模拟谈判

河上建坝纠纷

(一) 谈判背景

美国一家电力公司为了改善当地电力紧缺的局面，缓解当地居民对电力不足的抱怨，决定在当地一条大河的上游修建一座大型水坝。大坝建好后不仅可以完全解决当地电力不足的问题，而且有一定剩余发电产能。此外，该项目也会在当地居民中树立一个新的形象。然而，修建大坝的建议一提出便遭到河流下游的农民和环保主义者的强力反对。农民担心一旦大坝建成，下游的水流量将大大减少，这会影响农场的收成；环保主义者担心大坝建成后可能影响河流下游的生态环境，特别是对生活在下游的濒危动物美洲鹤构成威胁。

由于各方的立场无法调和，于是电力公司与农民及环保主义者为大坝的修建对簿公堂。经过一场昂贵的法律官司后，问题仍然没有得到解决。面对这一局面，三方决定放弃法律程序，采用谈判的方法来寻找一个使三方都满意的解决方案。

(二) 谈判要求

组建谈判小组，每组由 3～6 人组成，各代表电力公司、农民和环保主义者。按照下面的程序完成谈判：首先尽可能多地提出解决方案；其次，讨论并提出几个可行的方案；最后，通过谈判确定一个得到三方认可的最可行的方案，该方案应当满足各方的基本利益。

(三) 谈判提示

注意这场谈判完全是市场行为，与政府没有关系。首先确定在谈判三方中哪一方是矛盾的主导方。任何方案的提出都应考虑其可行性，特别是资金的来源。

案例研究 6－1

美日半导体谈判

(一) 导　言

20 世纪 80 年代初期，美国政府开始着手处理美国市场上不断增加的来自日本产业竞争的问题，以及美国产业界要求美国政府采取行动实施对产业的保护的呼吁。美国政府希望日本方面能主动限制对美国的出口，这种自愿出口限制措施曾被日本用于销往美国的钢铁和汽车等产品。同时美国不断地寻求使美国产品进入日本市场的办法，因为美国认为日本市场是一个封闭的市场。美国与日本的贸易长期处于逆差状态，这使美国国会缩减贸易赤字的努力不断受挫，这种挫折感在美国与日本的半导体谈判期间达到了高峰。日本在贸易领域对美国形成的威胁成为共和党人可以大做文章的事件，因为里根政府能利用这一事件宣扬它的“自由”和“公平”的贸易思想，并且借此采用更为强硬的措施向日本施加压力。

随着美国方面的压力和指责不断升级，日本方面感到愤愤不平，同时越来越关注美国方面的保护主义情绪，因为这种情绪有可能影响日本产品进入有利可图的美国市场。日本希望避免在国际上被贴上“不公平的贸易伙伴”的标签，这个标签将是令人十分尴尬的政治上的污名。

（二）事　件

到 20 世纪 80 年代中期，日本在美国半导体市场上占有的份额已经超过美国在日本半导体市场上占有的份额，而且日本供应商在全世界的市场份额正逐渐超过美国公司所占有的市场份额（见表 6－1）。美日两国在半导体上的冲突涉及两个既彼此分离又相互联系的事件：美国人指控日本芯片制造商以低于公平市场价格的价格在美国市场上倾销半导体产品，并且指控日本不准许外国制造商进入其国内市场。这两个事件之间有着重要的联系。首先，美国产业界把日本的市场准入状况视为日本半导体产品在美国市场竞争力强弱的决定因素。受到保护的日本国内市场使日本芯片生产商能够保持低廉的生产成本，从而削弱了美国制造商的市场竞争力。其次，除了可以使用 301 条款进行贸易报复外，几起针对日本半导体销售商的反倾销案为美国在与日本进行市场准入状况的谈判中提供了可以借用的手段。

表 6－1　1984—1989 年美日半导体产品在对方国家所占份额以及在世界市场上的份额（%）

	1984	1985	1986	1987	1988	1989
美国在日本的份额	11.2	8.5	8.6	9.6	10.2	11.0
日本在美国的份额	14.3	11.8	13.9	16.6	24.3	26.6
美国在世界市场上的份额	53.6	48.9	42.4	40.9	37.4	37.3
日本在世界市场上的份额	36.9	41.2	46.0	47.7	51.2	50.4

资料来源：美国半导体产业协会。

对日本来说，谈判中的主要问题是如何阻止美国把日本定义成不公平的贸易伙伴并对其实施贸易制裁和征收反倾销税，同时保护日本半导体产业的竞争力，因为该产业对日本未来经济的发展起着举足轻重的作用。

（三）美国方面

美国商务部及美国贸易代表是谈判的主角，但两者有不同的分工：美国贸易代表主要负责解决日本市场准入状况的争端问题，而美国商务部则主要负责解决日本在美国市场上的倾销问题。美国国务院也被卷入有关的谈判。尽管美国国务院内部存在着一些抵制意见，而且有些部门对谈判中达成协议的方式并不完全满意，但美国国务院总的来说是支持美国商务部和贸易代表的。

美国国务院最终给予支持的一个关键因素是，美国半导体产业早些时候曾经使国务卿舒尔茨认为日本只是美国芯片产品的一个很小的市场，这与世界其他市场相比是不正常的现象。另一个因素是美国国务院的特别谈判代表的作用，该代表不但熟识政府其他部门的谈判代表和半导体产业的说客，并且与他们相处得很好。此外，对舒尔茨及参与谈判的美国国务院人员来说还有政治压力：他们认为美国国务院需要在美国国会及行政部门中建立起信任感，一个办法就是扩展对美国利益范围的定义，即美国利益不仅包括政治与安全方面的利益，而且包括更广泛的经济利益。

白宫更倾向于关注美日经济冲突所导致的两国间的政治关系问题，但是这一担心因半导体产业对美国国家利益的重要性而被抵消了。

美国各方面的态度能够相对统一的一个主要原因是半导体产业的影响。美国半导体产业协会（SIA，由 50 多个主要芯片制造商组成）成立于 20 世纪 70 年代后期，它公开地应对日本的挑战。美国半导体产业协会和其他独立的芯片制造商是谈判的主要发起者和催化剂——它们游说美国政府对日本发起反倾销调查，指控日本的不公平贸易行为，并且为反倾销和谈判提供了主要的支持。

然而，半导体产业和一般的微电子产业在这些问题上意见并不一致。为此，美国半导体产业协会及早采取行动并较好地统一了产业内部各种不同的意见。美国半导体产业协会动员各个产业部门为各方都获益的共同目标而努力，即占领更多的日本市场。有些公司如 IBM（国际商业机器公司）之前对采取贸易行动并不热情，后来同意不干涉美国半导体产业协会，让该协会自主采取行动。美国电子协会是用户的代表，它早在 1985 年就得知了主要情况，而且此后在需要的时候美国半导体产业协会还经常向它进行更为详细的咨询。在任何情况下用户之间都很难形成统一的看法，而且与美国半导体产业协会相比，美国电子协会在华盛顿的影响力要小得多。

在半导体一案的谈判过程中，反倾销诉讼在美国的政治方面起着主要作用，在国内及国际均产生了较大影响。在美国国内，一旦反倾销诉讼被立案，日本以不公平方式渗入美国市场的问题便会正式与美国进入日本市场的问题相联系。再者，反倾销诉讼给予了那些希望对日本采取强硬立场的人以法律权利。

从另一个结果考虑，如果谈判未能达成协议，而反倾销诉讼获胜，美国市场的芯片价格将会上涨，结果会使美国市场无法与世界其他市场竞争。因此，美国方面有更大的动力通过谈判达成一项协议，而不是仅在反倾销诉讼中获胜，对日本的倾销行为实施处罚。一方面，反倾销诉讼可以使美国在谈判中拥有更强的讨价还价能力，规划安排与日方的谈判；另一方面，它有助于美国国内各方在谈判战略和协议的价值上达成一致意见。

(四) 美方的一揽子谈判条件

由于美国半导体产业协会提前为内部达成有效的一致意见所做的努力，以及反倾销诉讼的作用，美国参与谈判的各主要方面所提出的与日方谈判的条件都非常接近。各方在日本的市场准入状况必须与美国的市场保护目标相联系这一点上的一致，以及由此所形成的利益的广泛结合，最终成为美国的一揽子谈判条件和谈判战略以及国际谈判动力的基石。

美方认为为了获得美方主要谈判人员的批准和认可，以下几点要求应当包括在谈判的条件内。

（1）日本政府必须尽一切努力来排除对美国实质性增加在日本半导体市场上的份额的障碍。美国期望在短期内使美国公司在日本市场上的份额至少增加一倍。多年来，美国公司一直只占有日本市场8%～10%的份额。以往的研究表明，如果日本的市场不存在贸易壁垒，美国的市场份额应当在30%以上。因此30%就成为美方谈判的一个起始要价。当然，低于30%的份额也可能获得谈判各方的批准，但是可能获得批准的底线为20%。

（2）所有在美国市场上进行销售活动的日本公司，如果有芯片倾销行为，都必须终止倾销，并且为达到这一目的，美国应建立起一种监督机制。在美国市场上，所有在美国以低于生产成本或公平市场价格的价格出售芯片的日本公司都应该停止销售。此处的关键词是"所有"。参与谈判的各主要方面都同意，任何一项允许日本公司继续倾销的决定都不会充分地保护美国公司。这样，在监督倾销是否发生时，使用平均定价方法是不可接受的，因为只要其他公司以高于平均价格的价格出售，这项决定就会使一些日本公司继续进行倾销。

（3）必须制止日本公司在日本和第三国倾销芯片的行为，而且为达到此目的应建立起相应的监督机制。美国政府和产业界的主要谈判代表同意：任何条约都必须涉及在其他国家销售芯片的问题，以免任何禁止日本公司在美国倾销的协议因日本公司在日本和第三国的低价销售而被破坏，因为终端用户可以到这些国家去购买其所需要的芯片。

（4）目前正在进行的反倾销诉讼可能不得不暂时搁置起来，但不是终止调查。终止调查会削弱美国阻止日方违反谈判可能达成的协议的力量；单纯的搁置（以换取一项符合上述目的的协议）可以使美方在有必要的时候尽快重新提起对日方的倾销诉讼。

美国半导体产业协会把日本市场准入状况和解决日本对美国的市场渗透的问题联系在一起的做法，既使美国的一揽子谈判条件更具体化，又将其控制在一个狭小的范围。如果谈判协议不包括所有这些要求，谈判主角就不会认可这个协议。

（五）日本方面

日本通商产业省是日本官方的谈判主角。日本通商产业省因它的"有管理的产业和贸易政策"以及为产业提供"行政指导"而闻名。例如，它曾经在20世纪80年代初不顾一些日本汽车公司的反对，成功地实施了对汽车出口的"自愿限制出口"措施。后来，由于日本工业日益壮大并且越来越国际化，日本通商产业省对某些产业（半导体产业就是一个主要的例子）的强制性作用已经减弱。在此次谈判中如果日本通商产业省能同美国达成一项协议，这将会赋予它新的权力和机制来控制芯片制造商，从而使它在工业部门重拾威信。

正像日本的其他许多产业一样，日本的半导体产业基本上属于寡头垄断行业，即只有少数几家大公司——大约有10家芯片生产厂商，其中不少是较大的、经营多种电器的公司（如日立、东芝、日本电气）。与更加分散的美国公司形成对照的是，这些日本大公司以相对纵向的方式组合，它们既是面向终端用户的计算机生产商，又是芯片生产商。日本半导体产业非常关心的是，日方如果不能执行谈判达成的协议，可能会遭到美国的反倾销诉讼及其他报复性措施。但许多公司不愿达成协议，而是去适应美国的关税调整，因为如果达成协议，日本通商产业省不仅会在日本国内和国外对价格实行控制，而且会要求日本厂商向美国政府透露专有的生产成本信息，它们担心美国政府会把这些信息泄露给它们的美国竞争者。

半导体产业内部存在一定程度的意见分歧，因为并非所有公司都被列入反倾销调查案名单，那些没有被列入上述名单的公司不会因没有达成协议而遭受处罚。再者，有些公司在是否达成协议上有更大的利益关系，因为它们生产的其他许多电器消费品可能成为美国制裁的对象。

正像在与美国的其他贸易争端中一样，日本首相的威信与他解决争端的能力紧密地联系在一起。在半导体案件中，这就意味着首相和自由民主党的领导与官僚机构——日本通商产业省联手共同解决这一贸易争端，同时避免美国的报复。由此可见，在政府与产业界之间也存在着冲突。

(六) 日本的一揽子谈判条件

由于日本政府与产业界之间以及产业界内部存在根本分歧，日本的一揽子谈判条件受到严格制约——不具体，即包括的内容广泛，而且在关键问题上与美国的一揽子谈判条件的要求相去甚远。日方可能接受的协议必须包括：

(1) 终止或至少搁置反倾销案件和悬而未决的301条款案件。

(2) 避免美国的报复。

(3) 将在美国市场上的份额限制在可以避免报复的范围内。美方提出的20%或更高的份额不可能得到日本产业界的同意。将美国在日本的市场份额提高几个百分点，达到百分之十几，可能会得到日方同意。

(4) 避免建立涉及第三国或者强迫日本公司向美国政府提供专有信息的监督体系。

在这里，日本通商产业省与产业界的接受条件有所不同：日本通商产业省能够接受建立涉及第三国或者向美国政府提供专有信息的监督体系。然而，尽管增加了适当的保护措施以防止信息被泄露给美国公司，日本半导体产业界中的许多公司仍然不可能同意带有这些条款的协议。

(七) 国际谈判过程

1. 启动谈判

在1985年年中，美国半导体产业协会根据301条款提出了反倾销调查请求，调查请求强调了日本国内的政策、贸易壁垒和日本的市场结构等妨碍了美国公司进入日本市场，起到了鼓励倾销的作用。调查请求希望美国总统与日方谈判以寻求取消市场准入限制并停止倾销。根据美国《1974年贸易法案》，总统有权采取必要的行动来处理所发现的不公平的贸易活动。

在此期间，英特尔公司和其他两家公司也提起一项诉讼，指控日本公司在倾销

EPROM[①]。1985年11月美国国际贸易委员会发布的一份初步调查结果表明，日本公司的确损害了美国的工业利益。这一结果揭开了美国商务部针对是否实际上发生了倾销行为的调查的序幕。

日本企图阻止此项倾销指控的成立。然而，当美国于1985年12月首次正式把倾销问题与市场准入联系起来时，日本提议"鼓励"其主要生产厂家更多地购买美国芯片，使美国公司的市场份额小幅度、缓慢地提高；日方还提议以一家生产不同类型芯片的"典型"公司为模式，为各种型号的芯片设定出口的底价。作为交换的条件，日本要求美国停止301条款的调查，搁置或终止反倾销案件，并且不再开始新的反倾销案件调查。这项建议对美国来说是不能接受的，因为底价体系不是根据公司的专有数据资料建立的，而且不适用于日本国内市场或第三国市场。

美国以各种方式加大了对日本的压力。各种各样针对日本的裁决都预示着对反倾销案的最终审判将以处罚为结果。美国准内阁级别的贸易政策评论集团和内阁级别的经济政策协会开会讨论了市场准入问题。美国经济政策协会达成了一项非正式决议：除非日方与美方很快签订一项协议，否则美国将引用301条款进行报复。据一位美国前贸易官员透露，在这一决定被非正式地通知给日本后，的确"使他们大发雷霆"。

2. 协　议

美国的高压措施取得了一定的效果。1986年7月初，美国商务部与日本公司签订了暂停调查反倾销案的协议。美国方面警告说，如果在遗留的问题上达不成协议，美国将再次提出对这些案件的调查。美国还把解决问题的最后期限推迟到7月末。确定一个最后期限，然后推迟最后期限，是美国谈判人员在有意识地实施"胡萝卜"加"大棒"的策略。当最后期限临近时，仍未解决的主要问题是日方不愿意接受美方提出的对第三国市场加以控制和提供制造成本的专有信息的要求。

日本通商产业省和日本政府在是否对美国做出让步的问题上有分歧。日本产业界不高兴，因为许多日本生产厂商认为日本已经做出了太多的让步。日本生产厂商宁愿接受较高的反倾销税也不愿同意美方的要求。

然而，无论日方多么不情愿，美日双方还是在美国设定的解决问题的最后期限前几分钟，即1986年7月31日午夜，达成了协议。协议满足了美国提出的所有要求，包括由日本政府监督出口价格和监督第三国市场，以及向美国商务部提供日本公司专有的生产数据，以便美国按照它的解释来确定倾销是否发生。

在正式协议中，日本政府只是保证尽最大努力使日本公司协助提高美国在日本的销售份额，然而，在此协议的秘密附件中，日本政府做出了更加具体的承诺：在协议约定的5年期限内，美国公司有望增加其在日本的销售量，使之达到20%的市场份额。

该协议签署后不到两个月，美国半导体产业协会便开始向美国官员抱怨可能有倾销行为发生。在1986年10月，这些抱怨大大地增加了。根据有关报道，在美国市场外销售的芯片的价格远低于美国商务部所规定的公平市场价格，美国计算机制造商开始威胁要到国外装配它们的产品，不愿意购买价格高得多的美国市场上的芯片。导致此问题的

---

① EPROM是erasable programmable read only memory的缩写：可擦可编程只读存储器。

部分原因是美国商务部在签订协议之后把美国的公平市场价格定得很高，这是由于美国商务部起初仅收到了关于日本公司生产成本的部分资料。随着美国商务部收到更多愿意合作的日本公司提供的信息，价格偏差得到修正，美国官方的定价开始大幅下降，因而美国国内抵制该协议的情况也大为减少。

在此期间，美国官员及公司注意到日本公司在第三国主要是东亚国家市场上的倾销行为一直在继续，而且，自签订协议以来，美国公司在日本的销售状况并没有得到根本改善。终于在1987年1月，美国谈判人员向日本通商产业省发出了最后通牒，要求到1987年4月1日，停止日本公司在第三国的倾销行为，并且改善美国公司的市场准入状况，否则美国将不得不进行报复。至少有一些日本官员认为，激发美国采取报复措施的并不是倾销问题，而是由于在签订协议之后的数月内，美国公司在日本市场上的份额未能得到提高。尽管日本通商产业省采取了一些措施（如抑制日本过剩的生产能力及加紧控制出口）来努力制止在第三国倾销的发生，但是在第三国仍然发生了更多的倾销案件。

接近1987年3月底时，美国内阁级别的经济政策协会得出结论，认定日本违反了协议。次日，里根总统便决定对价值3亿美元的日本电器加征100%的惩罚性关税，惩罚性关税差不多有一半是针对日本违反倾销条款的，另一半是针对日本未能改善市场准入状况的。

1987年6月在威尼斯召开的主要工业国家领导峰会上，里根总统宣布部分降低对日本征收的惩罚性关税；在1987年年底，美国商务部声明进一步降低对日本的惩罚性关税。日本公司在第三国的倾销后来基本上停止了，可是美国在日本芯片市场上的份额并没有像所期望的那样大幅提高。

评价双方哪一方“赢”得更多利益，或哪一方“输”掉更多利益，是较为困难的。如果严格按照美国设定的标准来评价日本停止在美国国内及国外市场上的倾销行为，半导体谈判协议至少获得了部分成功，虽然停止在第三国市场上的倾销行为是通过对日本实施制裁才取得的。然而，取得20%的市场份额的目标是不够明确的。正如表6-1所示，美国供应商在世界市场上的份额在协议签订之后的几年内并没有得到提高，而以日本为基地的供应商所占有的世界市场份额继续超过它们的美国竞争者。在美国市场上，以日本为基地的芯片制造商事实上极大提高了它们的市场份额，与此同时，美国供应商在日本市场上的份额仅有小幅提高，到该协议5年期满时远远未能达到其所希望的增长目标。

美日双方于1991年再次对协议内容进行了谈判，并达成了新的协议。这份为期3年（可以选择在期满后再延续2年）的半导体协议把20%的市场准入目标明确地加进了协议中，但是协议明确指出这只是一种希望而不是固定的目标，从而结束了对1986年协议的秘密附件的争论。美国政府针对日方在美国市场上的倾销行为所进行的生产成本资料搜集及监督依照新协议被极大地削减或精简了。此外，从1987年开始的对日本进行的报复性制裁被终止了。

第七章
谈判力与相关因素

重点问题

- 什么是谈判力？
- 谈判力来源于何处？
- 谈判者谈判力的影响因素是什么？
- 谈判者怎样利用影响因素来增加自己的谈判力？

案例导入

2014 年以来，中国一汽与德国大众就延长合资企业协议期限及相关问题展开谈判。谈判议题涉及股权变更与合同期限等关系双方核心利益的问题。德方希望在合资企业中的股权从 40%提高到 50%。中方要求德方增持股权的条件之一是提供德国大众和奥迪品牌技术以支持中国一汽自主品牌的发展。但来自德国大众方面的信息显示，由于这些技术涉及多项德国大众核心专利，当时是“大众难以接受的”。

2014 年 11 月 6 日，中国一汽与德国大众在中德两国总理的共同见证下，正式签署了一汽-大众延长 25 年经营期限的合资合同，即新的合同期限从 2016 年到 2041 年。此外，双方在股权变更方面也达成了一致意见：中国一汽出让 9%的股权。

对于股权变更问题，早在十多年前德国大众就向中国一汽提出过，只是当时由于中国一汽态度强硬再加上一汽-大众项目自身盈利现状并不乐观，德国大众只能作罢。此次中国一汽同意放弃 9%的股权，在德国大众看来，德国大众拥有两方面优势：一是它拥有齐全的产品库和技术储备，特别是新能源和传统能源等新技术是中国国内车企所渴求的；二是经过 20 多年的发展，德国大众已发展成为在中国最成功的跨国车企之一，品牌具有广泛的号召力。无论是新产品、新技术还是市场形象，都是中国一汽集团所需要的。此时中国一汽正处于集团整体上市的关键时期，要实现整体上市，中国一汽就必须将一汽-大众中方资产装入上市公司，但由于后者在投资规划、营业收入和管理经营等针对投资者的信息披露上不可避免地涉及外方股东，所以必须寻求合资方德国大众的鼎力相助和支持；从某种意义上讲，中国一汽整体上市是“有求于德国大众的”，这应该也是中国一汽愿意让出 9%股权的原因之一。

当然，对德方来说，获得在合资企业的更大股权就意味着在中国市场获得更多的利益。例如2013年，中国市场为德国大众贡献了约43亿欧元的利润，德国大众生产的汽车有近40%在中国出售；其中一汽-大众销售新车160.7万辆，奥迪则继续在中国领跑豪华品牌。2014年前三季度德国大众从中国市场获得营业利润39.20亿欧元，约合人民币302.4亿元，同比增长11.9%。中国已经成为德国大众最大的单一市场，也是最重要的利润来源。

对中方来说，中国一汽的持股比例从60%下调至51%，因出让9%的股权每年损失的利润可能多达数十亿元，但换来的是外资方股东极大的支持、更多的投资筹码及对未来的信心。另外，中国一汽希望获得的技术支持也有了一些进展。在截至2014年的中方与德方20多年的合资历程中，德国大众对中国一汽进行严密的技术封锁。不过，在此次双方达成股权变更意见后，德国大众在技术合作方面的“口风”有了明显的变化。按照双方达成的协议，作为补偿，德国大众承诺不再起诉中国一汽的技术侵权，并将向中国市场引进更多的产品和更多的新技术。合同特别约定，合资各方将进一步支持一汽-大众提升研发能力和规划能力，开发新能源车。

▶点评

2014年中国一汽与德国大众就延长合资企业协议期限达成的谈判成果是双方谈判力与谈判地位变化的结果。德国大众的谈判力在于齐全的产品库和技术储备，特别是新能源汽车技术及其品牌在中国市场的号召力，外加中国一汽上市需要大众的支持。中国一汽的谈判力在于中国市场巨大的获利前景，合资企业两位数的销售增长速度，以及德国大众对中国市场达到40%以上的高依赖度。在本案例中，双方谈判力及其变化对谈判结果起到了举足轻重的作用。

对谈判者来说，通过谈判解决冲突并从谈判中获取最大的利益是促使他们坐在谈判桌旁的主要动力。然而谈判者凭借什么说服对方做出让步，双方在谈判中处于什么地位，在谈判中采取什么策略，谈判能为自己带来多大的利益等，则在很大程度上取决于谈判双方相应的谈判力，因此谈判力理论的学习十分关键。那么，什么是谈判力？谈判力是如何发挥作用的？影响谈判力此消彼长的因素是什么？这些问题将在本章中得到详细论述。

一、谈判力及其来源

（一）实力与谈判力

各种各样的社会活动要在各种不同力量的推动下进行。例如，机器需要能量来驱动；人们对和平环境的渴望促使人们建立一个秩序良好的社会。一个国家、组织或个人能够运用的实力越大，就越强大。这是因为，根据定义，实力是一种社会现象，它赋予人们控制他人和事物的能力。实力只有在相互关联的各方之间才能发挥作用。也就是说，如果各方之间没有任何关系，无论一方力量如何强大和如何有影响力，都谈不上他对另一方的控制和影响。谈判力就是谈判中一方拥有的可以影响及控制另一方的决策、解决双方的争端、实现谈判预定目标的能力。

（二）谈判力的来源

在商务谈判中，影响谈判力的因素有很多，其中一些因素处于谈判者的控制范围内，一些因素可能没有被很好地理解和认识，还有一些因素是谈判者很难甚至不能控制的。即使这样，谈判者也应该考虑各种影响谈判的实际或心理因素，并判断这些因素能否在谈判中增加己方的优势。尽管有些因素在增强谈判力作用方面表现并不显著或不确切，但有些因素明显有增强作用，实际存在并且可以被确切地加以利用。下面列出了可以考虑的一些影响谈判力的基本因素。

1. 市场情况

影响一方讨价还价能力的一个基本因素就是市场情况。在交易的初始阶段，谈判者对买方市场或卖方市场的判断会影响他在谈判中的地位。有时，谈判者可以了解市场情况，而且可以得到实际的证据来支持他的判断；有时却没有实际证据的支持，只能根据传闻或者自己的猜测来判断市场情况。总体来说，商业人士普遍认同的是：当价格上涨时，可能是卖方市场；当价格下跌时，可能是买方市场。但这种信息也会导致错误的发生。例如，在需要投入大笔资金的市场中，市场价格对制订战略计划和讨价还价能力的影响具有欺骗性。价格的上涨通常会诱使人们增加投资。增加投资是为了扩大生产能力，生产设备的买方在卖方市场竞争的同时使得原材料的价格上升。竞争使工厂的数量减少，原材料的价格开始回升，整个生产周期重新开始。在这种情况下要进行有效的谈判是很困难的。

大致来说，价格能够反映市场的总体情况。但价格只是判断市场情况的一个初级指标，而市场情况包含了许多因素。另外，市场中价格的涨落可能不能反映真实的情况，因为有人会为了他们自己的利益来操纵这类信息。例如，当房地产市场不景气时，房地产代理商会竭尽全力制造舆论将价格哄抬上去。如果人们不了解真实情况，听信各种传言，他们的信息来源就很不可靠，而且他们的谈判地位也会受到负面影响。

2. 市场份额

市场份额是使买方或卖方获利的一个因素，而究竟何方会获利则取决于各方占有的市场份额和具体的市场情况。例如，有些产品是通过传统的零售渠道到达最终消费者手中的。通过零售渠道销售产品时，卖方一般采用两种战略。第一种就是所谓的“推出”战略。在这种战略下，卖方提供好处来促使零售商买进自己的产品。第二种战略是“拉进”战略，这种战略强调在消费者中建立良好的信誉，这样消费者的需求便会促使零售商购进自己的产品。

如果一家生产商占有较低的市场份额，在一般情况下，它会选择“推出”战略来提高自己的市场份额。在这种情况下，零售商由于占据优势地位，仅因增加库存便可要求获得有利的交易条件。换句话说，卖方的谈判力低下。在这种情况下，卖方为了争取市场份额而付出的代价是很大的。

对那些占有很高市场份额的生产商来说，情况便不同了。市场上消费者的“拉进”效应会对买卖双方的谈判力产生很大影响。实际上，零售商只能选择购进生产商的产品，否则顾客便会流失他处。此时谈判的重点不是促使零售商同意购进生产商的产品，而是买卖货物的具体交易条件了。谈判优势在这种情况下居于卖方一边。

3. 信　息

信息和谈判力具有相辅相成的关系。如果获得的信息不准确或者理解错误，据此做出的判断便会影响谈判力。谈判力与信息息息相关，信息就是力量！这句话表明，一个谈判者首先应该从尽可能完善的信息基础出发，然后谈判的进行才会以事实为基础，而不是以猜测、假定或者个人的断言为基础。完善的信息基础应该包含的许多因素已经提及，但仍需要重点说明的是，谈判对手的财务结构及生产能力是特别重要的。对方的财务管理能力、现金流、成本结构等都属于基本信息，特别是在做一笔产业大交易时，这些信息尤为重要，因为这类信息可以显示一家公司的财力。

同样，谈判对手的经营规模和性质、厂房和设备的利用率、质量控制的效果以及供应合同的执行情况，所有这些信息都很有价值。这些信息不仅揭示了谈判对手经营的灵活度和依存度，而且显示了他应付突发事件的能力。如果搜集到这些信息，便可获得进行谈判的战略和战术手段。这些信息还会揭示那些薄弱环节和与对方建立贸易关系存在的风险。

一个好的谈判者不应只注重言辞而应当关注行动，因为言辞可能只是一个无法兑现的承诺。例如，一个普遍存在的现象是，各家公司首先向贸易伙伴做出承诺，然后以可能的条件为基础进行谈判。这样，它们以承诺后续的大批订单为前提得到优惠的贸易条件，然而却没有任何保障来兑现这些承诺。

实际上，在基础产品市场上曾经发生过这样的事情。一个大的国际买家以承诺大幅扩大购买量来诱使一些国家的供应商扩大了自己在国内的生产规模，但是该买家的承诺从未兑现，而其却从一个供过于求的国际市场上获得了巨大利益。在这个案例中，卖方投入了巨额资金，结果却削弱了自己的谈判力。

4. 时　间

时间是另一个重要的市场指标，特别是对那些持续生产的制造商来说更是如此，例如石化厂、汽车制造商，或那些实际上整年连续运行的生产线。对于与此类厂商打交道的买方而言，对方交货的速度是反映其库存情况的指标。如果市场需求下降，制造商只有三种选择：放缓生产速度（这样，生产规模不会缩小太多）；储存生产出来的成品；关闭工厂。后两种选择需付出高昂的代价，制造商会尽可能地加以避免。所以，如果买方发现其现在的供应商能够迅速交付大批量货物，那么很有可能是由于供应商的库存很多。遗憾的是，大多数买方都错误理解了市场发出的信息。买方倾向于感激这样迅速的交货，而不是利用卖方减少库存的需要去赢得更优惠的贸易条件。

5. 公司的规模和结构

无论是从卖方还是从买方的角度来看，一个组织的规模在谈判中是一个需要考虑的重要因素。规模暗示着力量，一家拥有很大市场份额的大公司会使一家规模较小的公司很难进入市场。大公司一般能下大订单，从理论上说这为它们增加了讨价还价的筹码。一般来说，大订单有助于买方获取规模效应和更优惠的贸易条件，所以下大订单的能力无疑是一个讨价还价的筹码。对卖方而言，道理是一样的。如果与卖方交易的是很多小客户，每个客户保持较小的购入量，这样失去一个客户对卖方来说影响不大，卖方仍可保持自己的谈判力。然而这种情况的前提是卖方具有市场竞争力，但情况并非总是如此。一家生产商如果生产的是单一产品，而且必须持续生产，那么在需求下降时即使拥有雄厚的客户基础，也很难维持谈判优势。

一旦买方认为卖方提供的产品同其他供应商提供的产品无本质差别，卖方的谈判力便下降了。很明显，卖方应该尽可能地避免这种情况的发生，并尽力使买方认为自己供应的商品和服务是独特的。

6. 声 誉

声誉同企业形象和企业在市场中的声望等因素联系密切。尽管声誉本身不是一个可谈判的因素，但是良好的声誉会从两个方面影响谈判：第一，企业良好的市场形象使其更容易获得潜在的贸易伙伴，因为其他企业更愿意与一家受尊敬的企业进行谈判。第二，商人总是尽量避免风险。如果一项交易具有风险，那么即使会增加成本，商人也倾向于选择可信赖和可靠的贸易伙伴。在服务领域，企业的声誉更加至关重要，因为服务企业提供的产品多数是无形产品，所以声誉往往成为产品质量的保证。可见，谈判力与企业声誉息息相关。

7. 产品的生命周期

市场营销理论的基础是产品生命周期理论。该理论认为产品的生命周期包含四个阶段，分别为成长期、成熟期、饱和期和衰退期。尽管一些产品似乎有无限的生命周期，例如奇巧（KitKat），但另一些产品，比如电子产品和时尚产品的生命周期却极其短暂。一般来说，谈判力与产品生命周期有很高的关联度。在产品的成长期，卖方更有谈判力。在衰退期，买方却占有优势。但如果一种产品的生命周期很短暂，那么讨价还价的优势属于何方就很难判断了。如果存在不确定性因素，谈判力的大小则取决于市场是否看好该产品的前景。如果买方认为该产品的前景良好，卖方在谈判中就更有优势。如果买方对产品的前景不确定，他们在谈生意时便会更谨慎，这样卖方讨价还价的优势便被削弱了。

8. 其他因素

以上列举的谈判力来源侧重于市场因素，然而在现实的市场活动中，有许多非市场因素对商务谈判起着举足轻重的作用，了解并利用好这些因素可以极大增强谈判者的谈判力，例如法律与政府的作用。

（1）法律。

许多谈判的进行都涉及一定的法律运用，而各国对法律的规定是不同的。在一些国家，企业与个人特别倾向于运用法律来保护自己的利益，法律所具有的强制性使法律成为一个非常重要的谈判力来源。在谈判中，当一方提出付诸法律诉讼的威胁时，其目的就是为了增强己方的谈判力。在下面这个案例中，客户个人面对银行这样的组织时谈判力显得十分单薄，然而他借助法律的力量成功地迫使对方坐下来谈判，并取得了希望的结果。

中等规模的A企业接受当地B银行的建议，通过B银行向瑞士银行借入一笔贷款。B银行的理由是瑞士法郎利率低，贷款期间的风险小。B银行向A企业保证这笔贷款从金融角度来说是审慎的，因此没有必要对贷款做远期抛补。然而随后发生的情况是，瑞士法郎对世界许多货币不断升值，这使A企业还贷的压力不断增加。B银行开始就偿还贷款向A企业施加压力，因为A企业的偿贷能力很明显存在问题。A企业认为出现问题的部分原因在于B银行的建议，但是B银行断然否认A企业的观点。当A企业向B银行建议当面商谈放松还贷条件时，B银行很快拒绝了面谈的要求，认为根本没有谈判的必要。

在遭到B银行拒绝后，A企业经人介绍，咨询了一家法律咨询公司。之后，A企业按照律师的建议立即采取了两项行动：一是很快同另一家银行就那笔债务进行了谈判，取消了B银行的债务，并注销了在B银行的所有账户；二是启动针对B银行的法律程序。根据以往案例，类似的情况都是借贷方胜诉。形势开始向有利于借贷方的方向发展。

B银行现在有三种选择：一是走法律程序，选择应诉；二是选择用谈判来解决这个问题；三是综合上述两种选择。B银行最终选择了第三种。面对法律程序和谈判同时进行，B银行不得不开口与A企业协商了。在选择诉讼之前，A企业认为B银行处于绝对优势地位，自己可能面临清算自己的生意和个人资产的困境。现在通过法律程序迫使对方与自己谈判，就可以要求对方承担不审慎建议造成的一部分损失。

（2）政府。

政府在任何国家，无论政治体制如何，都具有不可置疑的权力。政府拥有的最基本权力包括行政权、立法权、司法权和监督权。代表国家权力的政府部门、属于国有性质的企业以及与政府部门保持良好关系的各类企业在市场上与其他市场主体相比均具有更高的地位和更强大的谈判力。

美国一直被认为是最开放的市场，然而在面对重要领域的国外企业的竞争者时，美国政府会动用国家权力，以各种理由特别是以国家安全为由对付竞争对手。2024年美国众议院和参议院分别于3月13日和4月23日通过了《保护美国人免受外国对手控制应用程序侵害法案》（Protecting Americans from Foreign Adversary Controlled Applications Act），又被称为“TikTok剥离法案”。在参议院通过的第二天，时任美国总统拜登签署同意该法案。这一“不卖就禁”法案要求字节跳动公司（ByteDance）剥离对旗下海外短视频应用TikTok的控制权，否则TikTok将被禁止进入美国的手机应用商店和网络托管平台。法案的支持者声称，TikTok母公司位于中国，因此可能会“被用来影响美国舆论或监控美国人的个人信息”，“对美国国家安全构成严重威胁”。该法案将TikTok出售的最后期限定在2025年1月19日。如果拜登总统确定字节跳动公司在出售方向取得进展，他可以将最后期限再延长90天，这给了TikTok在面临禁令之前最多一年的时间。

TikTok并非首次面临类似困境。自2017年字节跳动公司推出抖音国际版TikTok并于次年与Musical. ly合并以来，TikTok的下载量迅速超过了脸书、推特等美国社交软件，在2020年7月—2022年7月的两年间，月活跃用户增长了45%。TikTok的快速发展，不仅引起了竞争对手的焦虑，也引发了美国政客的关注。尽管TikTok为美国2023

年 GDP 增长贡献了 242 亿美元，而且平台上 700 万家小企业和 1.7 亿用户也表达了对该法案的不满，但他们仍然无力阻止参众两院和总统的决定，明显处于弱势地位。

二、谈判力的影响因素

谈判力的影响因素因情况的不同而不断变化，但有三个因素无论在何种情况下都起着决定性的作用，这三个基本因素就是动机、依赖和替代。三个因素与谈判力之间的关系可以用下面的公式来表示：

$$P(A \sim B) = M_B \times \frac{D_{B:A}}{S_B} - M_A \times \frac{D_{A:B}}{S_A}$$

式中：

$P(A \sim B)$ ——A 相对于 B 的谈判力（A=己方，B=对方）；

M_B——由 A 诱发的 B 的谈判动机；

M_A——由 B 诱发的 A 的谈判动机；

$D_{B:A}$——B 为实现谈判目标而对 A 的依赖；

$D_{A:B}$——A 为实现谈判目标而对 B 的依赖；

S_B——B 为实现谈判目标具有的替代或其他选择；

S_A——A 为实现谈判目标具有的替代或其他选择。

上面的公式明确地表达了动机、依赖和替代三个因素之间相互作用、共同影响 A 相对于 B 的谈判力的关系。用类似的等式，也可以确定 B 相对于 A 的谈判力。为了更好地理解这一等式并在谈判中更好地运用这三个因素之间的关系来提高自己的谈判力，有必要详细论述这三个因素的含义、它们相互之间的关系，以及它们对谈判各方谈判力的影响。

（一）动　机

动机可以解释为获取利益的愿望和激励因素。它与谈判力的提高和降低的关系是：A 方谈判力的上升伴随着 A 方愿望的下降；反之，A 方的愿望越强烈，其谈判力就越弱。例如在自由市场上，当你购买某件商品的愿望十分强烈并且让对方了解到这一点时，你的讨价还价能力自然就降低了。

在谈判中为了增强自己一方的谈判力，或者为了削弱对方的谈判力，人们可以使用各种方法来激发对方的愿望，其中最常用的方法有以下几种：

（1）诱导对方或对方的支持者；

（2）向对方展示所提供方案的诱人之处；

（3）获取第三方对所提供的诱人方案的支持；

（4）限定获得所提供好处的时间。

1. 诱导对方或对方的支持者

诱导对方或对方的支持者的目的是通过给对方一些诱人的条件或利益来引起对方的

注意和激发对方的兴趣，并借此来说服对方与你就其感兴趣的内容举行谈判。例如在商品促销活动中，商家常用的诱导消费者的方式有降价、打折、买一送一等。精明的促销者总能想出各种各样的办法来吸引潜在消费者的注意并激发他们的兴趣。

2. 向对方展示所提供方案的诱人之处

通过向对方展示你的方案的诱人之处或“卖点”，使对方知道并使他们相信你所提供的方案的确具有吸引力。这一步是第一步的继续，你可以借此说服对方接受你的方案并最终达到你的目的。

3. 获取第三方对所提供的诱人方案的支持

当有第三方表示支持你的方案时，第三方的支持会提高你的信用度，并且通过他的榜样可带动其他人效仿。人们一般更信任他们所熟悉的人，如他们的朋友、同事。即便是陌生人，如果他们属于同一群体，也会产生信任感。广告中经常使用的说服术就是通过消费者现身说法，从消费者的角度说明某种产品的好处。例如，一些制药商用患者本人的例子来说明某种药物的疗效——该患者服用该药后效果如何显著，以此来说服其他病人。这些都是第三方支持的例证。公众人物如著名的歌星、演员、运动员，都扮演过第三方的角色。

4. 限定获得所提供好处的时间

最后很重要的一点是让人们知道所提供的好处不是永远存在的，也就是说，那些好处是有时间限制的，人们必须在规定的时间内与提供利益的一方谈判，否则过期作废。时间限定或最后期限好似一个助推器，可以起到督促人们立刻采取行动的作用，因为如果没有时间限定，人们等待观望的态度最终就会使他们的热情消失殆尽。例如，精明的商家往往在促销价格的后面加上时间期限，因为消费者的热情一般是即时的和短暂的，随着时间的推移，看到诱人条件时所产生的冲动会逐渐消逝。由于这一原因，在确定时间期限时，相对较短的时间期限会产生更佳的效果。

(二) 依　赖

依赖指的是人们为了生存或者使自己所从事的工作有效进行而对其他人或事物持续不断的和规律性的需求。在谈判中，依赖指的是谈判一方为实现其利益和目的而对另一方所产生的需求。一方的谈判力随着他对另一方依赖程度的增大而降低。例如，在供大于求的市场上，如果卖方对买方的依赖程度增大，买方的谈判力也会极大增强，买方就可以利用有利的市场形势获取更多的利益。本章模拟谈判“石油合同谈判”很好地说明了在市场供大于求的情况下，买方是如何利用卖方对自己的依赖而获取更大利益的。

如果谈判一方能成功地提高对方对自己的依赖程度，同时降低自己对对方的依赖程度，他的谈判力就会大大增强。在这一方面人们能采用的比较有效的方法有：

（1）削弱、延迟或抑制对方希望获得的服务或资源；

（2）削弱对方独立工作的能力；

（3）说服对方的支持者阻止对方的行动；

（4）使对方放弃继续坚持下去的希望。

1. 削弱、延迟或抑制对方希望获得的服务或资源

如果你的谈判对手能够获得他所需要的资源和后备力量，他对你的依赖程度就会大大降低，同时他的谈判力会相应提高。但是如果你能切断对方赖以维持的资源供给，迫使对方转而从你那里获得帮助，你的谈判力就可以大大地提高。例如在生产中，如果原材料供给有限，则厂家在与供应商的谈判中的谈判力会大大下降，除非厂家能找到其他替代物品。

2. 削弱对方独立工作的能力

当谈判一方能够做到独立自主而不依赖对方的时候，他可以不在乎对方的压力和威胁。因此，为了提高己方的谈判力就需要削弱对方的独立性。例如，伊拉克在海湾战争之后，利比亚在洛克比空难之后都受到国际社会的经济制裁，制裁的目的就是使被制裁者在谈判中的实力下降，最后不得不接受对方提出的要求。在今天的世界上，各国之间是相互依赖的。例如，在国际贸易中，进口国依赖出口国的供应来满足本国的需求，但同时出口国必须依赖进口国以维持本国的持续生产、就业和发展。但是各国间相互依赖的关系是不平衡的。例如，当出口国的产品是不可再生的产品如石油时，进口国对出口国的依赖加深。又如，随着中国吸引外资的速度不断加快，外资总量不断积累，外国投资者对中国市场和中国资源的依赖同时在加深。当然，也有例外的情况。但总的来说，在经济上更多地依赖对方的国家在与对方打交道时自然就处于劣势。

3. 说服对方的支持者阻止对方的行动

谈判一方在对方有许多支持者的情况下是很难增大对方对自己的依赖程度的，除非他能成功地使对方的支持者放弃对对方的支持，并且阻止对方的行动。要达到此目的，就要使对方的支持者认识到支持对方不仅无利可图，而且可能损害己方的利益，即使暂时还没有发生此类情况，未来也极有可能发生，而为了防止此类情况发生，就要及早采取行动。

4. 使对方放弃继续坚持下去的希望

当谈判一方切断了对方支持者的援助时，也就到了说服对方没有必要再坚持下去的时候。说服对方的最好理由就是它已经孤军作战，别无选择，唯一能够依赖的只有他的谈判对手。一旦对方放弃了继续坚持下去的希望，谈判的结局就十分明朗了。

(三) 替　代

替代指的是谈判一方所能寻求的其他选择方案，以及他为了降低对对方的依赖程度而采取的行动。显而易见，如果谈判一方有其他许多办法、出路和支持者，他的独立性就会大大增强，因而他的谈判力也会大大增强。

谈判一方的谈判力在以下情况下会大大增强。

（1）谈判一方具有不需要依赖对方而独自维持下去的替代选择。

（2）谈判一方有能力吸收不断升级的冲突成本。例如在一场买卖纠纷中，双方为了获得更多的对自己的有力支持和维持律师费用等其他开销不得不花费大量钱财和精力，在这种情况下，谁能坚持下去谁就获得了主动权。

（3）谈判一方在对方向自己的支持者施加不利影响时仍然能够独自坚持下去。

(4) 谈判一方有能力利用专家意见，其他人的说服作用和关系，以及法律的、历史的或者道德的先例找到其他出路。获得专家和有名望人物支持的一方，其谈判力会大大增强；同样，如果一方能从以往的事例中找到对自己有利的证据来支持自己的观点，他就获得了有力的支持，从而使自己的谈判力上升。

谈判力理论的学习对预测谈判过程与结果具有重要的指导意义。在 2018 年中美贸易战开始之际，国际上对中美贸易战的发展和结果所做的许多研究都是从谈判力三要素的角度进行的分析。例如法国外贸银行（NATIXIS）亚太首席经济学家艾丽西亚·加西亚·埃雷罗（Alicia Garcia Herrero）2018 年 3 月 28 日提出，中国如果针对美国征收的关税采取报复性关税措施，需要满足如下两个条件才能取得最好效果：

第一，中国应当是美国某个出口产品足够大的市场（可能是不可替代的市场），这样中国对该产品进口量因关税措施导致的下降才会伤害美国的产业。

第二，美国不是某一产品的主要生产商，如此，中国才可以轻易地找到进口替代产品。

为使反击措施以较小的国内代价取得足够的效果，第一条应当越大越好，第二条应当越小越好。根据艾丽西亚的测算，中国从美国的进口达到该要求的产品占比为 3%；而中国对美国依赖性最强的商品包括半导体和其他高科技产品，这些产品对中国实现其制造业计划至关重要。

三、谈判力策略的应用

谈判力的分析对制定谈判策略具有关键意义，而且对谈判者在谈判中采取强硬立场或者合作态度的程度都有重要的意义。谈判力较强的一方在谈判中为了达到向对方施加压力、迫使对方做出让步的目的常常使用谈判力策略。人们经常使用的谈判力策略包括：

(1) 设定最后期限。为接受谈判条件设定最后期限，并威胁如果对方到期不接受谈判条件将对其采取制裁措施，如经济制裁、军事打击。

(2) 显示强硬态度。在谈判中一直保持强硬立场以迫使对方做出让步。

(3) 嘲笑对方立场。轻视或者对对方的立场表示不屑一顾，从而迫使对方放弃自己的主张。

(4) 突出己方方案。强调己方建议的重要性，并通过这种方法强迫对方做出让步。

(5) 威胁双方关系。警告对方如果对方不接受所提条件就断绝双方关系，以此对对自己依赖较大的一方施加压力。

谈判力策略应用的效果取决于是使用高压实力策略还是使用适度实力策略。如果使用高压实力策略，则常常会激怒对方，导致对方的反抗。例如，美国在谈判中习惯采用高压实力策略，在中美知识产权谈判中，美国多次采用最后通牒、经济制裁等“大棒”手段来迫使中国做出让步。对美国的高压实力策略和经济制裁威胁，中国谈判代表的态度是针锋相对，甚至不惜同美国打贸易战。在美日汽车谈判中，日本面对美国高举的制裁大棒也一改以往逆来顺受的态度，对美国谈判代表说出了“不”字，并且打算将美国告到当时新成立的世界贸易组织那里去。事实说明，在各国的贸易往来中，使用高压实力策略是行不通的，它只会导致对方的反抗，使冲突更加尖锐，造成两败俱伤的结果。

相反，使用适度实力策略则可以使谈判双方达成必要的妥协，使谈判走上合作的道路并最终取得谈判的成功。这样看来，掌握好应用谈判力策略的“度”是十分重要的。

四、谈判力的测量

使用谈判力策略的前提是对双方的谈判力有正确的判断，否则可能有两种情况发生：一是高估自己的谈判力，盲目滥用该策略；二是低估自己的谈判力，失去本该获得的利益。在开始谈判之前测量一下自己和对方的谈判力是十分有必要的。表 7-1 列出了与谈判力相关的因素和分值。

表 7-1　谈判力测量

谈判力来源	己方	对方
谈判愿望强（10 分）		
有支持者（10 分）		
占据有利的市场地位（10 分）		
有良好的商誉（10 分）		
是一家大公司（10 分）		
对对方的依赖程度较低（10 分）		
有能力控制对方的资源（10 分）		
有专门技术（10 分）		
有其他选择方案（10 分）		
了解对方（10 分）		
总分（100 分）		

依据谈判力得分，可对谈判力做如下分类：

（1）没有谈判力（低于 30 分）。

（2）谈判力有限（30～40 分）。

（3）有一些谈判力（40～50 分）。

（4）有很强的谈判力（50 分及以上）。

测量己方的谈判力相对简单，测量对方的谈判力则要困难得多，主要原因是信息不对称。然而，即使你掌握的关于对方的信息并不充分，也应当尽可能预测一下对方的谈判力。

如果你的得分是 50 分及以上，你就具有很强的谈判力。如果你的得分为 40～50 分，你有一些谈判力，处在相对较强的地位，同时有一些弱点。如果你的得分为 30～40 分，你的谈判力就十分有限了。如果你的得分低于 30 分，除非对方比你还弱，否则你会感到自己处于弱势地位。

如果你发现对方拥有所有的谈判力，而自己一无所有，就应当十分严肃地考虑是否展开谈判。此时最好的选择是推迟谈判，直到你的谈判力足以与对方抗衡，或者重新寻找可能实现自己目标的对手。出于这样的原因，从自己的利益考虑，应当与一个以上有意与自己做生意的贸易伙伴接洽。

通过比较你和对方的谈判力得分，你可以更好地了解自己的谈判力以及需要改进的方面。如果你的总分数低于对方，检查一下是哪些项目的分数较低，并寻找改进的方法。

思考题与讨论题

1. 你能提出其他一些谈判力来源吗？

2. 在下面的例子中，你认为如何做才能激发潜在消费者的购买欲望？

(1) 你正在拟订一款新能源汽车的促销计划。

(2) 你和同学经营一家小书店，但是销售状况并不景气。

3. 讨论在下面的情况中应如何降低己方对对方的依赖程度。

(1) 中国对进口原油的依赖程度逐年增长，但是国际市场原油价格起伏波动很大。

(2) 中国是世界上最大的钢铁出口国，因此严重依赖铁矿石进口。世界铁矿石市场主要由三大集团控制，即巴西的淡水河谷、澳大利亚的必和必拓与总部位于英国的力拓。

4. 开展模拟谈判“石油合同谈判”，并思考下列问题：

(1) 分析中部石油公司和J&R公司的利益得失和它们的谈判力。

(2) 用表7-1测量中部石油公司和J&R公司的谈判力。

(3) 你可以提供其他什么选择方案？为什么？

(4) 分析双方公司在下列问题的谈判中的利益得失和应采取的立场：最优惠待遇、接受竞争、转销权。

(5) 双方公司的基本利益是否一致？

(6) 作为中部石油公司的谈判代表，你愿意做出什么让步，或者与对方做什么交换？为什么？

5. 阅读案例研究7-1并讨论下列问题：

(1) 学习谈判力理论对理解国家医保局药品准入谈判结果有什么帮助？

(2) 你如何评价这样的观点：国家医保局推出女性代表，以柔克刚；药企代表看似节节败退，却是这场谈判的主导方，因为所有的价格都是药企方给出的。

(3) 国家医保局通过谈判希望达到哪些目的？它们凭借什么能实现这些目标？

(4) 分析自己的谈判力与谈判地位是否重要？你从这个案例研究中学到了什么？

模拟谈判

石油合同谈判

(一) 背景介绍

中部石油公司成立于1942年。它是全世界最大和最具知名度的石油化工产品生产商之一。公司通过自身的发展和并购实现了迅速扩张。它在北非和中东拥有数量巨大的石油资产，并且在美国西部拥有可观的煤炭矿产资源。公司的大部分石油产品以公司自己的名义在美国和欧洲的汽油服务站销售，但同时通过几个独立的连锁加油站进行配送和分销。

中部石油公司生产的主要化工产品之一是单体氯乙烯（VCM）。这种产品的基本成分是乙烯和氯。乙烯是一种无色、易燃、气态的碳氢化合物，带有一种难闻的味道。它一般是从天然气或煤气中提取的，或者通过将石油裂变成较小的分子结构而得。在石油的进一步裂变过程中，乙烯与氯相结合产生氯乙烯，也是一种无色气体。氯乙烯是塑料家族中的主要成分。氯乙烯可以被用来生产众多的消费品和工业用品，如地板、金属线绝缘体、变压器、家庭装饰品、管道、玩具、塑料瓶和容器、雨衣、轻型屋顶以及各种各样的防护外罩。

1969 年中部石油公司同 J&R 公司签订了第一份购买氯乙烯的重要合同。J&R 公司是一家重要的为建筑业提供木材及石油化工产品的制造商。J&R 公司正在将它的产品扩展到塑料管道和管道配件上，并且要将其业务重点扩展到欧洲地区。以塑料作为原材料来代替铁制管道或铜制管道的做法在建筑领域正被广泛接受，而欧洲建筑业在采用塑料管道方面更是发展迅速。

1976 年，中部石油公司和 J&R 公司开始就延长 1969 年的合同进行谈判。然而此时对氯乙烯的市场预测发生了变化（见表 7-2）。当时的市场供给情况比较紧张，这种有利于中部石油公司的供给形势从其首次与 J&R 公司谈判时起就一直存在，然而预计在 1976 年后的几年内，氯乙烯的供给将会迅速增加。中部石油公司的几个竞争对手已经宣布了购置氯乙烯生产设备的计划，这些设备可望在 20～30 个月内投入生产。

中部石油公司的年生产能力估计为 10 亿磅①。J&R 公司是中部石油公司的第二大买主，其购买量大约占中部石油公司产量的 20%。最大的买主占 23%。其余买主所占份额从 3%到 10%不等。如果该产业预期的新增生产能力全部投产，可以预见，买方对中部石油公司产品的需求将会下降，中部石油公司要想出售足够多的氯乙烯来维持公司的盈利状况就会有困难。

表 7-2　氯乙烯市场供求情况（1972—1979 年）

年份	需求量（百万磅）	供给能力（百万磅）
1972	5 127	6 600
1973	5 321	6 600
1974	5 572	6 600
1975	5 700	7 300
1976	5 900	8 450
1977	6 200	9 250
1978	6 500	9 650
1979	7 000	11 000

① 1 磅=0.453 6 千克。

在供过于求的市场上，中部石油公司的生产能力利用率在50%和90%之间变动。从长期平均价格来看，中部石油公司预计在生产能力利用率达到70%时可实现收支平衡。公司必须留出10%的生产能力来应对设备的维修、停产和产品组合的变化等情况。由于大部分生产成本是固定的，利润的上升和下降非常迅速：当生产能力利用率在70%和90%之间时，生产能力利用率每增加1%，就会使总利润增长5%。当生产能力利用率从70%下降到50%时，生产能力利用率每下跌1%，则导致总亏损增加5%。当生产能力利用率下降到50%时，亏损会大大增加，而当生产能力利用率低于50%时，巨大的亏损将使企业无力再继续经营下去。中部石油公司现在的生产能力利用率为87%，其中有4%的产量投向零售市场。

当时，中部石油公司正在与J&R公司谈判以延长双方的供货合同。由于与J&R公司的谈判进展不顺利，中部石油公司希望找到替代J&R公司的买方。在与潜在的客户讨论之后，中部石油公司估计可以将J&R公司2亿磅氯乙烯需求量中的一半，也就是1亿磅分售给4个小的新客户。在当时（1977年6月）的市场上，要找到替代J&R公司的买主，就不得不在价格上做出让步，这样做会让公司每年减少100万美元的收入。此外，在零售市场上寻找替代买主将使公司连续3年每年增加经营和管理成本15万美元。在当时的情况下，只有J&R公司或其他客户减少购买量，中部石油公司才会有剩余产品卖给新客户。在历史上，当供给大于需求时，大的买家就会在供应商之间分开采购，然后让它们互相压价以获得较低的价格。为了避免生产能力利用率的大幅波动，生产厂家一般不愿意在没有签订长期合同的情况下将每年5 000万磅或更多数量的产品卖给一个买主。

中部石油公司也可以尝试在零售市场上出售氯乙烯，但是零售市场上的价格及需求数量每星期都会有重大的变化。中部石油公司更愿意在签订合同的基础上与买方交易，这样可以保证工厂的生产能力被充分利用，因为零售市场上的不确定性过高。例如，零售市场上的价格按照长期价格的变动趋势可以上下浮动50%左右。

尽管零售市场上的价格呈现出下滑的趋势，但据估计，1974—1977年间新增加的氯乙烯生产能力有50%投产了。生产厂家如果相信供给情况将远高于长期的市场需求，它们可以延迟新厂的建设或者关停闲置的设备。然而大多数生产厂家不会选择推迟新厂的建设，这是因为它们担心需求增长时会失去市场份额。只有在预见到严重的长期亏损或者面临破产时，它们才会在需求下降时关停闲置的设备。

中部石油公司通往J&R公司的输送管道的成本在当时正在执行的合同到期时将全部收回。买主购买的货物在没有管道的情况下可以用卡车或铁路油罐车运送。没有管道运货的顾客必须提前一周至六个月订货，具体情况要根据未交货的订单数量以及可使用的卡车或油罐车的情况而定。如果年输送量达到5 000万磅，8年间分期由管道运输的成本将等同于无管道运输的成本。在运输量较大时，管道成本可较快地得到补偿。管道维修及运营的成本比无管道运输的成本低5%。

中部石油公司的平均合同价格对像J&R公司这样的大买主来说，由1974年的每磅10美分提高到了1976年的每磅15美分。实际的合同价格是按一个复杂的公式计算而得的：生产价格$=\beta_1$(原料)$+\beta_2$(劳动力)$+\beta_3$(能源成本)$+\beta_4$（原油成本），β_1、β_2、β_3、β_4都是协议系数。随着原油成本及原材料价格的提高，生产价格一直呈上涨趋势。由于石油输出国组织，这些生产成本还会不断提高。在过去的12个月中，氯乙烯的零售价格最高时达每磅24美分，而最低时为每磅12美分。

J&R公司需要购买大量氯乙烯，而中部石油公司供应的产品完全满足J&R公司的质量规格要求。如果发生质量不合格或者拖延运货的情况，J&R公司则会被迫削减产量或在两周内不得不停止生产。尽管美国化学学会制定了具体的产品标准，但是产品的质量会因供应商的不同而有很大的差别。当出现质量纠纷时，有关各方可以通过谈判提出解决办法，也可以协议仲裁，或者采用最后的解决办法即提起诉讼。中部石油公司享有可靠的、高质量的供应商声誉。

（二）谈　判

假定你是中部石油公司谈判小组的成员。小组成员包括市场营销欧洲部副总经理、氯乙烯市场营销欧洲部经理、氯乙烯市场营销欧洲部经理助理。你们将同J&R公司的谈判小组进行谈判，对方成员包括J&R公司欧洲部副总经理、采购部经理和经理助理。

自从上次会谈后已经过去了很长一段时间，现在是1977年6月24日。如果双方在180天的期限内都没有通知对方终止目前的合同，那么到1977年6月30日最后期限来临时，“长绿”条款将会生效。所谓“长绿”条款指的是在1977年12月31日之后，合同将以目前的条件每年延期一次，除非双方中有一方提出终止该合同。中部石油公司已经同意对原合同进行一些修改。双方已经就价格、最低购买数量、新合同的期限（自签订之日起3年）以及产量计量等达成了临时协议，目前仍然有三个有争议的问题：（1）最优惠待遇；（2）接受竞争；（3）转销权。

已达成的临时协议内容包括：

（1）价格。按前面所提的公式计算而得的价格将每磅下调大约0.85美分。

（2）最低购买数量。J&R公司建议合同的第一年为2.05亿磅，第二年为2.1亿磅，第三年为2.2亿磅。尽管中部石油公司认为最低购买数量低得可笑，但仍然同意了这个购买计划。

（3）新合同的期限。中部石油公司建议合同期为5年，但最终的谈判结果是3年。

（4）产量计量。J&R公司声称输送产品的管道有泄漏问题。如果采用新的计量体系，它将很满意。中部石油公司最后同意重新计量供给管道的长度。

遗留问题包括：

（1）最优惠待遇。如果中部石油公司同另一家购买商谈判后给出的氯乙烯价格比现在给J&R公司的价格更为优惠，中部石油公司将保证给予J&R公司同样的优惠价格。

（2）接受竞争。如果有中部石油公司的竞争者以更低的价格卖出氯乙烯，中部石油公司将自动调低自己的价格，以便保持与J&R公司的关系。

（3）转销权。J&R公司要求获得转销的合同权利。如果它使用不了按照最低数量购买的产品，它可以将之转售给其他公司。

（三）谈判要求

组织谈判队伍，按照案例中的人物安排角色。首先确定谈判方案，包括各自的利益目标、对双方谈判力的分析、自己最希望获得的利益目标和可能做出让步的方面、是否还有其他替代方案。

案例研究7-1

国家医保局药品准入谈判

“政府‘灵魂砍价’，最高直降98.6%！国家级‘团购药’价格‘直击灵魂’!”“70万元一针的救命药进医保了！一顿灵魂砍价，价格直接降至→”（3.3万元）。最近几年新闻媒体的此类报道在国内引发高度关注，这样的报道也在对商务谈判感兴趣的网友中引发热议。有网友认为谈判双方代表使用的谈判策略与技巧发挥了作用，例如：国家医保局推出女性代表，以柔克刚；药企代表使用了“更高权威”策略，他们看似节节败退，却是这场谈判的主导方，因为所有的价格都是药企方给出的。那么究竟应当如何看待此类谈判及其结果？如何透过现象看本质？本案例研究应用所学的谈判理论，特别是本章谈判力理论对医保药品准入谈判进行分析。

（一）谈判背景

国家医保局药品准入谈判是由政府主导，通过市场化方式进行创新药进入医保药品目录的谈判。采取这种药品准入谈判的历史并不长。2018年隶属于人社部的国家医保局正式成立，标志着医疗保险经办机构与医疗机构、药品供应商的谈判机制开始运行。到2021年，经过三年的努力，国家医保局开展的集中带量采购改革已经进入常态化、制度化阶段。

在一般意义上的商务谈判中，买卖双方均为市场上的独立经济主体，通过协商，在彼此的非核心利益上做出妥协，力争在满足彼此的核心利益基础上达成最后的交易。医保药品准入谈判不同于一般意义上的商务谈判。医保药品采购属于政府采购，因此采用的是政府采购中常用的公开招标方式，但进行了一些改革，主要是融入了一些市场化因素，在符合应标基本要求的供应商中进行谈判，以确定最终的中标供应商。

按照国家医保局的规定，首先，进入谈判环节的供应商要通过专家的资格审查，包括生产技术、产品质量、生产能力、市场反应等。通过资格审查的应标企业一般都是国内外著名的大药企，是优质的供应商。其次，供应商的应标产品价格要符合国家医保局的价格限制要求，即年治疗费用不得超过30万元，这也是我国城乡居民医保大病保险年度累计赔付的最高限额。例如，“70万元一针的救命药进医保了！一顿灵魂砍价，价格直接降至→”（3.3万元）报道中提到的治疗罕见病脊髓性肌萎缩症的药物诺西那生钠注射液在进入医保谈判时价格已经降到最高限价要求以下，即低于40万元。

医保药品公开招标的标的涉及化学药、中成药、生物药三大板块。被纳入采购范围的品种一般属于临床用量较大（常见病、慢性病）、使用较为成熟、市场认可度较高、采购金额较大的药品，其特点是疗效好、价格高、专利保护到期或即将到期或者已经在市场上获得较高的收入、市场竞争较为充分。选择这样的药品对国家医保局谈判目标的实现具有重要且现实的意义。

（二）买卖双方价格的确定

1. 买方——国家医保局

国家医保局通过公开招标方式确定了合格的药企后，便进入了竞争性磋商环节，即谈判环节。谈判环节的核心议题就是价格。国家医保局作为招标方，需要确定招标底价，也就是谈判底价，而如何确定谈判底价成为关键。

根据央视《焦点访谈》节目对国家医保局相关部门负责人的采访，国家医保局在如何确定谈判底价这个关键议题上有十分严谨的规定，保证了谈判底价形成的科学性、合理性和公平性。谈判底价的形成分三个阶段。

第一阶段：确定价格主要参考的基础信息。医保部门组织相关企业按照统一模板提交测算资料。主要包括药品基本信息、相关安全性、有效性、经济性、意向价格以及相应的证据材料。

第二阶段：组织专家进行价格测算。专家分为药物经济学和基金测算两个组。药物经济学组根据用药病人的获益程度折算价格；基金测算组根据药品纳入目录以后对基金的影响程度有多大来测算价格。两个组各自独立给出药品的最终测算价格。

第三阶段：正式谈判。经过上述科学、严谨的测算后，最终形成医保基金能够承担的最高价，即谈判底价，作为谈判专家开展谈判的依据和底线。这个底价一般会让企业十分为难，但是绝不会击穿产品的成本价。

2. 卖方——制药企业

进入谈判环节的制药企业最重要的准备工作就是制订自己的价格方案。价格方案不仅涉及是否能够进入医保目录，而且关系着企业的盈利和未来的发展战略安排，因此它既是一个战略考虑，又是一个策略考虑。企业谈判代表需要准备几个价格方案，从最高价到可接受的最低价。每个方案都要经过反复的测算，在成本与规模、市场与盈利等因素之间反复平衡。例如，在2019年12月的谈判中，阿斯利康公司的谈判代表为他们进入第二轮谈判准备的价格方案是4.62元、4.50元和4.45元。第一个数字是企业给的授权价，第二个是最期望成交的价格，第三个是他们的目标价格。事实上该公司出示的三个价格中没有包括可接受的最低价，因为最终的成交价是4.36元，说明他们的价格方案不止三个。

与价格方案相关联的是自己一方的退让方案，就是平衡价格和数量与市场之间的取舍。例如，信达生物制药集团的一款抗癌药物达伯舒的前期研发费用为6.7亿元。进行医保准入谈判时企业仍处于亏损状态，但是在充分考虑了价格、产量与未来发展前景后，企业同意将原来每支7 838元的要价降到2 843元，降幅高达63.7%。信达做出这样的选择就是希望通过扩大生产规模，摊平生产平均成本，获得长远发展。

（三）谈判结果

1. 国家医保局的利益目标

目前我国基本医疗保险覆盖的人口已经达到13.6亿人，占人口总数的95%以上。如何既要保证有限的医疗保险资金这“池水”的水源不断流，又要将有限的资源用于保障14亿人口的基本医疗需求，同时有一定资金满足一部分罕见疾病患者的治疗，是一个世界级难题。通过药品准入谈判在一定程度上达成了上述目标。谈判取得的成就包括：第一，实现了药品价格的大幅度下降。根据中华人民共和国中央人民政府网，2022年2月12日《前6批药品集中采购平均降价53%》一文：截至发稿时，已开展6批药品带量采购，共采购234种药品，涉及金额占公立医疗机构年药品采购总额的30%。第二，国家医保资金使用效率大大提高。从3年的改革累计成果来看，国家组织集采所节约的费用达到 2 600 亿元以上。价格下降节省出的资金使国家医保局有能力采购部分罕见病、肿瘤、儿科疾病、重疾症等疾病的临床急需用药。第三，药品价格下降后，患者的个人负担水平大幅度下降，价格平均下降53%可以带来患者个人负担下降到20%以下。一些小众病的药品负担下降幅度更大，个人负担水平甚至达到5%以下。

2. 药企的利益目标

拥有 13.6 亿人口的中国医保市场是世界上最大的单一市场，这对所有制药企业来说都是必须争取的市场。国家医保局实行药品准入改革后为众多新药进入这个市场提供了机会。当然，进入这个市场的代价最直接的就是大幅度降价。尽管有些企业代表因为价格下降幅度之大“当场落泪”，“扶墙离开”，但是以价换量、以价换规模的效果已经显现。例如，2019 年中金公司根据中国医药工业信息中心提供的数据，统计了美罗华、赫赛汀、安维汀与诺和力四款药 2018 年的销售情况。这四款药是 2017 年通过谈判进入医保目录的，当时这四种药的降价幅度分别为 29%、65%、62%和 43%。因为中国市场带来的销售规模效应，这四款药 2018 年实际销售金额同比增幅分别为 13%、48%、74%和 120%。

得益于稳定的市场、产量和渠道，药企生产的药品在成功进入医保目录后可以享受销售成本下降的益处，不必过多依赖营销医疗机构甚至医生，这也净化了市场环境，使广大患者获得真正的好药。

（四）谈判力与谈判策略分析

谈判双方能够取得上述成果是由多个因素决定的，但是双方的谈判力是一个决定性因素。根据本章所学的谈判力理论，下面分析买卖双方的谈判力与策略的应用。

1. 国家医保局

（1）谈判力分析。

国家医保局谈判代表的谈判力主要来源于五个方面：第一，医保药品谈判属于准入性质谈判，没有政府的允许，企业生产的药品无法进入医保目录；第二，政府采购金额高、数量大，意味着庞大的市场份额；第三，进入医保药品目录的药主要针对慢性病和临床用量较大的疾病，意味着产量大和长期稳定的市场；第四，他们代表政府进行采购，意味着有政府的信誉担保，资金有保障；第五，他们代表的是 13.6 亿医保受益者，是为全体人民谋福利，因此站在道德制高点。

根据谈判力来源的分析，通过双方动机、依赖与替代的比较（见表 7－3），确定双方的谈判地位。

表 7－3 双方动机、依赖与替代的比较

	动机	依赖	替代
国家医保局代表	希望通过谈判获得物美价廉的药品，实现医保资金效用最大化，造福更多百姓	依靠制药企业获得疗效好、市场认可度高且价格较低的产品	所选药品多为市场竞争较为充分者，可选择的企业较多
药企代表	期待进入医保目录久已，获得长期稳定的大市场，获得企业长期稳定的发展	依赖政府进入医保目录，是进入医保目录的唯一途径	也可选择其他零售市场，但与中国医保市场相比，规模小且不稳定

鉴于以上分析，国家医保局代表具有更强的谈判力，他们作为全民医保药品的唯一代表具有垄断性，因此在谈判中处于强势地位。

（2）谈判策略选择。

基于以上分析，国家医保局谈判代表可以采取的策略是“适度谈判力策略”，它包括但不限于：设定最后期限、显示强硬态度、强调己方建议的重要性等。谈判现场的视频报道显示国家医保局代表充分应用该策略实现了自己的目标。

根据医保准入谈判规则，希望进入谈判阶段的企业先要经过第一轮的价格关，也就是说，每家企业有两次报价机会，如果第二次报价没有达到高出国家医保局底价15%的范围内就直接出局。这对渴望进入医保准入目录的企业代表来说压力巨大。在进入第二轮谈判后，国家医保局谈判代表充分利用自己的谈判优势，所用语言、语气显示了强势地位。例如，在与阿斯利康公司谈判治疗2型糖尿病达格列净片的价格时，药企方提出4.5元已经是全球最低价格，国家医保局代表表示“现在是我们整个国家来跟你进行谈判”“中国这么大的市场，你跟CEO再去申请一下吧，时间给你5分钟！”[①]“我们要为老百姓争取到更好的一个价格”[②] 等。在“70万元降到3.3万元”的谈判中，国家医保局那位女代表使用的谈判力策略更为鲜明。例如，在药企进入第二轮谈判后，国家医保局女代表说：“我们就是按照这个底价，你们踩进来我们相遇，踩不进来我们就是平行线，真的很艰难，其实刚才我觉得我眼泪都快掉下来了……”

药企谈判代表：每瓶35 918元。

国家医保局代表：“这个价格，我觉得你们好像缺乏诚意……这道小学数学题真的不难……”[③] 这里国家医保局代表分别使用了显示强硬态度、设定最后期限、嘲笑对方方案等。这样的表述只有处在强势谈判地位的一方才可能使用。如果是在谈判地位基本相同的商务谈判中，如此表述可能会导致谈判陷入僵局。

说到谈判标的选择策略，国家医保局在选择进入谈判范围的药品时有几个侧重点，除了药品的品质外，还有价格高、专利保护到期或即将到期或者已经在市场上获得较高的收入、市场竞争较为充分等因素，这些特点使国家医保局实现谈判目标具有了经济上的合理性和谈判中的可操作性。例如，治疗脊髓性肌萎缩症的诺西那生钠注射液能从70万元降到3.3万元，是因为这款药2016年就在美国上市了，发达国家已经卖了近5年，在相当大的程度上从市场上得到了回报，企业才有可能在发展中国家降价。

2. 药　企

（1）谈判力分析。

前文分析国家医保局代表的谈判力得到的结论是，国家医保局具有更强的谈判力，但这并不意味着否认药企的谈判力。药企的谈判力来源于以下几个方面。

专利保护期。药企的产品如果仍然在专利保护期内，或者虽然保护期已过，但是能

---

① 医保谈判专家：“灵魂砍价”为百姓找好药．百家号，2019-12-06.

② “灵魂砍价手”复盘谈判：其实我们和药企是同盟军．环球网，2019-12-09.

③ “我眼泪都快掉下来了”……55万一针的救命药，医保谈判灵魂砍价上热搜，现场视频公布．每日经济新闻，2021-12-03.

生产仿制药的企业数量十分有限，则药企具有强大的谈判力，因而处于强势谈判地位。例如，默沙东应标的一个治疗癌症药PD-1产品“K药”，因为是市场上的唯一卖家，具有绝对垄断地位，所以它没有“屈尊”降价而选择了退出。2019年纳入医保价格谈判范围的共有128个品种，最终谈成70个，成功率为54.7%，说明将近一半的企业选择了放弃。尽管这些企业希望进入中国医保药品目录，但是面对大幅度的降价要求，它们认为国际市场上（包括中国市场）患者对它们药品的依赖大大高于它们对中国医保市场的依赖，它们有更有利可图的选择。

除了垄断优势外，所有进入医保谈判的药企还具有其他优势，例如药品疗效好、品质有保障、企业技术实力强、知名度高、生产规模大。这些优势也是它们得以通过公开招标资格审查、进入谈判环节的原因。从这个角度讲，国家医保局依赖这些药企获得市场信誉好的产品。

然而，当药企的产品处于竞争较为充分的市场，买方对某家企业的依赖大大降低，因为市场上有了更多的选择，此时卖家的谈判力就大大降低了。当一种产品进入产品生命周期的成熟期也就进入了买方市场阶段，此时企业能拥有并保持较大的市场份额就成为关键。获准进入医保目录所能提供的大且稳定的市场准入权是处于竞争状态企业的重要选择，这也使企业的谈判意愿增强，同时对买方的依赖增强。例如，2020年参加医保准入谈判的药品为162种，谈判的成功率高达73.5%，谈判成功的119种药品平均降价50.64%。

(2) 谈判策略选择。

药企的自身利益、谈判力等因素决定了药企的谈判策略可以分为两种情况：

第一种情况是拥有专利保护权、具有垄断优势的企业，因为它们拥有较强的谈判力，可以谈的比较轻松。谈成最好，但如果买方不能满足自己的最低价格要求就选择退出谈判。

第二种情况是不具有垄断优势、市场上竞争者较多的企业，因为它们希望谈判成功的意愿强烈，所以会尽量满足买方的价格要求，特别是在生死攸关的第一阶段报价中把握好有限的机会，以求顺利过关。企业因此会考虑打人情牌，找熟人，派出有经验的谈判代表，积极配合买方，必要时主动示弱，甚至恳求多给一次报价机会等。

(五) 结　论

医保药品准入谈判的结果是否实现了双赢的目的？从上面的分析看双方都实现了自己的主要利益。当然，获益最大的是国家和全体民众，因此药品准入谈判无疑取得了双赢的结果，它们也使各方的最终利益——“救死扶伤，治病救人”得到实现。

第八章
信任法则

重点问题

- 信任的含义是什么？
- 什么因素决定了一个人信任他人或被他人信任？
- 什么因素对人的信任行为具有决定性影响？
- 信任或者不信任对谈判的结果有什么影响？

案例导入

B：王先生，我们各让一半，50%用信用证支付，其余用承兑交单怎么样？

W：对不起，布朗先生。我不能向你保证。说实话，承兑交单是不可能的，因为我方将承担相当大的风险。也许在我们合作更多的业务之后，我方可以同意付款交单的条件。但现在我方只接受保兑的、不可撤销的、凭装运单据付款的信用证。

B：坦率地说，信用证会增加我方的进口成本。要在银行开立800万美元这样一笔大订单的信用证，我方必须付一大笔定金，这将占用我方的资金，给我方带来很大的困难。

W：我明白。但对大订单，我方坚持用信用证付款。你知道保兑的、不可撤销的信用证给出口商提供了银行担保的额外保护。你方可以减少一半的订单来解决你方的困难，然后再发送另外一份订单，或者你方可以咨询你方银行，看看能否将所需的存款降到最低限度。

B：但我方还是要支付与信用证有关的银行手续费。如果你方能接受承兑交单或付款交单，那将对我方大有帮助。你方可以像开信用证一样开出汇票向我方收款。这对你方来说不是什么大的困难，但对我方来说就不一样了。至于削减订单，我方不予考虑。

W：与我方优惠的供货相比，银行手续费几乎不算什么。我方坚持要求用信用证付款。

▶点评

在以上对话中，买卖双方的谈判显然陷入了僵局，因为卖方坚持要求买方使用信用证付款，而买方为了降低成本坚持使用承兑交单或付款交单。出现这样的情况是因为双方还没有建立彼此信任的关系，为了防范风险，卖方要求采用更为安全的支付方式是必要的。可见谈判双方如果缺少信任，不仅会导致商业成本增加，而且可能使谈判无果而终。

在谈判中，谈判小组内领导和组员之间是否相互信任，谈判一方和另一方之间是否相互信任，是决定各方之间关系的一个重要因素。如果谈判各方之间信任度低下，将会导致合作受损，相互间的关系受到破坏，使原本很有希望成功的谈判以失败告终；反之，如果各方之间存在着高度的信任，将会加强各方的合作，并使各方之间的关系得到改善，使困难较大的谈判也能取得较好的结果。从广泛的意义上说，人与人之间如果相互信任，彼此之间的关系与合作将会得到改善和加强；但是如果互不信任，则彼此之间的关系与合作将受到损害。因此，我们绝对不能低估不信任感所带来的腐蚀效应，特别是在大多数情况下，人们回避讨论不信任的存在。回避讨论不信任的存在并不能减轻不信任带来的负面影响，反而会起到遮掩的副作用，使它们更加难以被控制。为了使谈判各方能够增进相互间的信任并且建立友好的合作关系，谈判者应当深刻地了解信任的意义和信任的普遍效用。

一、信任及其解释

如果让人们回答什么是“信任”，许多人的答案是，“信任”就是“相信”“信心”“可靠”“对一个人的深入了解”，或者“好感、情感”。这些解释既有相同之处，又有不同之处。由此可见，有必要对“信任”的含义从专家的角度做一个深入的解释，因为如果不正确地理解“信任”的含义就会引起很多困难。美国教授戴尔·赞德（Dale E. Zand）在他发表的《信任与决策过程》（Trust and Decision Process）一文中论述了信任的含义并指出，信任意味着：向别人暴露你的易受伤害之处，而此人的行为不在你的控制之下。如果此人滥用或者没有能够保护你的易受伤害之处，你将遭受惩罚、损失或被剥夺幸福和快乐；如果此人按照你的意愿行事或者保护了你的易受伤害之处，你可能获得的利益、回报或满足将大大地超过你所受到的伤害。

一个简单的例子可以解释上述信任的含义。一对夫妻雇用了一个保姆在他们外出的时候来照顾他们的孩子。雇用保姆是因为他们不希望为照看孩子而辞职，或者是因为他们计划拜访一个朋友或者参加一项娱乐活动而无法带着孩子同行。当他们离开家并将孩子交给一个了解不深也没有感情的保姆时，他们的行为表明了对保姆的信任。这样做要冒很大的风险，他们极大地暴露了自己的易受伤害之处，因为在他们不在家期间保姆的行为不受这对夫妻控制。如果保姆利用他们的弱点借机劫持了孩子或对孩子造成了其他伤害，那么这对夫妻可能备受煎熬，懊悔一辈子。但是如果保姆保护了他们的易受伤害之处，精心照料孩子，那么这对夫妻便可以放心地工作或者尽情享受与朋友的聚会或晚会。

二、决定信任水平的因素

判断一个人是否信任他人或者被他人信任的因素有三个：信息、影响和控制。一个人如果向另一个人透露他没有必要透露的信息，就表明他信任对方。当他向对方透露他的目标、目的、计划、其他选择方案或者问题时，他同时增加了自己的易受伤害之处，因为对方可以利用这些信息来阻挠或破坏他的努力。例如，一个设计师突然有了一个绝妙的创意并且将他的想法告诉了办公室的同事，而这位同事利用这个创意在上级面前邀功并且很快得到了提升。所以，一个人如果不信任他人就会封锁信息或者扭曲相关的信息。他会掩盖真相，隐藏他的真实意图，并且掩饰自己的感情。

如果一个人允许另一个人影响自己的决策，则说明他信任该人，因为当他征求他人的意见时他增加了自己的易受伤害之处，他人可以利用这一机会有意识地将他领入歧途。《三国演义》里一场著名战役中的一个情节就是一个很好的例子。在著名的赤壁之战中，由于曹操的部队不识水性，在晃动的船上无法作战，为此曹操向庞统征求打败东吴的计谋。庞统虽名为曹操的谋臣，但实为东吴效力。庞统为曹操献上一计，即将战船连成一体。这一计谋看似聪明却是将曹操及其部队引向毁灭的致命计划中的关键一环。因此，一个人如果不信任他人就会抵制他人的影响，否定和拒绝他人的建议和劝告。

一个人对别人表示信任时会下放权力并允许他人以自己的名义行事和做出决定。但他这样做增加了自己的易受伤害之处，因为他不得不依赖他人做出判断，实施计划。他人可能会犯严重的错误，延误计划的实施，甚至破坏他的计划。因此当不信任他人的时候，人们会加强对他人的控制，降低自己对他人的依赖程度。例如，一位中学校长为了加强学校对学生的监控而在教室的门上都安装了监控设备，然而这一举动却在教职工中造成了广泛的怀疑气氛，因为所有在教室内上课的教师或者其他人都认为自己的行动处在别人的监视之下，感受到了不信任。这是一种极具消极作用的感觉，它能极大地涣散团队的战斗力。

上述三个因素即信息、影响和控制相互作用、相互影响，共同决定着信任的水平（见图 8－1）。

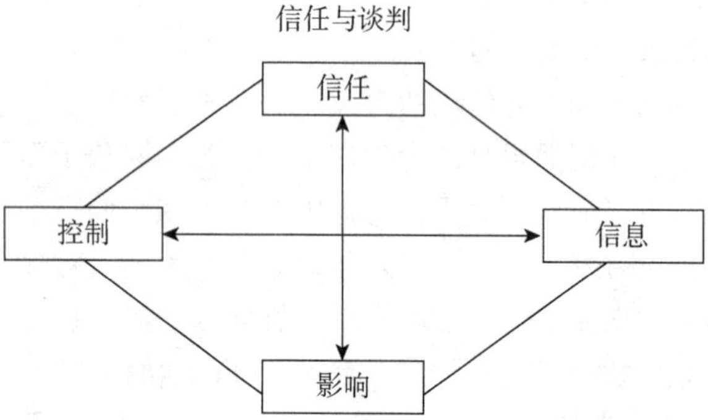

图 8－1　决定信任水平的因素及其相互间的关系

三、决定信任行为倾向的因素

在谈判或者人们的日常生活中，影响一个人信任行为倾向的因素有两类：不变因素和可变因素。不变因素有两个主要来源：儿童教育和职业教育或者特殊训练。可变因素主要源于成人的经历和看问题的视角。

（一）不变因素

1. 儿童教育

对儿童教育中的信任的研究开始于 20 世纪 50 年代，以爱利克·埃里克森（Erik H Erikson）的《童年与社会》（*Childhood and Society*）一书的出版为标志。从此许多发展经济学家都将信任视为人类发展的基石。埃里克森将人的生命周期分为八个阶段，并提出人类在每一个阶段都要经历一个主要的发展困境或危机。人们在成长过程中遇到的第一个危机就是“信任对不信任”的危机，这是儿童进入一个迷茫和复杂世界时所面对的危机。在这个阶段，起决定作用的当然是孩子的母亲。埃里克森认为如果信任和不信任之间暂时的平衡朝着信任的方向倾斜，孩子就会获得一个未来向着期望品行发展的基础，这一发展趋势反过来又为“给予”和“获取”行为模式的建立奠定了基础。

一个孩子对信任的了解来自他自己的亲身经历以及他的成长环境。当孩子的愿望和对别人的依赖在大多数情况下得到了满足时，他由此会倾向于认为人们是值得信任的。但是如果在大多数情况下他的希望都落了空，他就会从失望的教训中得出他人是不可信的这一结论。如果一个孩子在简单、温暖和友好的氛围中长大，并且他所受的教育是相互帮助和相互信任，他就会倾向于信任别人；然而在另一种环境中，如果孩子的父母和其他人有意向他灌输不信任的事例，使他深刻感到“不能信任他人”，那么可以理解，这样的孩子在长大后将倾向于不信任他人。

2. 职业教育或者特殊训练

一个人的职业教育或者特殊训练会使他对信任产生不同的倾向性。例如，会计和财务工作者的职业教育使他们倾向于对财务报表中的许多相同数据产生怀疑，因为他们经常要考虑这些相同数据与实际数据相差多少。律师的职业教育使他们经常怀疑对方证人的证词的真实性，因为律师经常告知自己的证人对自己不利的证词不要说。在人事部门工作的人员会经常对人们的履历、受教育背景和工作背景产生怀疑，这也是人事部门的人员经常要求应聘者携带证件原件的重要原因。

与此形成对照的是部队的士兵和警察。在他们的训练中，信任自己的同志或者搭档是一项重要内容，因为在执行任务的过程中往往有冲锋陷阵的，有在后边做掩护的，此时在前面冲锋陷阵的士兵或警察必须百分之百地信任自己的战友，因为他们将自己的生命交给了负责掩护的同伴。但是对警察来说，他们的训练具有两重性：一方面，他们必须信任自己的同伴；另一方面，他们对其他人又具有怀疑的倾向，这是由于他们必须区分好人和坏人。教书使人倾向于信任他人，原因有两个：一是教师认为他们讲授给学生的是知识、事实和真理，对知识的真实性是没有必要怀疑的；二是出于道德上的考虑，教师认为相互信任是良好的品德，因此作为教师有责任以自己为榜样宣扬信任的观念。

一个人所接受的教育——儿童教育和职业教育在人们的信任观中是一个比较固定的因素，一般不容易改变。除此之外，还有一些因素影响着人们之间的相互信任，这些因素容易受其他因素的影响而发生改变。

（二）可变因素

1. 以往的信任记录

一个人是否愿意信任其他人取决于他对其他人以往信任记录的了解。显然，我们不愿意信任那些不能履行自己义务的人、那些不能完成自己任务的人以及那些不遵守自己诺言的人。当然，造成上述问题的原因可能每次都不相同，然而如果一个人屡次出现问题，其结果自然会带来人们对他的不信任。当然，一个人如果能努力改善自己的行为并从此留下良好的记录，最终就会改变别人的看法并赢得别人的信任。

2. 完成一项使命的能力

一个人是否愿意信任另一个人还取决于他对另一个人是否具有成功完成一项使命的能力的估计。在这里，需要澄清的一点是如何区分能力和感情。我们对一个人的感情不同于对他的信任，也就是说，感情与信任不是同步变化的。你可能非常喜欢某个人，但是他极有可能无法胜任你交给他的工作。例如，你不会放心让一个十几岁的孩子将一大笔钱送到一个很远的地方，尽管你十分喜爱他。所以在决定由谁来完成一项任务的时候，不能将感情与能力相混淆，否则你的计划将会屡屡受挫。有不少家族企业就是因为从感情出发任命企业的领导，使企业的经营权落在不善此道的家族内部成员手中，最终导致企业亏损甚至倒闭。

3. 他人的意图

人们是否愿意信任他人还取决于人们对他人行动意图的估计和推测。我们不会信任那些我们认为具有不良企图的人，不会信任那些使用我们的资源并且利用我们的信任达到他们的个人目的和获取个人利益的人。这样的人尽管能力很强，过去的信用记录良好，但是我们仍然不会信任他们。人们对其他人的意图和动机的解释会随时间和场合的不同而变化，这取决于人们对他人的理解和判断。

4. 奖励制度

奖励制度也是决定人们是否信任他人的一个因素。在非赢即输的奖励制度下，相互竞争受到鼓励，也就是说，一方的获利就是另一方的损失。在这样的情况下，信任对方显然对自己不利。例如，销售相同产品的公司在生意场上是对手，为了提高自己的销售额，它们肯定会互相封锁信息或者扭曲信息，掩盖事实并且隐藏自己的想法。而在另一种奖励制度——共同奖励制度下，情况就不同了。在这种奖励制度下，合作受到鼓励，如果双方不合作就无法取得共同的利益，或者会使双方的利益都受到损失。因此，在共同奖励制度下，双方很自然地互相信任，共享所获得的信息，相互征求彼此的意见，并且达成一致。当然，在今天的世界，既没有永远的竞争对手，也没有永远的合作者。是竞争还是合作，取决于人们的努力。希望人们能够建立彼此信任的关系，因为信任给人们带来的是友好和合作的关系。

四、信任的效应

信任是决定人们之间关系的一个重要因素。我们需要上辈和下辈之间的信任，需要上级和下级之间、领导和群众之间的信任，需要生产者和消费者之间的信任，需要教师和学生之间的信任，需要各个国家之间的信任，需要在各类人群中建立信任关系。研究表明，信任可以激发人类的智慧和创造力，信任还可以使人们的情绪更加稳定、更善于自我控制。信任有助于宽容和相互接纳，有助于人们思想的公开表达。信任鼓励合作和相互理解。在谈判中，谈判组成员之间、参与谈判各方之间建立良好的关系是谈判顺利进行的根本。如果谈判组成员之间彼此信任，他们会向其他成员发出信任的信号，而接到信号的成员会更加信任同组成员，从而使信任建立在更高的水平上。谈判各方之间也是如此，相互间信任的表示将使彼此间的信任度提高，从而有利于使谈判向着双赢的结果发展（见图 8-2）。

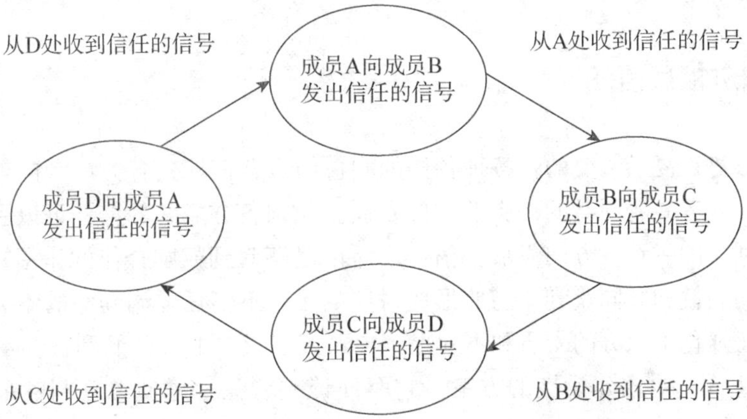

图 8-2　相互信任导致更高水平的信任

反之，不信任会招致对方的拒绝和辩解，破坏谈判组成员之间和谈判各方之间的合作和友好关系。由于相互间的不信任，各方彼此之间往往封锁信息或扭曲信息，掩盖事实真相，这样做的结果是增加了人们对事物判断的不准确性和错误率，导致人们做出错误的决定。例如一家造纸公司，由于市场营销部门和生产部门之间的不信任，企业在生产某种产品的产量上举棋不定，几次改变生产方案，结果一年半以后市场情况发生了变化，原有的需求逐渐消失，企业失去了一个极好的商机。在一个彼此缺乏信任的团队工作，团队成员之间彼此发出的是不信任的信号，同时预见到会遭遇不信任，因此导致相互间更高程度的不信任（见图 8-3）。

在低信任水平的团队中，人们无法集中精力完成自己的工作，而是相互猜疑彼此的动机，怀疑他人的价值，因此即使有好的建议产生也会遭到拒绝和否定。由不信任产生的怀疑会破坏相互的理解和合作，使谈判最终走向失败。许多例子都清楚地表明一些重要的谈判以失败告终的原因不在于缺少建设性的方案和彼此的努力，而在于缺少相互间的信任和诚意。然而令人感到自相矛盾的是，不信任所造成的巨大的腐蚀和破坏作用往

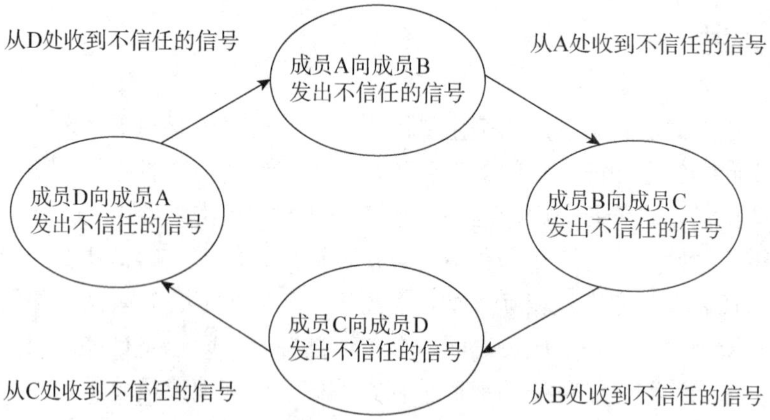

图 8-3 不信任导致更高程度的不信任

往会产生逆反和回归的效果，促使信任产生，这是由于谈判组成员和谈判双方希望建立友好关系的强烈愿望总是存在的。

五、如何增进相互信任

谈判的形势是复杂多变的。各种各样的利益组合会使谈判各方或者向着利益的一致性方向发展，或者向着利益的冲突性方向发展。谈判各方之间的信任可以引导人们向着重视和强调利益的一致性方向发展。信任之所以能够起到鼓励合作的作用，是由于它强调双方的共同利益和共同获利。与此形成对照的是，不信任强调利益的不一致性和非合作性。不信任强化了双方的矛盾和不同点，导致人们只捍卫自己的利益。不信任导致意见分歧，阻止人们寻求建设性的方案，它驱使谈判者只考虑使自己利益最大化的非赢即输的两分法方案。正是由于信任和不信任在谈判者中带来的巨大反差效应，我们有必要也值得花大力气去寻求增进相互信任的途径和方法。下面给出一些建议和方法以供参考。

（1）通过在儿童教育中、在职业教育中和在谈判中建立信任奖励机制的方法来促进相互间的信任。如果奖励机制是完全非赢即输的，则很难要求人们彼此信任。这种利益上的绝对对立只能培育低水平的信任。在完全竞争的市场上，企业间低水平的信任还可以接受，因为它可以鼓励企业提高效率和创新。然而在企业内部，就需要认真衡量企业各部门之间的竞争和低水平的信任所带来的得与失。如果谈判者希望提高信任度，奖励机制就应当向着混合制或者联合机制转变。这是最基本的措施，没有了它，其他措施都将失败。

（2）通过彼此间在信任行为上的训练，逐渐地在人们的观念上建立起对信任的信心。这些行为训练包括提供信息、接受影响、自我控制、做出让步等方面。通过这些方式，谈判一方有限度地增加自己的风险，这个信号表明他在寻求对方相同的反应。最先采取行动的人应当谨慎，因为其他低信任度的谈判者一开始时可能会误解这一举动的初衷，不仅不回报对方的信任尝试，反而会利用对方的弱点。小幅度增加自己风险的尝试可能要进行多次，因为只经过两三次的努力就发生从低信任度向高信任度的转变是不大可能的。提高信任度需要一段时间的主动尝试和对真诚的检验。

（3）在谈判中，如果有不信任情绪存在，不要回避，应当与对方开诚布公地讨论引发不信任的原因，因为不信任往往是由相互不理解和误会造成的。加强沟通和了解是建立信任的基础。公开分析不信任的根源并非易事，这是由于讨论往往要深入当前具体事件的背后，容易使人产生防范心理，他们可能认为信任属于私事，不必向他人透露。正是由于这个原因，真诚对待谈判组成员和谈判另一方是最根本的，只有如此，你才可能坦诚地讨论不信任问题。一个自相矛盾之处在于人们必须在一定信任的基础上谈论不信任问题。

（4）通过制定规章制度增强人们对相互信任的信心。一些人出于私心常常通过欺骗和谎言来达到个人目的，这些行为极大地降低了人们对信任的信心，并且对社会风气产生了腐蚀作用。规章制度通过提高诈骗者成本的方式限制他们的行为，使他们为自己的行为付出沉重的代价。

思考题与讨论题

1. 你对信任的解释和理解是什么？

2. 你对信任的理解与赞德教授的解释有什么不同？

3. 你认为在市场经济条件下，信任是决定人们关系的一个基本因素吗？如果你同意，你认为应当怎样做才能增进人们的信任感？

4. 你能举一些例子来说明你受到了信任吗？

5. 你是如何向他人表达你的信任的？

6. 爱利克·埃里克森将人的生命周期分为八个阶段，并提出人类在每一个阶段都要经历一个主要的发展困境或危机。第一个危机是信任对不信任危机，其他七个主要危机分别为：自主性对羞怯和疑虑（在一两岁期间）、主动性对内疚（在学龄前期间）、勤奋对自卑（在校初期）、自我身份的确定对自我身份的疑惑（青春期）、亲情对独处（成年早期）、繁殖对停滞（在成年期）、圆满对绝望（在老年期）。

你处于哪个阶段？你遇到了同样的困惑吗？

7. 阅读模拟谈判“支付问题谈判”，并按照要求完成模拟谈判。

8. 阅读案例研究 8-1 并讨论下列问题：

（1）美国这家电子设备企业所面临的问题主要有哪些？

（2）在该案例中，企业的董事会和管理层之间的矛盾是当前利益和长远利益的分配问题。面对这样的问题，双方应当如何取得一致意见？

（3）在该案例中，董事会与管理层之间的矛盾具有一定的普遍性。说说它们各自所代表的利益。

（4）两个小组为解决企业困难而进行的谈判的结果截然不同，你认为主要原因是什么？

模拟谈判

支付问题谈判

买方：贵方都支持哪些支付方式？

卖方：一般只采用信用证付款。

买方：贵方不接受任何一种托收方式吗？

卖方：对不起，我们不接受。

买方：那太遗憾了，恐怕我们不能同意用信用证付款。

卖方：这是国际惯例，采用信用证对双方都非常保险。

买方：本公司的资信不可靠吗？

卖方：贵公司的资信是可靠的。凭信用证付款并不是说你们的资信不可靠。

买方：但对这样一笔金额不大的交易，我们不愿意花费不必要的资金和时间去办理信用证手续。我们跟其他同类商品出口商交易时都是采用托收方式。你们不想增加竞争力吗？

卖方：我说的是一般情况下不接受托收方式，但在一定条件下是可以考虑的。

买方：请说说你们的条件吧。

（一）谈判要求

学生分成若干小组，每组由4～6人组成，2～3人为卖方，其他为买方。完成以上有关支付方式的谈判。

（二）谈判提示

注意买卖双方的利益点。卖方既要保证安全收汇，又要保证不因支付方式不具有竞争力而失去一个合作伙伴，因此在提出支付条件时要慎重。卖方为保障自己的利益，应当考虑在什么条件下同意采用托收方式。

案例研究 8-1

经理层的尴尬

本案例介绍了在一个经理培训班所做的一次有关信任的模拟谈判的结果。

（一）模拟谈判的背景

美国东北部有一家中等规模的电子设备企业，它设计和生产接收器、话筒、扩音器以及其他电子设备。它的产品的消费者包括军方、政府、设备生产商以及向零售商供货的经销商。该公司在第二次世界大战期间一直盈利，20世纪50年代中期它以略高于成本的价格将年生产量的55%卖给军方和其他各种高信誉度的订货商。然而在随后的年代中，由于技术更新，军方和政府的购买量逐渐下降，公司面临着不断增大的竞争压力。

为了缓解财务压力，公司管理层决定裁减25%的员工；为了维持现金的流动性，削减75%的资本支出。经过这些大刀阔斧的举措，一年后公司的收支实现了平衡。此时董事会对公司的管理层进行了改组，更换了生产和工业关系部的主任和副主任。原来的主任被提升为公司的总经理，其他人被提升为副总经理。

在随后的两年中，在新管理层的领导下，公司有了小幅盈利，净利润率为4%。此时公司的生产设备越发陈旧，虽然营销部门在销售上不断取得进展，但是生产部门逐渐认识到难以满足供货需求。除了设备陈旧外，工人的流动性很大，在裁员25%以后的三年中，许多高级工程师和生产人员离开公司转而到附近的一个竞争对手那里工作。

公司的管理层认为为了公司长远的成功和发展，有必要更新和扩充现有设备。公司的董事会却在副总经理不知情的情况下召开了一个特别会议，会议只邀请了总经理一人参加。在会上，董事会要求总经理在第二年提高利润增长率，如果不能实现这一目标，董事会将要求总经理辞职。在这种要求下，总经理认为，在短期内要实现设备的更新和扩充是不现实的，因为需要一年以上的时间来选择新厂址、建设厂房、搬动机器、调动人员，以及对财务做出必要的安排。更为重要的是，董事会不会批准巨额的资本投资计划，原因就在于这一系列安排会干扰生产，降低公司短期内的盈利率。总经理不得不召开会议，向副总经理宣布放弃更新和扩充设备的打算，并规划新的方案。

（二）案例讨论

这个案例作为一份背景资料被提供给一个经理培训班。学习班里的学员分别扮演总经理和副总经理的角色，并模拟了总经理召开的会议。

公司管理层面临的问题既关键又复杂。经理在决策过程中的微小变化都会对结果产生重大影响。问题的焦点是能否制订出一个既能满足短期利润增长要求，又不会损害长远发展目标的计划，尽管副总经理对推迟更新和扩充设备感到极其失望。

在模拟谈判中，提供给所有小组的财会和经营情况的数据都是一致的。大约有80个小组参加了模拟谈判。在谈判开始前的情况介绍中，有一半的小组被告知其成员在过去两年的共事中互不信任；另一半的小组则被告知其成员之间是彼此信任的。两类小组通过模拟谈判做出的决定完全验证了前面对信任行为模式的描述。

（三）模拟谈判的结果

1. 低信任度小组的结果

在模拟谈判中，低信任度小组的成员拒绝深入探讨公司面对的局面，他们在会上所做的是不断指责总经理和董事会的短见。在这些小组中，最后的结果往往是总经理无法按照董事会的意图使参会人员达成一致，无奈之中他只好采用强硬手段再加上解雇的暗示来形成一个决议。副总经理往往十分不情愿地从少数几个方案中选择一个方案，如进一步压缩生产线，重视利润率高的产品的生产，或者再一次大幅度裁员。

这样的结果在低信任度小组中，特别是在压力之下是常见的。组员互相埋怨，无法从整体局势出发分析情况。他们不愿意在遇到困难时承担责任。他们的目光仅盯住更新和扩充设备这一目标，而不愿意考虑事情的其他方面或提出其他选择方案。

如果两个副总经理发现有其他组员同意他们的意见，他们便会联合起来攻击总经理或其他持反对意见的人，使小组内的意见进一步分化。有时尽管有人提出可行的建议，但这些建议要么被忽视，要么以欺骗为由遭到拒绝。每个副总经理考虑的都是他自己的部门，追求的是自己的利益，全然不顾彼此间的共同利益。会议结束后，绝大多数人都感到十分疲惫，并表示他们要认真考虑换一家公司工作。

2. 高信任度小组的结果

与低信任度小组的会议结果形成对照的是，高信任度小组的成员在分析公司面对的局面时表现出充分的理解，尽管他们对不能实现设备的更新和扩充表现出失望的情绪。他们通过讨论提出各种建议，这些建议使公司不需要在短期内投入大量的资本，就能大幅度提高利润率，而且有助于公司的长远发展。例如，将附近闲置的生产厂房出租，更多地使用半加工或全部完工的产品。经理还提出选择有市场前景的新产品，加快这些产品从开发到生产的进程。他们还同意重新修订短期和长期计划，并打算向董事会提出他们的全新观点。

他们的举动证明了在压力下高信任度小组的有效性。在这样的小组中，经理能创造性地面对新的困难，并且能互相帮助。他们不是将目光锁定在一个目标上，而是把注意力放在一系列目标上，既有短期目标，又有长期目标。他们虚心听取各个方案，选出有希望的方案，并制订出可行的行动计划。他们善于将各个部门融合在一起，包括市场营销部门、生产部门和财务部门等，从而制订出一个全面的计划。他们将短期利益和长期利益结合起来考虑。会议结束后绝大多数经理表示他们不会考虑跳槽到其他公司工作。

总结本案例在解决问题过程中信任所产生的效应可以发现，与低信任度小组相比，高信任度小组表现出以下特点：

（1）更为公开地交换有关的观点和感受；

（2）更清楚和更现实地确定目标和问题；

（3）更广泛地寻求替代方案；

（4）对决议有更大的影响；

（5）对问题解决的努力更为满意；

（6）对实施决议有更大的动力；

（7）更有团队精神；

（8）对企业更为忠诚。

第九章

性格类型与谈判模式

重点问题

- 谈判者的性格包括哪几种类型？
- 谈判者的性格对谈判活动有怎样的影响？
- 文化环境对塑造谈判者的性格起着什么样的作用？

案例导入

A：经检查，我们发现货物与原始样品不符。

B：听到这个消息我很难过。像这样的抱怨确实很少见。你知道我们的出口产品在装运前必须经过严格的检验。我们的检验局不会放过任何有缺陷的产品。

A：但我们的调查人员表示，是你们用的劣质材料导致了质量下降，罐头水果已经不再适合食用。事实上，卫生署已发出“停止”食用通知。

B：但是不能排除其他可能性啊，如船上装载、仓库储存。

A：根据调查报告，我们要求赔偿 8 000 美元。

B：对我们来说这可是一大笔钱！这可不是我现在能解决的简单事情。我建议我们休息一下，看看我能做些什么。

A：不管你做什么，我只能等你一个小时来拿出解决方案，否则我们将把这个案子提交法院。

B：请放心，我会向老板报告的。

▶点评

在上面的谈判中，在食品质量的责任还没有确定的情况下，A 方开场就采用十分强硬的态度，他的要求直截了当，使用了卫生署通知、设定最后期限、威胁将案子提交法院等；而 B 方的表现则是找其他原因、推迟时间、寻求他人的帮助等。他们的行为不是有意在使用谈判技巧或策略，实在是他们的内在性格使然。实际上 A 方并没有提供足够的证据来说明罐头水果的质量问题是 B 方的责任，因此 B 方完全可以要求 A 方提供证据，或等待 B 方的彻查，但是 B 方没有这样做，而是采取被动回避的态度。谈判者的性格常常是不自觉的表现，却会对谈判结果产生重要影响。

一、谈判者的性格类型

（一）了解自己的性格类型和对方的性格类型

在谈判中，谈判者个人的性格类型是决定谈判进程和谈判结果的又一个十分关键的因素。由于谈判者成长的文化环境、受教育水平、个人生活经历等不同，谈判者的个性可能会给谈判的进程和结果带来意想不到的变化，有时甚至是令人吃惊的变化。谈判实力较弱的一方可能仅因其谈判代表的自信和强硬的个性而从谈判中获得了更多的利益，并且赢得谈判的最终胜利。而谈判实力本来较强的一方却可能因谈判代表的个性而使本来有利的形势丧失，使谈判变得艰难，甚至最终不得不放弃本应获得的利益。许多事例都说明了谈判者的性格类型在谈判中所起的决定性作用。因而对谈判者来说，有必要了解谈判对手的性格类型，以及个人的性格类型和在谈判中的习惯表现之间的可能联系。

在现实中并不少见的一种现象是，有不少人尽管十分强调了解对手的性格类型的必要性，力图在谈判中做到知己知彼，然而事实上他们并不真正了解自己的性格类型。由于这种无知，有为数不少的谈判者在遇到由于个性造成的问题时无法把握谈判的发展方向，也无法解释谈判为何出现了这样或那样的结果。如果谈判者能够了解自己和对方的性格类型，这样的问题就可以得到相应解决。然而很好地了解人们的性格类型不是一件容易的事情。一些心理学家指出，在两个谈判者之间实际上会出现六种不同的性格组合，因为每个谈判者都有三层性格外衣：第一层是他的真实性格；第二层是他所设想的性格；第三层是他在谈判中实际表现出来的性格。究竟展示哪一面性格取决于谈判的场景和谈判者的目标。对我们来说，了解人们在谈判中会扮演不同的角色是十分重要的，因此我们要付出更多的努力来了解彼此，这对谈判的成功有很大的帮助。

（二）谈判者的性格类型和一些有意义的发现

鉴于人们性格的复杂性，专家对此进行了各种类型的研究。托马斯（Kenneth W. Thomas）和基尔曼（Ralph H. Kilmann）设计了一项个人性格类型测试，这项测试使希望知道自己性格类型的人可以通过测试来了解自己的情况（请做本章思考题与讨论题后的“个人性格类型测试”）。

托马斯和基尔曼的测试按照谈判者在谈判中的强硬程度和合作程度将性格类型分为五种，即竞争型、合作型、折中型、回避型和迎合型。这五种类型将强硬程度和合作程度结合起来加以考虑，按上述排列顺序，强硬程度由高到低，合作程度由低到高。竞争型的强硬程度最高，合作程度最低，而迎合型的合作程度最高，强硬程度最低。反复进行的测试揭示了以下结果。

第一，一个人的性格类型包括全部五种类型，然而在五种类型中有一种类型是一个人最基本的类型，它最接近这个人的本性。另外一种类型可以被称为他的备用类型或支持类型。此外，还有一种最不可能的性格类型。从测试中可以得出人们的性格类型具有多重性的结论。在大多数情况下，一个人的行为举止受他的基本性格类型的控制；而在另外一些情况下，他的行为举止又受他的备用性格类型的支配。例如，如果一个人的基本性格类型是折中型，他的备用性格类型常常是回避型。在有些情况下，一个人可能出人意料地从他的基本性格类型突然转向最不可能的性格类型，使他表现得像一个完全不同的人。例如，一个迎合型的人或折中型的人在一些特殊情况下，当被逼无奈或所受压力过大时，很可能表现得像一个竞争型的人。正如一句俗语所说："兔子急了也咬人。"

第二，人们所生活的环境和所处的文化背景是一个人性格类型形成过程中最重要的影响因素。从国际角度来看，同一国家的人由于受相同的文化、传统习俗、生活环境等各方面因素的影响，其性格类型表现出了一些共性。这一点通过托马斯和基尔曼的个人性格类型测试一再被证明是正确的。例如，大多数美国人属于竞争型，而在中国学生中所做的测试结果表明大多数中国学生（大约有85%）属于折中型和回避型。

第三，在中国学生中所做的个人性格类型测试揭示了一个令人吃惊的结果：只有小部分中国学生属于合作型。这一测试结果对中国的教育工作者来说是一个警示，因为在当今合作已经成为经济发展中一个不可或缺的要素时，中国学生中的低合作倾向值得重视。为此，有必要大力提倡合作精神，并且通过各种方式鼓励学生的合作行为，因为这关系到中国未来经济的发展。

二、谈判者的性格类型与AC模型

谈判者不同的性格类型决定了他们在谈判中所持的态度——强硬态度或者合作态度。谈判者的性格类型所代表的谈判模式是对这两个因素结合程度的体现。这里A代表强硬程度，C代表合作程度。图9-1显示了这两个因素在五种性格类型中的结合情况，即给出了AC模型。

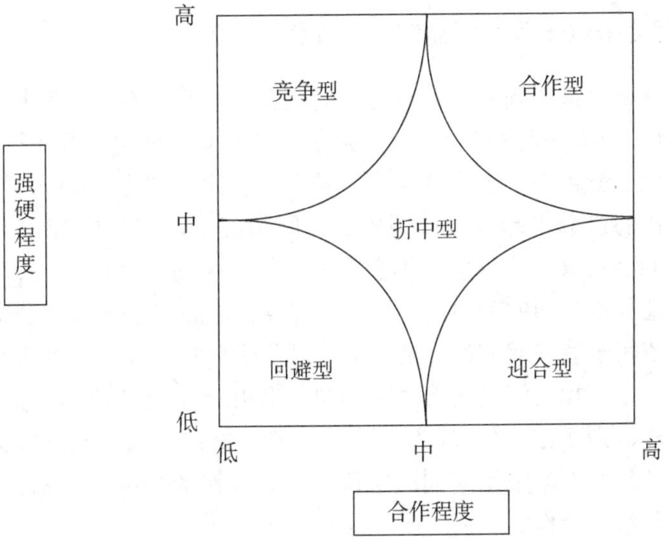

图9-1　性格类型与AC结合程度

AC模型清楚地显示出每一种性格类型在图中的位置，以及每一种性格类型中强硬程度与合作程度相结合的情况。从图中可以看出，竞争型具有最高的强硬程度和最低的合作程度，因此竞争型的人可能在谈判中为自己赢得更多的利益，但同时非常容易使谈判陷入僵局。合作型既具有最高的强硬程度，又具有最高的合作程度，因而是最适合谈判的性格类型。折中型处在中间位置，既不十分合作又不十分强硬，在不同的人中间寻求平衡，表明这一性格类型的谈判者坚持的是中庸之道。回避型是最低的强硬程度和最低的合作程度的结合。迎合型具有最高的合作程度，但强硬程度很低，因而容易使自己一方的谈判力降低，失去本应获取的利益。

谈判者的性格在很大程度上决定了他们在谈判中是采取强硬态度还是合作态度。但是除了性格因素外，谈判者的强硬程度和合作程度还分别取决于利益得失、谈判力、双方利益的一致性和双方的关系。下面先简要解释后 4 个因素与人们态度之间的关系。

（一）强硬程度依赖于利益得失和谈判力

如第一章所定义的，利益得失可以被表达为既指眼前利益，又指长远利益，或者谈判者所表达的潜在利益和具体事件。

如第七章所解释的，谈判力就是谈判中一方拥有的可以影响及控制另一方的决策、解决双方的争端、实现谈判预定目标的能力。相对谈判力指的是对一方谈判力受另一方谈判力的影响而减弱的估计。

在谈判中，谈判者的强硬程度随利益得失的变大和谈判力的增强而提高。可以想象，如果某项谈判对谈判者来说具有十分关键的意义，任何挫折都可能意味着巨大的损失，参与谈判的人自然会采取强硬的态度和立场，变得具有进攻性。同时，谈判一方如果认为自己的相对谈判力较强，他也不会轻易放弃或者随便做出让步。

谈判者在谈判准备期间应当正确估计自己的利益得失和自己的谈判力，以便确定合适的谈判策略和态度，即确定是采用高强硬程度、中等强硬程度还是低强硬程度的策略。

（二）合作程度依赖于双方利益的一致性和双方的关系

利益的一致性指的是谈判双方分享的共同利益的多少。存在三种情况：（1）双方的利益完全一致；（2）相同利益与不同利益共存；（3）双方利益完全不同。双方的共同利益越多，合作的程度就越高，合作的机会也越多；反之，双方的共同利益越少，合作的程度就越低，合作的机会也越少。谈判中的实际情况是，双方的利益不可能完全一致，否则就不会发生冲突；双方的利益也不会完全不同，否则就无谈判可言。由此可见，谈判双方应尽可能地寻求共同的利益，这样才能促成合作的产生并提高合作的程度。

双方的关系依赖于谈判双方彼此是否信任以及谈判的气氛。如第八章所详细论述的，信任促进合作的产生。相互信任还有助于诚挚的和开诚布公的谈判气氛的产生，反过来它又会进一步促进谈判双方的合作，使谈判在合作友好的气氛中取得成功。

利益的一致性和双方的关系共同决定谈判双方合作的程度——或者高度合作，或者一般合作，或者低水平合作。

三、谈判者的性格类型与谈判模式

在谈判中，如果我们不考虑其他因素，只从谈判者的性格类型来考察谈判的结果，可以发现一些有趣的现象。如果一个竞争型谈判者遭遇另一个与他有相同性格类型的人，可以想象双方的谈判很可能以激烈的争吵而告终。如果他与迎合型的人谈判，谈判形势很可能向着有利于他的方向发展。然而，如果他与回避型的人谈判，他就不会感觉如此舒服了。因为按照竞争型的人的行为习惯，他希望以最快捷、最直接的方式夺取自己的目标，而回避型的人则习惯于以迂回的方式或者暗示的方式来表达自己。这种方式常常使竞争型的人感觉十分疲惫，容易变得焦躁不安，并因此失去控制。如美国人在谈到与日本人和中国人的谈判感受时，常常提到要有耐心和控制力。从对谈判者性格类型的描述和它们与谈判的关系来看，似乎最适合谈判活动的性格类型是合作型，而最不适合谈判活动的类型是回避型。当然，每一种性格类型的人在谈判中都有其用场，不必一概而论，关键在于真正了解彼此的性格类型，做到知己知彼。

每一种性格类型在谈判中都有自己相应的行为模式，不同的行为模式会对谈判的过程和结果产生不同的影响。每一种行为模式又都代表着一种谈判模式，表 9-1 对这五种行为模式所代表的谈判模式做了一个简单描述。

表 9-1　个人性格类型与谈判模式

	竞争型	合作型	折中型	回避型	迎合型
实现谈判目标的方式	以高压手段实现自己的目标	实现双方的目标	解决一些问题而回避其他问题	推迟或延误问题的讨论	征求对方的意见
对待谈判问题的态度	强调自己意见的正确性	澄清问题	只讨论有限的问题	保持沉默或退却	接受对方的目标
与谈判有关的信息	夸大自己的信息	与对方共享信息	做信息交易	提供无关信息	试探性或十分谦逊
谈判的条件	过分要求，甚至苛求	寻找双方的共同点	寻求交换条件	不明确表示	不将自己的意见强加于人
谈判中出现的分歧	不考虑对方的意见	解决分歧	分割争议以便区别对待	转换话题	让步、退让
策略手段	威胁	提出新的方案	保持沉默	将责任推卸给他人	强调多联系、多接触
谈判中的困难	使用托词	寻求共同满意的方法	表现得十分圆滑	宣称权力有限	避免伤害感情
谈判双方的关系	寻找对方易受攻击之处	信任对方	适度信任	将信将疑	寻求和谐
谈判所需的时间	限定最后期限	提供所需的时间	寻求中庸	讨论无关紧要的问题	避免拒绝对方
谈判双方的要求	不考虑对方的要求	高度关注双方的要求	给点儿比没有强	被动抵抗：可以、但是	通常先满足对方
相互帮助与支援	不提供帮助	相互提供帮助	提供有限帮助	宣称需要请示	十分乐于帮助

表 9-1 从以下几个方面说明了五种类型的谈判者性格及其对应的谈判模式。这些方

面包括实现谈判目标的方式、对待谈判问题的态度、与谈判有关的信息、谈判的条件、谈判中出现的分歧、策略手段、谈判中的困难、谈判双方的关系、谈判所需的时间、谈判双方的要求以及相互帮助与支援。如果对这五种性格类型相关的谈判模式做一个总结，我们可以为每一种类型勾画出一个大致的轮廓：竞争型的人习惯使用高压手段，如时间限制、最后通牒和制裁。他们极少关心别人的利益，常常迫使对方接受他们的要求和条件。对合作型的人来说，正如他们的类型名称一样，合作是他们谈判行为中的一个主要特征。他们一般对对方的利益表示关心，对双方的分歧表示理解，寻求谈判中双方的共同获益。这些特点也解释了他们为什么能够与谈判伙伴分享信息，信任对方，并且在谈判中当对方需要帮助的时候能够提供必要的援助。折中型的人的代表性特征是寻求中庸。他们在某些事情上与对方合作，而在另一些事情上拒绝与对方合作。他们对待帮助、信息和相互信任的态度如同对待商品一样，是一种交换关系，因此折中型的人的想法常常是“除非你给了我一些我所需要的，我才会给你一些你所需要的”。回避型的人从来不愿意与他人合作，他们很少公开表达赞同或反对的意见。他们的习惯方式是被动抵抗，例如找出种种借口来表示“不”的含义，或者改变话题，或者把事情推给其他人，说此事他管不了，或者今天推明天，明天推后天。迎合型的人是竞争型的人的反照。他们习惯于迎合别人的希望和要求。和谐是他们的座右铭。为此，他们在谈判中避免伤害对方的感情，避免损害双方的关系，尽一切努力保持和平的谈判气氛，因此在谈判中他们一般表现得非常合作，十分在意对方的想法和要求。

四、性格测试在谈判中的应用

在一项心理测试中有这样一个问题：“你认为最适合你的配偶是什么样的?”这样的问题看上去似乎有侵犯个人隐私之嫌，然而这个问题的真正兴趣根本不在于你选择配偶的标准，而在于你的性格类型。心理测试题目的设计目的是揭开受试者的性格秘密。

第一项心理测试是美国军队于 1917 年设计的，测试的目的是排除心理脆弱的士兵。与传统的评价方式如一问一答式的考试和面试相比，心理测试使从上千人中选拔人才的速度提高了很多，也容易了许多，因为它们使用相同的标准来衡量每一个应聘者。随着越来越多的大学毕业生竞争数量不断减少的工作岗位，企业认为花费少又可靠的心理测试可以取代费时费钱的面试。例如，2002 年，46％的香港公司使用心理测试来挑选员工，而在 2000 年这一比例只有 17％。

如今心理测试已经变得非常成熟，并且开始进入病理学领域和性格紊乱等人类心理的“阴暗面”研究领域。越来越多的测试被用来发现并防止那些最初很有希望但后来变得疯狂或精神错乱的年轻毕业生被企业录用。未来，运用一种基因识别程序，通过一根棉签就能了解应聘者的性格基因和生物学特征。

中国是在 20 世纪 90 年代末由外商投资公司最先引入心理测试的。性格测试在中国已经成为招聘中采用得越来越普遍的方法，甚至在部队征兵中也开始被采用，但是在招聘中使用心理测试最多的是国外公司。贾先生是北京一家外商投资的物流公司人力资源部的负责人。他介绍说他们公司在招募员工的考试中同时使用智商测试和情商测试。这两种测试被用来判断受试者的语言能力、分析能力和认知能力。参加心理测试的人必须从大约 300 个形容词中找出其认为能够最恰当地描述自己性格的词语，然后由心理学家设计的专门软件对这些回答进行分析，并对接受心理测试者做出性格鉴定。对公司来说，了解未来员工的性格非常重要，因为性格对人们工作的态度有重要的影响。现今，许多人被解雇的原因在于他们不端正的工作态度，这是大多数跨国公司将它们的招聘工作作为公司战略的一个十分重要部分的原因。

尽管媒体和企业大力宣传心理测试的有效性，但仍有人对此测试的合理性持怀疑态度。对初次接受测试的人来说，他可能作弊。对这一点，测试设计者表示同意，但是他们尽可能防止作弊的发生。例如，你怎样理解下面两句话："New ideas come easily to me"和"I find generating new concepts difficult"？你需要多长时间才会认识到这两句话考察的是同一方面的个性品质？贾先生也不否认参加测试的人可能会有不诚实的行为，但是他说大多数人还是诚实的，因为不诚实往往会导致严重的后果。有些人可能会侥幸通过测试，但是如果这一工作不适合他的性格，他以后会吃很多苦头；如果是这样，一开始就应当放弃这份工作。

找合适的人做适合他的工作，谈判亦是如此。然而目前在国际商务谈判中，企业选派谈判代表时考虑更多的是业务、职务、经验、能力等因素，基本上忽略了谈判代表的性格，更鲜有企业使用性格测试的方法来寻找合适性格类型的谈判者。如果仅从一种文化中比较有代表性的性格的角度讲，与北美国家的人谈判时中方谈判代表的性格最好是竞争型、合作型或回避型，与阿拉伯人谈判时可以优先考虑合作型、折中型，与日本人谈判时可以考虑合作型、折中型和回避型，与俄罗斯人谈判时可以考虑竞争型、合作型和折中型。当然，这是一个非常概括性的建议，因为每个文化类型中除了代表性的性格类型外，人们也会遇到其他性格类型的谈判代表，但总而言之，将谈判代表的性格类型作为选派谈判代表的一个考虑因素是十分有必要的。

思考题与讨论题

1. 做"个人性格类型测试"，找出你的性格类型。从第一栏到第五栏各代表一种性格类型，分别为竞争型、合作型、折中型、回避型和迎合型。你认为你的性格类型与本章中所描述的行为模式相同吗？你对这样的结果有什么样的看法？

2. 做"心理测试"。该测试选自目前一些用人单位使用的性格测试，是由职业心理研究中心设计的。该测试于 1986 年被引入中国，已经有许多企业使用这一测试系统来评价它们雇员的心理状况。测试中的问题主要涉及受试者性格的四个方面，它们是（1）社交能力：1、5、9、17、20（数字为该测试中的问题的序号，下同）；（2）对细节的关注力：2、6、8、10、14；（3）自信心：3、7、11、13、15；（4）可靠性：4、12、16、18、19。

如果你对每组问题的肯定回答超过 3 个，你便可获得肯定的性格评价。当然，在正式的测试中会包括更多的问题。

3. 你认为谈判的成功与否和谈判者的性格有重要的关系吗？你能举例加以说明吗？

4. 你认为影响人的性格的因素有哪些？

5. 观察你周围的人，并举例说明不同性格类型的人的行为模式具有不同的特点。

6. 合格的谈判者应当将强硬性与合作性相结合，请说明这一点。

7. 做模拟谈判“全球公司与高科技公司”。根据对角色的要求体会不同文化对谈判代表性格的影响。

8. 阅读案例研究 9-1 并讨论下列问题：

（1）中国学生在与电器铺店员的谈判中失利的原因是什么？你认为她是哪一种性格类型的人？

（2）她的性格类型与纽约消费者协会王先生的性格类型有何不同？

（3）你认为那位中国学生的行为表现在中国人中很普遍吗？

《个人性格类型测试》

仔细阅读下面的内容，并选择 A 或 B。在后面的答题纸上标出你的答案。

考虑在下列情况中，当你的愿望与另一个人不同时，你一般怎样应对这样的情况。

下面是 30 对句子，说明在不同的情况下人们可能的行为反应。在每一对句子中选择你认为最能代表你的行为特点的描述，A 或者 B。

在不少情况下，你可能认为 A 或者 B 都不是你的典型行为，不过没关系，请选择你认为最接近你的行为特点的情况。

（1）A. 有时我让别人担负起解决问题的责任。
B. 我努力强调大家的一致之处，而非那些存在争议的问题。

（2）A. 我努力寻找一个折中的解决方案。
B. 我试图解决自己和别人所关心的全部问题。

（3）A. 我在追求自己的目标时通常很坚定。
B. 我也许会安慰他人，并维护我们的关系。

（4）A. 我努力寻找一个折中的解决方案。
B. 我有时为了别人的愿望而牺牲自己的愿望。

（5）A. 在制订一个方案时，我不断寻求他人的帮助。
B. 我采取必要的措施以避免不必要的紧张气氛。

（6）A. 我试图避免为自己制造不愉快。
B. 我试图赢得自己的立场。

（7）A. 我尽力推迟某件事，直到我有时间仔细考虑它。
B. 我为换取其他利益而放弃一些利益。

（8）A. 我在追求自己的目标时通常很坚定。
B. 我试图在公开场合将所有关心的问题和事件立即说出来。

（9）A. 我认为总是担心分歧不值得。
B. 我为达到目标而做些努力。

（10）A. 我在追求自己的目标时很坚定。
B. 我努力寻找一个折中的解决方案。

（11）A. 我试图在公开场合将所有关心的问题和事件立即说出来。
B. 我也许会安慰他人，并维护我们的关系。
（12）A. 我有时避免采取会产生矛盾的立场。
B. 我会让对方坚持他的某些立场，如果他让我坚持我的某些立场。
（13）A. 我建议走中间路线。
B. 我采取高压手段获取自己的利益。
（14）A. 我告诉他我的想法并且征求他的意见。
B. 我试图向他说明我的立场的逻辑性和获益之处。
（15）A. 我也许会安慰他人，并维护我们的关系。
B. 我采取必要的措施以避免紧张气氛。
（16）A. 我尽力不伤害对方的感情。
B. 我尽力使对方相信我的立场的正确性。
（17）A. 我通常坚定地追求自己的目标。
B. 我采取必要的措施以避免不必要的紧张气氛。
（18）A. 如果能使对方高兴，我可能会让他保留自己的观点。
B. 我会让对方坚持他的某些立场，如果他让我坚持我的某些立场。
（19）A. 我试图在公开场合将所有关心的问题和事件立即说出来。
B. 我尽力推迟某件事，直到我有时间仔细考虑它。
（20）A. 我试图立即解决我们之间的分歧。
B. 我尽力为我们双方找到一个公平的利益得失组合方案。
（21）A. 在谈判中，我尽力考虑对方的愿望。
B. 我总是倾向于直接讨论问题。
（22）A. 我尽力寻找能够协调我和对方立场的建议。
B. 我公开提出自己的愿望。
（23）A. 我常常考虑实现我们所有的愿望。
B. 有时我让别人担负起解决问题的责任。
（24）A. 如果对方的立场看起来对他十分重要，我一般尽力满足他的愿望。
B. 我尽力使他满足于妥协。
（25）A. 我试图向他说明我的立场的逻辑性和获益之处。
B. 在谈判中，我尽力考虑对方的愿望。
（26）A. 我建议采取中间立场。
B. 我几乎总是考虑实现我们所有的愿望。
（27）A. 我有时采取避免矛盾发生的立场。
B. 如果能使对方高兴，我可能会让他保留自己的观点。
（28）A. 我通常坚定地追求自己的目标。
B. 我在制订一个解决方案时通常寻求他人的帮助。
（29）A. 我建议采取中间立场。
B. 我认为总是担心分歧不值得。

（30）A. 我尽力不伤害对方的感情。

B. 我总是与他人分担困难，以便我们能解决问题。

答题纸：在答题纸中勾选出前面各题你所选择的答案（A 或 B）。

	Ⅰ	Ⅱ	Ⅲ	Ⅳ	Ⅴ
1				A	B
2		B	A		
3	A				B
4			A		B
5		A		B	
6	B			A	
7			B	A	
8	A	B			
9	B			A	
10	A		B		
11		A			B
12			B	A	
13	B		A		
14	B	A			
15				B	A
16	B				A
17	A			B	
18			B		A
19		A		B	
20		A	B		
21		B			A
22	B		A		
23		A		B	
24			B		A
25	A				B
26		B	A		
27				A	B
28	A	B			
29			A	B	
30		B			A

注：在完成所有的选择后，记录自己从第一栏到第五栏每一栏中共有几个选择（包括 A 和 B）。每一栏代表一种性格类型。你选择最多的那一栏是你的第一性格类型，第二多（或者相同多）的一栏是你的备用性格类型。

心理测试

1. 你有一个小范围但是十分紧密的朋友圈子吗?
2. 你愿意为做一件事花很多时间吗?
3. 你认为与新人打交道是一件快乐的事情吗?
4. 你通常准时到会吗?
5. 你感到与新人交朋友很容易吗?
6. 你认为处理具体问题是一件快乐的事情吗?
7. 你喜欢在小组讨论中牵头吗?
8. 你更愿意做一项日常工作吗?
9. 遇到烦恼时，你更愿意别人不打搅你吗?
10. 你喜欢看设计杂乱的建筑吗?
11. 你认为你非常固执己见吗?
12. 在需要的时候，你会采取措施极力推动自己的愿望实现吗?
13. 你喜欢自己的行为举止吗?
14. 你一般会注意到别人忽略的问题吗?
15. 你的自我感觉如何?
16. 你的朋友认为你是一个依赖性很强的人吗?
17. 你认为你会从各种不同的背景了解他人吗?
18. 你认为你很准时吗?
19. 你会帮助朋友脱离困境吗，即使这对你十分不方便?
20. 你喜欢在家独享清闲，还是与朋友一起去酒吧?

模拟谈判

全球公司与高科技公司

20 世纪 90 年代美国与日本在机器人生产领域处于领先地位。美国的全球公司与日本的高科技公司正在为建立一个机器人生产和销售联盟进行谈判，双方希望能够在生产和销售焊接机器人及喷漆机器人上进行合作。谈判尚需解决的问题包括机器人模型的数目、机器人的数量及价格等。

(一) 公司背景与技术背景

1. 全球公司的背景

全球公司的总部设在美国，是一家从事多种经营的大型电器产品制造商，上一年的销售额为 120 亿美元。它在生产使用微电脑技术的设备上处于领先地位，它生产的仪器利用微电脑控制的机器设备来制造复杂、精密的机床部件。全球公司在过去三年间投资了 3 亿美元来改进工厂的自动化产品与服务，内容包括从机器人到计算机辅助的设计与制造。全球公司把销售额的 2%用于产品开发。

在美国有 30 家机器人生产厂商。大型计算机公司和自动化设备制造商正在打入机器人行业。上一年美国生产了 1 269 个机器人，正在被应用于生产领域的机器人有 4 370 个，主要用于汽车及铸造产业。据估计，机器人的销售额为1.92亿美元，进口销售额占其中的主要部分。在美国，工业自动化产品市场每年增长20%。在未来10年内，美国市场上机器人的销售额的增长更为显著，预计将达到每年20亿美元的销售额。

2. 高科技公司的背景

高科技公司是日本的一家主要的综合电气产品制造商。它是由科学家经营的以研发为主的公司。它把全部销售额的5.9%用于研发，雇用了9 000多名研究人员。高科技公司三年前开始生产机器人。

在有着“机器人热”的日本有150家公司在制造或销售机器人。日本政府已宣布以实现自动化为全国的目标。据估计，在日本的工厂中正使用的、由程序设计安装的机器人有14 000个，占全世界正在使用的机器人的59%。日本公司上一年生产了价值近4亿美元的机器人（大约3 600个），占世界机器人生产总量的一半。日本上一年机器人的产量大概是美国产量的3倍。日本出口了35%的机器人，而进口不足5%。产业界分析家估计日本机器人的销售额在5年内将达到20亿美元，在10年内将达到50亿美元。

3. 技术背景

机器人有多种型号，它们结合了下列不同的技术特点：

- 运动：直行、环绕行走、急转弯行走或上述动作的结合；
- 精密度：高、中、低；
- 到达距离：在它们所能活动的距离内；
- 提起重量：它们行走时能提起的重量；
- 感觉能力：位置感觉能力、决策感觉能力、视力及嗅觉感觉能力；
- 控制系统：预编译程序、学习程序设计。

（二）谈判进展

1. 全球公司的谈判情况

全球公司已经开始与高科技公司就建立机器人生产和销售联盟的可能性进行了谈判。双方已达成一些理解意向，但仍有不少问题需要解决。全球公司的谈判小组已赴日本继续同高科技公司谈判，并且希望此行双方能够达成协议。

全球公司的长远战略目标是成为一家有获利前景、有创新能力、进行跨国生产、提供全面服务的自动化装备和系统的供应商。全球公司希望通过提供比其他公司更多的自动化产品成为装备“未来工厂”的主导力量。全球公司相信在机器人生产领域中成功的关键在于向工业部门的顾客提供一系列型号的机器人产品。

全球公司已经决定现在就进入市场，而不是在未来的5年里。它需要尽快积累经验以使自己成为受青睐的供应商，在那些希望通过自动化来提高产品质量和生产率的公司中建立信誉。全球公司的经理总结本公司的情况后认为，全球公司生产机器人的进展计划过于缓慢。虽然一些正在开发的机器人具有视觉功能，但是此类机器人至少在4年内不能投入生产。管理部门认为不能等待如此长的时间。为了尽快达到成为一家主要的、世界范围的、提供全面服务的自动化系统供应商的目标，全球公司已经决定同那些在制造和使用机器人方面占据领先地位的外国公司结成联盟。

全球公司的目标是尽早在市场上占有一席之地。公司计划通过购买先进的机器人和从其他公司获取技术的方式来学习有关业务，并且弥补公司在研发领域存在的 4 年的差距。全球公司计划在最初的 4 年间，主要依靠成品机器人及其销售。全球公司还需要获取许可证并利用现有的最佳技术来生产机器人。

全球公司能够给予合作伙伴许多好处。它在美国拥有一个最大规模的工业销售、配送与服务网络。它在销售工厂全套自动化设备方面的经验在全球范围内无人能敌。全球公司是一个对外国机器人生产厂家具有吸引力的合作伙伴，其中包括在此领域处于领先地位的高科技公司。全球公司希望通过合作能接触到高科技公司高质量、被市场认可并且成本有竞争力的品种广泛的系列产品。

2. 高科技公司的谈判情况

在全球公司的建议下，高科技公司开始与全球公司商谈双方建立机器人生产和销售联盟的可能性。双方已经就一些问题达成了理解意向，但是仍然有一些问题需要进一步讨论。全球公司的谈判小组已经到达日本与高科技公司继续谈判，并且希望此次谈判能达成最终协议。然而高科技公司认为仍然有许多重要的问题需要解决，因此它并不急于达成最终协议。

专家预计在日本机器人的生产在未来 5 年内将增长 5 倍，在未来 10 年内将增长 12.5 倍，因此高科技公司在日本国内市场上将面临越来越严峻的竞争。在这种情况下，向国外市场扩张是减少国内竞争压力的一条出路。美国市场是最具前景的机器人销售市场，而且目前尽管美国正在研发某些日本公司没有的机器人技术，但是美国的机器人生产技术还无法与日本抗衡。

高科技公司的长期战略目标是进一步开发美国市场，在 5 年的时间内使其市场份额翻一番，之后在美国建立一个研究和生产基地以开发几款新的机器人模型。全球公司是实现这一目标的理想合作伙伴。此外，全球公司可以为它的合作伙伴提供许多好处。它在美国拥有一个最大规模的工业销售、配送与服务网络。它在销售工厂全套自动化设备方面的经验在全球范围内无人能敌。双方公司还可以在开发新的机器人模型上进行合作。

在先期的谈判中，两家公司已就以下各项条款达成意向：

(1) 协议的重点在于高科技公司目前销售的喷漆与焊接机器人。

(2) 协议的期限为 7 年，分两个阶段来实施。在第一个阶段，即前 4 年，全球公司将购买全部由高科技公司组装的机器人，并以全球公司的名义转售。在第二个阶段，即后 3 年（第 5～7 年），全球公司将使用高科技公司的零部件及技术在美国生产部分或全部机器人。全球公司将支付使用高科技公司的许可证生产的每一个机器人的转让费。

(3) 协议将是非排他性的。高科技公司可以同其他任何美国公司签订协议。高科技公司可以在任何时候直接进入美国市场。

(三) 几个仍需解决的问题

1. 全球公司的考虑

(1) 不同模型机器人的数量。全球公司希望获得众多不同模型的机器人。它需要机器人产品的全部模型以支持其“自动化生产超级市场”的销售理念。此外，对全球公司来说，拥有更多模型的机器人就意味着更高的利润。

(2) 高科技公司机器人的数量。由于市场上存在的不确定性，全球公司希望购买少量机器人。全球公司计划将购买的高科技公司全部型号的机器人的总数量限制在一年不超过150个，或者在签订协议的前4年共购买600个。在协议期限的后3年，在市场出现销售增长的形势后，全球公司相信向最终用户的销售量可以增加到一年700个。

（3）购买价格。全球公司希望每个机器人的购买价格尽可能接近65 000美元。

（4）专利权使用费。全球公司将对其第5～7年间生产的机器人按照生产数量支付高科技公司专利权使用费。全球公司认为按照公司销售总额的3%来支付高科技公司比较合理。全球公司认为如果高科技公司在谈判中接受全球公司提出的第（1）～（3）项要求，它可以在专利权使用费上做出让步，相应提高专利权使用费。全球公司付给高科技公司的专利权使用费每增加1%，全球公司的利润将减少200万美元。由于第5～7年的时间十分遥远，而且市场又不确定，全球公司不会优先考虑在专利权使用费上做出让步。

（5）技术分享。高科技公司希望获得全球公司在机器人人工视觉方面的研究成果。全球公司估计它将投资4 000万美元来开发视觉技术。全球公司预计机器人视觉技术的开发可以为公司带来总计1亿美元的收入。由于此项视觉技术是今后5年内机器人技术创新的关键，所以全球公司的确不希望与他人分享此项技术。然而，如果高科技公司愿意支付一半至全部研发费用，而且不要求独家垄断任何市场，全球公司将会考虑分享此项技术。

2. 高科技公司的考虑

（1）不同模型的数量。高科技公司希望将机器人的模型数量限制在第1～4种模型内。其他类型的模型目前在日本国内市场上仍有很大的利润空间。为了降低销售成本，高科技公司希望在2～3年以后再将这些模型的机器人推向国外市场。

（2）高科技公司机器人的数量。由于生产的迅速扩张和供给的增长，高科技公司希望每种模型卖出300个。

（3）销售价格。高科技公司希望每个机器人的销售价格接近75 000美元。

（4）专利权使用费。全球公司对其第5～7年间生产的机器人按照生产数量支付高科技公司专利权使用费，高科技公司认为专利权使用费应占全球公司总销售额的5%。

（5）技术分享。高科技公司希望获得全球公司在机器人人工视觉方面的研究成果，为此它愿意支付为开发视觉技术产生的部分费用。高科技公司估计机器人的视觉技术可以产生包括科研经费在内的总计1亿美元的收入。由于此项视觉技术是今后5年内机器人技术创新的关键，高科技公司愿意为分享此项技术而在前三个问题上做出某些让步。

（四）美日两国的谈判风格

1. 美国人的谈判风格

在旨在达成一项协议的谈判中，谈判者的谈判风格十分重要。美国文化认为，谈判者应当有个性，自信顽强，表达直截了当，不拘一格，最重要的是成为胜利者。谈判决策由最高层领导做出。使用权力和冒险被视为是优秀品德。美国文化认为谈判中的坚定自信的含义包括不给予对方明确的承诺、警告对方和提出并不打算付诸实施的威胁。美国文化尊重坦白和直率，崇尚诚实、热情和公开的行为。人们应当相信自我和积极乐观。在与人交谈时是否能做到“以事情的本来面目告之”关系到一个人诚实与否的问题。美国人喜欢简单、友好和轻松的关系。他们认为“时间就是金钱”。延误和回避特别令人烦恼与不安。

2. 日本人的谈判风格

日本文化崇尚集体主义和团队精神。它认为谈判者应当有团队意识，说话要婉转，形式要正规。谈判决策是由团队共同做出的。在日本文化中，集体利益比个人利益更为重要。日本人习惯于使用暗示和间接的方法来表达自己。他们避免以公开和直截了当的方式来表达自己的不同意见和自己的失望、愤怒及不满。在遇到不同意见和冲突时他们往往保持沉默或者推迟讨论。

（五）谈判要求

代表美国公司进行谈判的同学要注意按照上面所描述的美国文化特点进行谈判，但注意不要过分夸张以免失去真实性。与你的同组成员讨论并决定如何在谈判中体现美国文化风格。

代表日本公司进行谈判的同学要注意按照日本人的谈判风格进行谈判，但注意不要过分夸张以免失去真实性。与你的同组成员讨论并决定如何在谈判中体现日本文化风格。

谈判组制订自己的谈判方案，确定各自最重要的利益以及可能的让步方案，确定可能的替代方案并找出最佳的替代方案。

案例研究 9-1

在纽约曼哈顿购物

在美国纽约大学学习的中国学生小胡有一天走进了曼哈顿第五大道的一家阿拉伯人开的电器铺。一个满脸堆笑的印度店员接待了这个中国学生，并殷勤地问她想买点什么。小胡刚脱口说出"摄像机"一词，店员立即示意她进入一间单独隔开的小屋。在小屋里，店员对小胡感兴趣的几种摄像机毫不理会，而是极力向她推荐所谓的性能极佳的型号。店员的服务热情周到，对摄像机知之甚少的小胡已经完全没有了自己的主意。

小胡尽管感到浑身不自在，希望尽快结束交易，但是面对店员热情的服务，她又不好意思说"不"并掉头走开。店员最后终于选定了一部摄像机并报出 1 200 美元的价格。这个价位大大高出小胡的承受力。见小胡不同意，店员马上十分慷慨地提出给予 20%的优惠。之后为增加说服力，又慷慨地将一个摄像机的小包和两盒录像带免费赠送给她。此时小胡能找出的唯一借口是带的现金不够。然而这也没有难倒店员。店员立即叫来一个小伙计，让小伙计跟随小胡或者更准确地说是监视小胡去银行取钱。小胡虽然心里很不是滋味，但又没时间思考，只好鬼使神差地到附近一家花旗银行取了钱。

当小胡拿着摄像机走出这家商店时，一种被愚弄的感觉越来越强烈地浮现出来。回到住处后，她急忙翻出几页广告，打电话询问了几家电器商店，这才知道这家商店的价格超出其他商店大约 40%。愤怒与受欺骗感驱使小胡拿起摄像机又来到那家商店，要求退货。但店老板声称发票上有明文规定，该店只换货而不退现金，即使换货也只能换更贵的。小胡这时才发现发票上确实有这样一行小字。她愤然而又无奈地走出店门。

第二天下课后，小胡将自己的遭遇告诉了同在纽约大学学习的中国台湾同学小黄。小黄听后拍拍胸脯，满脸侠气地安慰小胡说，自己最善于对付此类奸商，为她换回一部价格公道的摄像机不在话下。下午课结束后，他们便直奔那家店铺而去。在门口小黄吩咐她隐而不露，等自己先进去把事办妥当。小胡紧张又不无疑惑地在隔壁的咖啡店里等待，为小黄此去的境况担忧。但似乎小胡的忧虑是多余的，不久小黄就一脸得意地出现在她面前。小黄说已经谈好了一部摄像机，进去和店家换就是了。可是当小胡和小黄一起出现在商店时，店老板立即看穿了这一小把戏，矢口否认同意更换摄像机的事，气得小黄连连说应该把录音机带来。尽管小黄嘴里不断威胁，扬言要把全部中国人叫来搅乱店家的生意，但是店老板黑胖的脸上那副轻蔑的神情表明他根本不在乎。他们只好愤然离去。

过了两天是商法课。教授刚宣布下课，不甘心失败的小黄拉着小胡向教授请教。曾当过多年律师的教授建议他们去纽约消费者协会试一试。

在接下来的一周里，小胡忙着和纽约消费者协会联系，填写纽约消费者协会寄来的申诉表格，然后就是焦急地等待回音。几天后回执寄来了，但按照正常程序需要等三周左右时间。可小胡早在几周前就已订好回国探亲的机票，在纽约只有一周的时间了。抱着试一试的心情，小胡再次拨通了纽约消费者协会的电话。她被告知，鉴于情况特殊，她可以带上必要的证据直接去纽约消费者协会。

小胡约好小黄，下午上完课就直奔华尔街。待他们乘地铁又“打的”急急忙忙地赶到纽约消费者协会门口时，表针已指向 17 点 45 分，离下班只有 15 分钟了。一位值班老人问清他们的来由后，又加了一句：“你们希望找一位会什么语言的人来谈此事?”小胡不假思索地说：“我们希望找一位会讲中文的人。”

按照老人的指点，他们走进了一间办公室。在室内，一位个子不高的年轻人王先生接待了他们。从他的口音可以断定他来自中国香港。小胡用几分钟的时间简短介绍了一下情况。听完小胡的陈述，王先生简单问了几个问题并拿起发票看了看。当听说小胡一周后就要回中国时，王先生眉头一蹙，沉思片刻后，便在计算机中查看起什么，接着便拨通了那家商店的电话。在和店老板短短几句的交谈中，王先生一开始便展开了咄咄逼人的攻势，并且步步紧逼。王先生首先责问店老板他的店员是否采取了顾客指东他拿西，将顾客引入单独的小屋，以及派人跟随顾客前往银行取款等一系列做法。接着王先生严厉地指出这纯属胁迫顾客购货，属不正当行为。最后王先生提出根据这些事实，店主应退还全部货款。

对方仍继续以该店不退款为由负隅顽抗，拒绝接受退货。可是店老板的狡辩立即遭到王先生更有力的反击。王先生警告对方，据查证对该店的投诉绝不止一起。目前正值圣诞节前销售的黄金时节，如果店家不在乎，将通过法律程序正式对店家提起诉讼。短短几句话，字字击中要害，那个店老板显然被彻底击垮了。王先生转过身来对他们说，可以去退货了，如果有任何变故，可立刻打电话联系自己。

走出纽约消费者协会的大门，小胡低头看表：下午 6 点整。这真是一场干脆利落的“歼灭战”。她心里十分清楚，如果真与店老板对簿公堂，第一，她没有时间，第二，诉讼所需的各种费用将是一个棘手的问题。

当他们再次走进那家电器铺时，店老板似乎还未从刚才的打击中回过神来。他黑胖的脸上挤出一丝讨好的笑容，一五一十地将钱点清递了出来。小胡立即给纽约消费者协会的王先生打电话，告知一切顺利，并衷心地表达了她的谢意。

尽管小胡最终在纽约消费者协会的王先生的帮助下退了摄像机并要回了钱，但是这件事给她带来了深刻的思考。她后来才认识到她的个性在她与店员的谈判中起到了决定性作用，同时认识到自己个性中的弱点，并决定在以后有意识地克服自己性格中的不足。

第十章

博弈论及其在谈判中的应用

重点问题

- 什么是博弈论及其基本假设?
- 博弈论是如何研究博弈行为的?
- 囚徒困境博弈告诉了我们什么?
- 博弈论是怎样被应用于谈判中的?

案例导入

在买卖交换行为中，买东西的人要尽量以低的价格购买，但是他是否能买到取决于卖者是否愿意卖；卖东西的人想尽量以高的价格将东西卖出去，但价格太高买者不接受，因此卖东西的人能否将物品卖出还取决于买者。

在一卖主甲和一买主乙之间的买卖博弈中，假定通过讨价还价后确定了价格。在此价格下，卖者卖成后获得的支付为6，卖不成的支付为0；买者买成的支付为4，买不成的支付为0。如果他们之间的交易不成功，无论买主还是卖主都要等待和讨价还价。假定等待和讨价还价的成本均为1，则支付矩阵如表10-1所示。

表10-1 支付矩阵

甲	乙	
	买成	买不成
卖成	(6, 4)	(5, 0)
卖不成	(0, 3)	(0, 0)

▶点评

根据纳什均衡的定义，在上面的买卖博弈中，(卖成，买成) 是一个纳什均衡。这个博弈可以解释在现实的交易谈判中，讨价还价后买卖能够做成的原因，因为这对双方来说都是最优选择。也就是说，合作对双方来说是全局最优的选择。

从博弈的均衡结果来看，博弈分为合作性博弈和非合作性博弈。所谓合作性博弈是指参与人从自己的利益出发与其他参与人谈判达成协议或形成联盟，其结果对双方均有利。尽管诸多学者研究更多的是非合作性博弈，但是国际商务谈判寻求的是合作性博弈。

随着博弈论在经济领域得到广泛应用，其在谈判领域也找到了用武之地。实际上，博弈论在其他领域也被广泛应用。博弈论的理论研究为经济学、心理学甚至生物进化学都做出了重要贡献。为了弄明白作为一名博弈者应采取的策略，本章分析了博弈论的众多案例，从中可以得出一般原则，而这些原则将在现实情境中为我们提供指导，例如在谈判中、在竞争性市场中、在战略性工业竞争中和在价格竞争中。本章将对博弈论的基本原理及其在谈判中的应用进行初步讲解。

一、博弈论及其基本假设与规则

博弈论研究的是理性参与人在独立决策但其决策又相互影响各自支付的情况下该如何行动。我们说博弈论研究的是相互影响但又各自独立的决策过程，是因为从定义上来说，参与人在做决策时是独立的（没有串通共谋），而其独立的决策又会相互作用共同决定各自的支付。

传统的博弈论分析方式阐明了理性参与人在严格规定的假设条件下应该如何行动。这种分析方式使人们想到通过数学方式来寻找解决方法。虽然博弈论本身很精彩，但我们在此主要分析如何在谈判中应用博弈论。博弈论的思维方式为我们解决谈判中的问题提供了强有力的分析工具。它使我们的思想集中在谈判对手的想法和可能采取的行动上，帮助我们考虑谈判对手将对我们的建议做何反应，以及我们的行为可能产生的意想不到的效果。

首先，让我们定义使用博弈论进行情景分析时的假设：

（1）你必须行动（无作为也是一种行动）。

（2）你的支付既取决于你自己，也取决于你所设定的对手的行为。

（3）你不知道对手将要做什么，但你知道对手可能做什么。

（4）对手不知道你将要做什么。

这就是博弈论的所有假设。

最简单的博弈涉及两个博弈者，每个博弈者有两个选择。虽然只是简单的博弈，但是我们可以从中得到所有有趣的知识。所有最简单的 2×2 博弈都有如下共性：

（1）固定的策略。你必须从事先决定的两个策略中选择一个。在策略选择方面，没有创新，也没有另外的选择。

（2）两个选择。你所关心的是对方博弈者所做出的那个选择。为简单起见，他也只有两个选择。

（3）信息透明。博弈双方所做出的独立选择会对应一对相应的支付。你和对方对各种可能的后果和各自的选择都十分清楚。

（4）共同的信息。你知道对方的可能选择，他也知道你的选择。对此，双方都十分清楚。对双方来说，各种选择组合是公开的信息。

（5）同时选择。各方必须同时进行选择。或者说，第二个做出选择的人不知道第一个人选择了什么。

（6）不得事先交流。参与人之间不得事先进行讨论。

以上便是进行最简单却很重要的博弈的前提条件。众多令人惊异的博弈论案例都是在这些假设范围内进行的。下面将介绍一组简单的 2×2 博弈，同学们可以从这些例子中学到一些博弈的基本规则。

二、结果与矩阵排列

我们运用传统的 2×2 矩阵来介绍博弈论。假设矩阵中的横排博弈者 R 有两个选择：（上）和（下）；竖列博弈者 C 有两个选择：（左）和（右）。由此得到的四种支付结果由图 10－1 中的 2×2 矩阵表示。

		C（竖列博弈者）	
		C1（左）	C2（右）
R（横排博弈者）	R1（上）	支付（上，左）	支付（上，右）
	R2（下）	支付（下，左）	支付（下，右）

图 10－1　2×2 矩阵

在实际情况下，博弈的结果可能包括下面的内容：立即向博弈者支付现金、划分市场份额、善意的关注、担负义务或其他方式。现在，我们假设每个博弈者对四种支付组合赋予不同的效用价值，这些效用价值体现了一方对另一方的善意或者恶意。善意的博弈者倾向于选择对另一方有利的支付，而恶意的博弈者则倾向于选择对另一方不利的结果。这些效用价值不仅反映了博弈者对四种支付的偏好，而且反映了偏好的强度。我们可以进一步假设，这些偏好是公开的信息。

博弈论中的支付指的是与相应结果有关的博弈者获得的效用价值。每一组策略选择都会产生一组相关的效用支付。这里所说的共享或共同支付，当然不是说两个博弈者“共享”同一支付或获得同一支付。支付总是成对产生，一个是横排博弈者的，另一个则是竖列博弈者的。两个支付可能相同，但更可能彼此不同。我们的目标不是获得比对方更多的支付，而是要为自己一方争取尽可能多的支付。有些博弈是无章可循的。博弈者必须考虑对方会怎么做和怎么想。你也必须考虑对方是如何揣测你的想法的。在有些博弈中，这种相互作用的策略思考循环往复，无穷无尽。下面，我们进一步分析博弈的其他特点。

（一）占　优

现在考虑博弈 1（见图 10－2）。请记住所有的信息均为公开信息。博弈只进行一次，没有任何的事先沟通。在博弈 1 中，R 最有可能选择（下），同时正如他所预测的那样，C 最有可能选择（左）。之所以是这样的结果，是因为在博弈 1 中，R 选择（下）对（左）来说是最优的，选择（下）对（右）来说也是最优的。所以不管 C 如何选择，R 选择（下）都是更好的结果。C 的行为能对 R 的支付产生微弱影响，但不会影响 R 的选择。在这种情形下，我们就可以说（下）支配（上），或者（上）被（下）占优。对 C 来说也有同样的情况，C 选择（左）对（上）或（下）来说都是最优的。所以，（左）优于

（右）。占优指的是不管另一方采取什么策略，总有一种策略，当博弈者选择这种策略时得到的支付更高。换句话说就是，对策略 X 和 Y，如果选择策略 X 总是得到更高的支付，则策略 X 优于策略 Y。

		C 左	C 右
R	上	(4，3)	(3，0)
R	下	(12，8)	(5，4)

图 10－2　博弈 1

在占优情形下，对 R 来说，（下）优于（上），无论 C 选择什么：

（1）在左边，12>4，（下）优于（上）。

（2）在右边，5>3，（下）优于（上）。

在占优情形下，对 C 来说，（左）优于（右），无论 R 选择什么：

（1）在上边，3>0，（左）优于（右）。

（2）在下边，8>4，（左）优于（右）。

如果博弈者可以事先沟通，他们会选择（下，左）这一组支付，从而获得（12，8）这组最高支付。这对双方来说都是最优选择。事实上，即便没有沟通，他们也会获得这一组支付。由此可见，如果每个博弈者都能理性行动，博弈的结果就很容易预测了。

现在来分析博弈 2，其情形较为复杂（见图 10－3）。

		C 左	C 右
R	上	(0，2)	(5，4)
R	下	(10，3)	(3，8)

图 10－3　博弈 2

对 R 来说，选择（上）并不优于（下），因为在左边，10>0，（下）优于（上）；选择（下）并不优于（上），因为在右边，5>3，（上）优于（下）。在这种情况下 R 就不好确定自己的选择，此时他要考虑 C 是如何选择的。

对 C 来说，（右）优于（左）（4>2 且 8>3），或者（右）相对于（左）来说更优。在这种情形下，R 假设 C 会选择（右），因为对 C 来说（右）优于（左）。

假如 C 选择（右），对 R 来说（上）就优于（下）。于是（上，右）这一组支付处于均衡状态，这意味着如果对方不发生变化，双方都没有进行改变的动机。由于（右）优于（左），R 预测 C 会选择（右）。R 做出选择（上）的决定取决于 C 能够聪明地选择（右）。假如 R 怀疑 C 的智慧，他会怀疑 C 是否有能力做出对其最优的决策。在标准的博弈论中，博弈双方都被认定为有足够的理智，所以，R 无须考虑 C 是否为标准的博弈者。C 现在可以思考一下 R 在想什么，但这并不会影响自己选择（右）。

(二) 均　衡

现在我们来看另外一个博弈。在博弈 3 中，双方均没有占优策略（见图 10－4）。这是否意味着没有进行博弈的良策呢？事实并非如此。首先，我们应该仔细分析一下。假如 R 选择（上）而 C 选择（左），那么在另一方不变的情况下，双方都有改变的动机。对 C 来说，（上，右）更优，而对 R 来说，（下，左）更优。我们可以预测他们中至少有一个会改变。所以，假如双方进行多轮选择，我们可以预测双方不会坚持（上，左）选择，他们同样也不会坚持（下，右）选择。

R \ C	左	右
上	(4，3)	(10，6)*
下	(12，8)*	(5，4)

图 10－4　博弈 3

然而，假如双方选择了（上，右）或者（下，左），我们则认为他们会保持不变，因为只要对方不变，双方进行任何改变都不会使自己的境况变得更优。可以认定在这两个区域中的任何一个区域，双方都处在均衡状态（矩阵中用星号标记的区域）。“均衡”是一个很重要的概念。博弈论中的大部分内容都致力于寻找处于均衡状态的策略组合。均衡之所以重要，是因为现实世界中寻求均衡的动力是产生稳定经济形势的重要原因。只有在关键博弈者不改变自己的选择，当然另一方也保持不变时，局势才会保持稳定。当发现均衡状态时，对是否卷入其中要小心谨慎，因为一旦卷入，只要其他决策者不改变自己的策略，稳定的局势就会一直维持下去。

(三) 均衡的选择

在博弈 3 中，有两个均衡选择：（上，右）和（下，左）。（下，左）的支付是（12，8），这一组支付优于（上，右）产生的支付（10，6）。假如双方可以事先沟通讨论，那么他们会选择（下，左）组合，使 R 获得 12，C 获得 8。

聪明的博弈者即使不经过事先讨论也会在经过思考后做出同样的选择。R 独立决策时会选择（下）；同样，C 会做出（左）的选择。根据实证研究，大多数商学院的学生在第一次尝试时都选择了（下，左）这一组策略。

三、囚徒困境博弈

决定谈判结果的一个重要因素是谈判组成员之间以及谈判双方之间是否相互信任和合作，即在利己的个体之间能否有自发的合作。有时个体利益看上去与整体利益相冲突，即使这个个体是整体的一部分。囚徒困境博弈描述的就是这样一种情形。迄今为止，囚徒困境博弈是最有名的博弈论案例之一。

数学家阿尔伯特 · W. 塔克（Albert W. Tucker）首创了囚徒困境博弈，并使其成为经济学、政治经济学、生物进化学和博弈论中非零和博弈的经典。囚徒困境博弈之所以重要，是因为其信息极为明确：非合作的、理性的、利己的行为会产生恶劣的后果。这是社会病理学的本质，其现象在社会生活中无处不在。零和博弈其实就是一种输赢游戏。有赢就有输。如果我赢了，你就会输掉。非零和博弈则允许合作，因为有对双方都有利的动因。

囚徒困境博弈假设两个犯罪嫌疑人 A 和 B 被拘捕，并被分开审讯，双方不能进行沟通。如果他们继续合作（即都不坦白），两人均将被判入狱 1 年。然而，如果犯罪嫌疑人 A 合作（即不坦白）而 B 坦白，则 A 入狱 5 年，B 被无罪释放。相反，假如 A 坦白而 B 合作（即不坦白），则 A 被释放而 B 入狱 5 年。最后，若双方都坦白，则每人被判入狱 3 年（见图 10－5）。

		犯罪嫌疑人 B	
		不坦白	坦白
犯罪嫌疑人 A	不坦白	（1 年，1 年）	（5 年，0 年）
	坦白	（0 年，5 年）	（3 年，3 年）

图 10－5 囚徒困境博弈

很明显，对双方来说，最好的解决方法是继续合作，拒绝招供。然而从另一方面来说，每个个体都受到使个人利益最大化的诱惑。每个人选择坦白策略时获益最大，这就导致双方遭受最大的共同损失（总共 6 年）。由此可见，一次性的囚徒困境博弈很难产生合作。假如两个犯罪嫌疑人再次被捕会发生什么呢？再给一次机会，他们还会继续合作吗？如果他们知道每 5 年会再次面临同一选择呢？博弈论研究的一个结果就是多次博弈会带来合作并产生高度的信任。当博弈者认识到他们会再次面临同样的局面，而他们的利益又取决于另一方的合作时，他们就会选择合作，因为合作是最优选择。

（一）合作博弈中的囚徒困境博弈

囚徒困境博弈的支付经常通过类似图 10－6（a）中的一个 2×2 矩阵来说明。假设博弈是一次性的，甲方必须从（上）或（下）中进行选择，而乙方必须从（左）或（右）中进行选择。矩阵各个方格中的字母代表双方的支付。每个方格中的第一个字母代表横排博弈者的支付，而第二个字母则代表竖列博弈者的支付。囚徒困境博弈的支付排列是 $T>R>P>S$ 或者 $T'>R'>P'>S'$。图 10－6（b）将对囚徒困境博弈做进一步的解释。

		乙方	
		C	D
甲方	C	(R, R')	(S, T')
	D	(T, S')	(P, P')

（a）示意图

		乙方	
		C	D
甲方	C	(5，5)	(−10，10)
	D	(10，−10)	(−5，−5)

（b）数字图

图 10－6 囚徒困境博弈示意图和数字图

博弈中字母所代表的意义解释如下：C是合作（即不坦白），因为当一方做这一选择时另一方总是获益更多。D代表不合作（即坦白）。R代表双方进行合作时的回报，S代表一方合作而另一方坦白情况下受骗一方的支付。T代表坦白的诱惑，而P代表双方都坦白时的惩罚。

这一支付体系具有矛盾的特点，那就是对个体来说是理性的行为而对双方来说却是非理性的。从个体角度来看，D选择优于C选择。无论另一方做何选择，选择D的一方总是得到更多支付。然而，假如双方都选择D，则双方都落在（D，D）格内，这一结果显然比双方都落在（C，C）格内更糟糕。

现实生活中存在很多囚徒困境博弈的例子。比如，位于同一个地区的两个理发师在决定是否周一营业。如果一方决定周一营业（选择D），无论另一方做什么决定，他都可能会吸引更多的顾客。但是，考虑到周一的顾客都会在周二光顾，如果双方都不在周一营业就可能实现净盈利（就时间和其他资源来说）。同样，对处在冲突中的两个邻国来说，陈兵边境，捍卫本国利益（选择D）是明智的选择。但是，如果双方都这样做（D，D），其结果远不如都不这样做（C，C）。考虑两个邻居要经常在借给对方一瓶牛奶（C）和不借（D）之间做出选择。由于借出牛奶会给自己带来不便，每一方都受到不借的诱惑。然而，如果双方互借，则双方都会受益。

(二) C回应—— 一种合作行为

实验室所做的囚徒困境博弈研究的目的是弄清楚如何使对方做出C回应，其目标是使双方都落在（C，C）格内（取得双方的合作），这为将囚徒困境博弈的研究结果应用于谈判中提供了重要结论。C回应之所以是合作反应是因为不可能存在其他解释。C回应不可能是为了得到（C，D）结果，因为支付S是四种结果中最差的。C回应有时是出于利他主义，也就是想要帮助别人的愿望。

但是因为下列两个原因，利他主义也可以被排除在外：第一，多数博弈者会采用利己的博弈策略。第二，利他选择会很快消失，原因是利他行为会使对方采取D回应从而使自己落在极为不利的（C，D）格内。这就更加强调了C回应主要是通过双方的合作来实现的，因为合作的定义就是一种联合行动。

C回应被认为是一种高风险的合作行为，因为与D回应相比，它需要一方向另一方做出让步，其代价很高，且无互换的保证。因而C回应是建立在信任的基础上的，鼓励双方进行合作。

(三) 囚徒困境博弈对谈判的启示

在解读囚徒困境博弈时，我们发现产生C回应的先决条件要么是合作意向，要么是相互信任。合作目标和互信目标两个变量相互作用，使C回应产生的概率成倍增大。

我们将进一步根据囚徒困境博弈矩阵和另一个稍微修改过的策略选择矩阵来解释这个问题。策略选择模型的结果可用下面的2×2矩阵中的方格来表示，如图10-7所示。每一种策略都意在取得某种结果。方格A表示的是双方合作协调的结果。竞争行为的目标意在说服对方合作而自己却不合作（方格B）。利他行为的目标在于自己合作而对方却未能合作（方格 C）。方格 D 的逻辑选择是不作为。不作为并不是策略选择模型的一种基本策略，却是谈判者可以选择的一种策略。方格 D 的结果被认为是一种僵局。

		对方行为：合作	对方行为：非合作
己方行为	合作	合作行为 A	利他行为 C
	非合作	竞争行为 B	不作为（导致僵局）D

图 10－7　2×2 策略选择模型

上述策略选择模型与囚徒困境博弈矩阵之间有相当大程度的相似性。两者都需要在合作行为（C）和非合作行为（D）之间进行选择。此外，两者的支付也基本相似。（D，D）[①] 与僵局方格相似，因为双方都不采取任何惠及对方的行动。（C，C）方格与合作方格相似，双方合作的目的是避免落入（D，D）方格。（C，D）方格与己方采取利他行为的方格相似，因为对方可获得更多支付。（D，C）方格与己方采取竞争行为的方格相似，因为己方可获得更多的支付。根据图 10－7 的支付结果可以得出一个合理的推论：谈判双方对支付结果的选择顺序为 B＞A＞D＞C，这一结果与囚徒困境博弈相同。（然而，应当注意的是谈判中双方有时会选择做出让步，此时显然 A 选择应当排在第一位。）当然，囚徒困境博弈和策略选择模型之间也有很多不同点，但是它们之间的相似性足以支持我们从囚徒困境博弈中得出的结论和对谈判双方策略选择的预期。

四、合作目标的直接决定因素

有些因素通过不鼓励利他性让步或非赢即输行为来直接或间接地促进合作目标的实现。下面将主要分析直接因素。

（一）预期的交换机会

有时候人们可以以很低的付出向另一方提供一些有价值的东西。这种行为表明有通过谈判展开互惠交换进而达成合作的可能。凯利（Kelley）于 1979 年指出，所有潜在的互惠交换都有一个对应的类似囚徒困境博弈的支付结果。然而，一些类似囚徒困境博弈的支付结果因为具有更高的获得交换的可能性，所以更可能激发合作的愿望。图 10－8 表明双方所能获得的最大利益取决于对方。

图 10－8 中的博弈Ⅰ是标准的囚徒困境博弈矩阵，另外四个矩阵是以囚徒困境博弈矩阵为模板的 4 个分解模式。分解模式按如下方式进行：双方都有同样的矩阵，双方都必须在 C 和 D 中进行选择，每个选择都会给当局者带来对应的支付，用“己方支付”表示，同时会给另一方带来对应的支付，用“对方支付”表示。

---

① 第一个字母代表横排博弈者的选择，第二个字母代表竖列博弈者的选择。

	C	D
C	(12，12)	(0，18)
D	(18，0)	(6，6)

博弈Ⅰ

	己方支付	对方支付
C	12	0
D	18	−12

博弈Ⅱ

	己方支付	对方支付
C	6	6
D	12	−6

博弈Ⅲ

	己方支付	对方支付
C	0	12
D	6	0

博弈Ⅳ

	己方支付	对方支付
C	−6	18
D	0	6

博弈Ⅴ

图 10－8 标准囚徒困境博弈（Ⅰ）和四个分解博弈（Ⅱ，Ⅲ，Ⅳ，Ⅴ）

普鲁伊特（Pruitt）于 1967 年对这些支付结构的早期研究表明，博弈Ⅲ产生的合作概率大大低于博弈Ⅰ，而博弈Ⅳ和博弈Ⅴ则会产生更多的合作。另一项研究显示，博弈Ⅳ和博弈Ⅴ比博弈Ⅱ和博弈Ⅲ会产生更多的合作。埃文斯（Evans）和克伦博（Crumbaugh）于 1966 年在其早期研究中发现，如博弈Ⅳ这样的分解博弈会比母博弈产生更多的合作。普鲁伊特于 1970 年进行的后续研究表明，在博弈Ⅳ和博弈Ⅴ中，研究对象就取得相互合作目标来说更倾向于选择 C 策略。

这些分解博弈的关键区别是，在博弈Ⅳ和博弈Ⅴ中，各方掌控着另一方的最大支付，而在博弈Ⅱ和博弈Ⅲ中，各方掌控着自己的最大支付。因而在博弈Ⅳ和博弈Ⅴ中交换的意向明显，双方合作的愿望也较强。

下面是两个分解支付结构在日常生活中的例子。

博弈Ⅳ和博弈Ⅴ所表达的局面可以被看作日常生活中的两个人，他们有一系列的机会来帮助对方（例如在做体力活时帮把手）。显然，给予帮助的价值要高于提供帮助的成本或者高于不提供帮助的自私的价值。研究结果表明，在这种支付结构中，无论是否存在诱发相互帮助的因素，如相互沟通的机会和社会准则，都会激发相互帮助的动机。

博弈Ⅲ的支付结构类似于两个理发师所面临的困境。这两个相互竞争的理发师要在是否在周一营业这个问题上做出决定。从每个理发师的角度看，周一都不营业（C）给双方带来的利益相等（由6代表），比如去海滩度假的机会。但是，如果一方决定周一营业（D）、另一方周一不营业（C），营业的一方生意就会很好（由12代表），甚至会赢得一些打算周二光顾对方理发店的顾客（对另一方来说就是−6）。以上得出的研究结果表明，这种支付结构通常会导致双方之间的不合作（也就是说，两个理发师都决定周一营业，因而他们的支付都低于不营业的支付）。由于这种支付结构自身不鼓励相互合作，所以就特别需要借用社会准则（例如理发师协会发表声明反对周一营业）和强制性执行措施（比如惩罚违反社会准则的理发师所在理发店）来达到目的。

这些例子看起来不在谈判的框架之内，但是，如果双方希望达成一个共同遵守的行为准则，上面列举的两种情况就都需要通过谈判来决定了。研究结果虽然不能完全证明，却表明与博弈Ⅱ和博弈Ⅲ的谈判情况相比，博弈Ⅳ和博弈Ⅴ的情况可使双方更快地朝着达成协议的方向前进，并且更容易达成一致。

（二）支付结果的不平等

一些学者就谈判双方之间的合作所进行的研究结果表明，当合作给对方带来的支付大于己方时，合作的愿望会逐渐消失。学者在研究中使用了三个矩阵。在一个矩阵中，（C，C）方格给双方带来的支付相等；在另外两个矩阵中，（C，C）方格给一方带来的支付大于另一方。结果C策略在第一个矩阵中出现的概率高于后两个矩阵。另外一个相关研究表明，在囚徒困境博弈中，双方拥有的初始资产均等时的合作概率要大于他们拥有的初始资产不均等时。

这些研究结果表明，平等的社会规范十分重要。当合作产生了不平等结果或者不能纠正现存的不公正时，合作目标的吸引力就会大大减弱。

（三）与另一方的关系

与另一方的关系在合作策略选择中的作用已有很多论述。双方关系的正面影响包括彼此的好感、团结感、在其他领域的共同利益、一方相信其收益取决于另一方等。研究表明，这些积极因素会打消双方使用竞争策略的想法。大量证据表明，这些积极因素能鼓励合作愿望，也就是与对方合作共同寻求双方可以接受的解决方案。

对囚徒困境博弈的研究揭示了各种情形下的上述影响，虽然这些影响因情况不同而存在变化。研究人员发现，在朋友之间采取C策略的可能性要比相互讨厌的人之间采取C策略的可能性更大，当然，也有一些人开始时采取合作策略，之后又转向不合作策略。在目标相同的双方之间，合作的可能性要高于目标不同的双方。当人们认为对方会采取与自己相同的态度时，双方合作的可能性要高于双方态度不同的时候，但是有一种情况例外，那就是另一方在初次试探中采取了非合作的态度。积极的关系常见于朋友之间；采取C策略的学生往往来自规模较小的学校，而较少来自规模较大的学校。

思考题与讨论题

1. 在谈判决策中，囚徒困境博弈对你有什么帮助？

2. 谈判中的决策与博弈相似。你能否举出一些和图 10－8 中的博弈Ⅰ与博弈Ⅱ相似的情形？

3. 从囚徒困境博弈（见图 10－5）中你能得出什么教训？

4. 请解释一下为什么图 10－8 中的博弈Ⅳ和博弈Ⅴ能带来更多的合作。

5. 囚徒困境博弈是一个很有趣的博弈论问题，你可以和电脑进行类似的博弈。

在囚徒困境博弈中，你和阿尔伯特被警察拘捕，然后各自被关进单独的牢房进行审讯，两人无法进行沟通。为了博弈进行的便利，你或者阿尔伯特是否真的犯了罪都无关紧要。警方告诉你们以下内容：

如果你们双方都坦白，则都将会入狱 4 年。

如果你们都不坦白，则警方只能部分定罪，你们每人会入狱 2 年。

如果你们中一方坦白而另一方不坦白，则坦白的一方可以和警察做笔交易并被无罪释放，而另一方则会被判入狱 5 年。

粗略一看，正确的策略显而易见。无论阿尔伯特做什么，选择坦白都会使你获得最优的支付。令人烦恼的是，阿尔伯特也认识到了这一点。所以最终你们都被判入狱 4 年。具有讽刺意味的是，如果你们都合作，拒绝坦白，则你们两人的境况要好得多。所以，博弈比最初看上去的变得更为复杂。你可以反复进行博弈，目标是了解阿尔伯特的策略，并利用它减少你的总入狱时间。阿尔伯特会采取相同的策略。记住，博弈的目标不是击败阿尔伯特，而是减少你的入狱时间。如果这意味着要无情地利用阿尔伯特的慷慨，就这样做。如果这意味着要通过合作帮助阿尔伯特，那也可以这样做。

为了使博弈更加有趣，阿尔伯特有以下几种策略可供选择。

策略一：“己所不欲，勿施于人”。阿尔伯特总是合作，不坦白。你可以轻易地利用这种“打了我的左脸，送上我的右脸”的天真策略。

策略二：“针锋相对”。阿尔伯特以谨慎的坦白开始，但之后你做什么他也做什么。相似的策略通常被称作“以牙还牙”。

策略三：与策略二几乎相同，只是阿尔伯特更宽容。如果你坦白，阿尔伯特会每三次中原谅你一次，但下一次则会坦白。

策略四：“在别人采取措施对待你之前，先按自己的想法对待别人”。阿尔伯特总是坦白。你们双方积累了大量的刑期。

策略五：阿尔伯特决定从以上四种策略中随机选一种。你必须自己判断他选了哪一种。阿尔伯特并不是随意选择坦白或不坦白，而是随机从以上四种策略中选择一种，然后坚持这种策略，直到你能改变他的策略。

6. 按照要求做模拟谈判“中国与日本铁矿石谈判中的博弈”。

7. 阅读案例研究 10－1 并讨论下列问题：

(1) 该案例教给我们在不确定情况下如何做出决策。你认为这种方法可以应用于谈判实践吗？

（2）当你处于决策的十字路口时，你是选择抛硬币来帮助你决策还是选择理性的分析方法？

模拟谈判

中国与日本铁矿石谈判中的博弈

（一）背景介绍

在国际铁矿石市场上，主要供应方为巴西的淡水河谷、澳大利亚的必和必拓以及英国的力拓三大巨头，需求方则为亚洲和欧洲的钢铁企业。中日两国是铁矿石国际市场上的进口大国，进口量占世界前两位。中国对国际铁矿石进口的依赖程度越来越大，2003年，中国开始超过日本成为世界上最大的铁矿石进口国。

（二）铁矿石价格的确定

在以往的国际铁矿石价格谈判中，三大巨头中的一方与某个主要需求方谈判，其他两方接受第一个参与谈判方定下的价格。例如在2005年的谈判中，日本新日铁获得首发价格谈判权，中国只能接受其谈判结果，最后被迫付出了铁矿石价格上涨71.5%的代价。

可见在铁矿石价格谈判中，中日两国虽然都为买方，但两者之间存在着合作与非合作博弈。图10-9中的支付矩阵给出了价格谈判过程中的四种策略组合。如果一方同意涨价，另一方不同意，则同意者可以以此挤垮对手，获利为2.5，但得承受涨价的风险。不同意涨价者按定价机制则只有被迫接受，同时面临被挤垮的危险，获利为—3；如果双方均不同意涨价，则可以抵制铁矿石价格的操控性上涨，双方各获利2。图10-9中的支付矩阵描述了这一博弈。

		中国	
		同意涨价	不同意涨价
日本	同意涨价	（—1，—1）	（2.5，—3）
	不同意涨价	（—3，2.5）	（2，2）

图10-9　两进口国之间的博弈

（三）谈判要求

根据以上支付矩阵，确定自己的谈判策略。可以考虑以下几点：是否有占优选择？如果有，占优选择是否为最安全的选择？如果对方选择合作，是什么结果？如果对方选择不合作，又是什么结果？你将如何应对？

谈判目标是争取获得合作结果。

案例研究10-1

不确定条件下的决策

首先看图10-10中的矩阵。如果你是横排博弈者（R），你会做出何种选择——（上）还是（下）？如果你是竖列博弈者（C），你又会做出何种选择——（左）还是（右）？

在这个博弈中有两个均衡，选择（下，左）对双方来说要优于选择（上，右）。那么，是不是对博弈双方来说，最好的建议就是选择（下，左）呢？不一定。

		竖列博弈者（C）左	竖列博弈者（C）右
横排博弈者（R）	上	（4，−100）	（10，6）*
	下	（12，8）*	（5，4）

图 10－10　博弈 4

C 可能这样想：我担心会得到−100 的支付。我是否应该选择（右）来保护自己呢？R 可能这样想：C 可能不敢选（左）。或许我该选择（上），以防备对方选择（右）。C 可能这样想：我明白 R 为什么可能选择（上）以防备我选择（右）。我或许应该选择（右）。

C 究竟该如何破解这个难题呢？一种方法是在不确定情况下做出决策。我们假设不确定性不是别人有意导致的结果，而是非个人力量导致的结果。例如，天气能够决定庄稼能否得到足够的降雨。相似的逻辑也能被应用到理智的决策者的行为中。

C 认为：我的选择是（左）或（右）。选择（左）有两种可能结果，R 可能选择（上）或（下），对我来说支付分别是−100 和 8。如果我规定 p 为选择（上）的可能性，而选择（下）的可能性为 $1-p$，那么我期望的支付在选择（左）时为 $-100p+8(1-p)$，即 $8-108p$；在选择（右）时为 $6p+4(1-p)$，即 $4+2p$。

为了找到可能性 p 的均衡点，列出下列算式：$8-108p=4+2p$，即 $4=110p$，从而 $p=4/110\approx 0.036$。

因此，如果 C 认为 R 选择（上）的可能性大于 0.036，C 就应该选择（右）。C 的考虑是，在 1 000 个 R 中，应该有超过 36 个人选择（上）。

为了使游戏更加有趣，你可以为 R 做相应的分析。如果 C 选择（左），R 想选择（下）。如果 C 选择（右），R 则会选择（上）。你认为会有多少可能 C 会选择（右），又有多少可能 C 会选择（左）？根据你的估计，R 又该选择什么？

一个实证分析结果是，在哈佛大学的一个有 110 名学生的 MBA（工商管理硕士）班中，有 48%的 R 选择（上），有 39%的 C 选择（左）。

第十一章
两分法谈判与综合型谈判

重点问题

- 什么是两分法谈判？它的主要特点是什么？
- 两分法谈判最经常发生在什么情况下？
- 怎样做成本结构分析？怎样将其应用到谈判中？
- 什么是谈判价格区间？
- 什么是可能达成协议的区间？
- 什么是综合型谈判？它的主要原则与策略是什么？

案例导入

山西欣欣化工公司出口丁苯橡胶，市场主要在亚洲国家和地区。一年前该公司开辟了韩国市场并获得了用户的好评，因此第二年韩国大韩商贸公司希望继续进口该产品。为了进一步巩固韩国市场，欣欣化工公司同意韩方的要求，在原来出口价格的基础上每吨降价 200 美元，从 1 250 美元/吨调整至 1 050 美元/吨。韩方表示同意，并邀请中方赴韩签订合同。但是当中方代表团到达韩国后大韩商贸公司提出由于近来国际市场上丁苯橡胶竞争激烈，中方的报价不具有竞争力。中方的一位代表听后有些着急，责问对方是否有毁约之意，然而韩方经理却不着急，提出让中方先做个市场调研，之后再进行谈判。双方的第一次会面就这样匆匆结束。面对韩方的出尔反尔，中方主谈并没有着急，他尽快与自己公司的总经理联系，因为他记得总经理与韩国一个商会的会长是朋友，因此通过总经理请这位会长将近几年来韩国进口丁苯橡胶的价格情况告诉自己。这位会长很乐意帮忙，因为这些信息在韩国网络系统中是公开的。经过比对相关信息，中方主谈发现欣欣化工公司的报价不仅不高，每吨还略低 50～200 美元。中方主谈了解了上述情况后，立即打电话给韩方经理，提出由于中方所报价格过低，所以保持前一年的价格不变，即 1 250 美元/吨。按照韩方的要求双方重新就合同签署谈判再次会面，韩方主动提出仍然按照原来电传中商定的价格签约，但中方主谈指出韩方首先不愿意遵守承诺，因此中方按照韩方的要求进行了市场调研后认为报价偏低，所以才推翻了原来的报价。显然，此时谈判的主动权已经转移到中方手中。面对中方的坚持，韩方最后提出如果中方能够保持电传中商定的价格，韩方愿意增加订货量。此时中方以保持双方长远合作为由“勉强”

同意了对方的条件。

▶**点评**

以上案例是关于产品价格的谈判，此类谈判极容易陷入零和博弈的陷阱。在这个案例中，中韩双方在面对面谈判前已经通过电传就价格基本上达成了一致，但韩方出尔反尔，意欲推翻之前的协定。如果中方主谈针对韩方的行为马上提出抗议，谴责韩方不遵守承诺，则很可能将谈判引入对抗的局面，导致谈判陷入僵局。中方采取了积极寻求解决问题的方法，又在随后的谈判中采用既合作又不随意让步的策略，使谈判真正取得了双赢的结果。

谈判可以按照人们对谈判结果的预期分为两种类型：两分法谈判（即赢-输型谈判）和综合型谈判（即双赢型谈判）。有时这两种类型的谈判可以同时应用。有关双赢型谈判和赢-输型谈判的理念与结构本教材第四章已经阐述过，本章主要阐述这两种类型谈判的基本应用原则与策略。通过对这两种类型谈判的进一步学习，即通过提高在商务活动中对这两类谈判策略与应用的意识，可以加强人与人之间和商务人士之间的关系，同时提高处理这些关系的能力。

一、两分法谈判

两分法谈判是谈判活动中比较常见的形式，也以零和博弈著称，指谈判双方的利益之和是一个常数，或者甲方利益的获得是以乙方利益的失去为代价的。两分法谈判具有如下五个鲜明的特征。

（一）激励机制

在两分法谈判中，竞争受到鼓励，因为在两分法谈判中双方谈判的结果往往是非赢即输，双方的关系是竞争关系，所以谁更有竞争力谁将得到更高的回报。谈判双方受非赢即输观念的影响，会尽一切努力使自己的利益最大化。例如，当谈判的焦点是价格时，卖方想以尽可能高的价格出售，而买方则想以尽可能低的价格购买。飞机场内的商店就是很好的例子。在封闭的环境内，商家利用独家经营的优势通过大幅度提高食品、饮料和其他商品的价格来获取较高利润。

（二）双方的关系

在两分法谈判中，在大多数情况下，谈判都是一次性的，因而谈判双方的关系十分简单，也不重要。双方都不必考虑过去的关系如何，也不必为维持将来的关系而操心。在人流量比较大、流动性较强的地方，两分法谈判的应用具有代表性。例如在旅游景点和周边设置的销售点，旅游者的到访一般是一次性的，外地游客的回访率极低，买卖双方的交易也多为一次性的，因此双方的关系以一次性为特征，这为卖方提供了获取较高利润的机会，甚至提供了采用欺诈行为的机会。此外，在两分法谈判中，谈判的参与者只有两方，这也是关系简单的重要原因。

(三) 谈判内容

两分法谈判所涉及的内容一般比较简单、具体，例如价格、运货日期、包装。此外，谈判所涉及的讨价还价手段也有限。

(四) 对谈判后果的设想

在两分法谈判中，谈判者一般不关心此次交易完成后未来的商业往来；如果一方获胜，他不会关心另一方的损失。一些谈判者倾向于采用不正当手段，他们并不关心公众的谴责是否会给他们带来耻辱、商家的尊严是否会受损以及是否会遭到报复等。如前所述，在旅游景点所发生的交易中常常有欺诈行为发生，采用不正当手段的商家因为很明白交易是一次性的，所以对欺诈手段所带来的一切后果都不考虑。因此在这一类交易谈判中，双方都应当警惕对方为使自己的利益最大化可能会采取不正当手段，以免上当受骗。

(五) 谈判策略

由于两分法谈判的性质是非赢即输，所以避免做输家的动力驱使谈判者十分坚定和具有进攻性。他们在谈判中采用各种手段来使自己的利益最大化。以下一些方法比较有代表性。

（1）谈判者通过借用外部力量来夸大自己的谈判力，例如引用上级的规定和借用名人的声望。他们可以用发展友好关系的方法诱使对方放弃抵抗。一些简单的方法对降低对方的抵抗力很有效，如采用最后期限和最后通牒。

（2）在谈判中，立场强硬是向对方表示你不会做出让步，同时降低了对方对你做出让步的预期，但是强硬的态度要有持续的谈判力做支撑，这样才不会让对方认为你是一只纸老虎。

（3）谈判者在谈判经验和谈判技巧上有很大不同。有经验的谈判者能准确地判断对方对产品的相关知识和谈判技巧的掌握情况，并利用对方谈判技术低下和经验不足的弱点来使自己获利。

（4）在商务谈判中，买卖双方之间存在的信息不对称现象随处可见。一般情况下，卖方要比买方掌握更多的信息，并可因此置买方于不利的地位。买方由于在价格、质量和产品原材料方面的信息不对称，有时不得不依赖卖方提供必要信息，这也为卖方造假提供了机会。例如，在珠宝交易中，欺诈的情况之所以时有发生，就是由于大多数消费者缺少对珠宝品质、价格和原产地的知识。为防范风险和减少损失，消费者最好获取全部相关知识。如果消费者无法获得相关知识，就应当认真考虑商家的名声和商誉。

二、价格谈判与谈判区间

在两分法谈判中，价格谈判是此类谈判中最具代表性的例子，它集中了此类谈判几乎所有的特征，因此我们以价格谈判为例进行深入探讨。

价格谈判一般是商业谈判中比较关键的一环。大家都知道，价格水平随市场供需水平的变化和产品成本与利润的变化而上下浮动。市场上价格的变动情况可以通过市场调研获得，还可以通过官方公布的消费者价格指数及其他途径获得。根据这些信息，谈判者在谈判中确定自己的出价并且做出对对方出价的估计。

(一) 成本分析

买方在以一次性付清全部货款的方式购入设备（如购入资本设备）时，或者在以分期送货方式签订大批量采购原材料的合同时，或者在打算下大批量订单时，在同卖方进行价格谈判前，应对卖方的成本结构进行仔细的分析。买方如果能够对成本会计师的工作略知一二，那么在同卖方讨价还价时，便可以获得更多的优势，因为这项工作解释了供应商所提供商品的成本结构。标准的会计程序存在于每个商业领域，即使是最小的公司也要用到会计师。

一个制造商在为其所生产的产品定价时会考虑两种成本，即可变成本和固定成本。尽管可能还有其他的可变成本项目，可变成本一般包括原材料价格和劳动力价格。固定成本是指制造商即使不生产产品也必须支出的那些成本。比如，如果公司名下有一家工厂，那么几乎毫无选择，公司必须支出租金、运营费用和保险费。如果工厂有雇员，即使工厂没有承揽任何生意，也必须支付员工工资。

买方应该多关注固定成本，因为固定成本又细分为两类：一类是计划设定费用和生产费用，另一类是营销费用和分销费用。第一类包括建厂和引进设备的费用及工资、保险费、折旧、为透支支付的利息等管理经费。第二类主要是营销活动的费用，包括销售人员的工资以及支付给零售商的费用。简单来说，上述关系可以用下式表示：

　可变成本
＋固定成本
＝生产成本
＋利润空间
＝销售价格

为了在同卖方讨价还价时获得更多优势，买方应该仔细研究第二类固定成本，即营销费用和分销费用。在这类费用中，很大一部分是制造商为了获得零售商的支持而支付的。对买方来说很重要的一点就是，他应该认识到，为了获得零售商支持而支付的这笔费用在计算利润以前就已经被计入成本。从会计学的角度来看，这笔费用属于沉没成本。也就是说，在制定预算时，这笔费用就已经根据预测的销售额被计入会计账目了。

这是很重要的一点，下面将对此进行进一步的说明。那些被计入成本结构中的为获取零售商支持而支出的资金的作用在于资助零售商进行促销活动。这笔资金是为了支持所有零售商而不是单独某一个零售商。这笔资金不是出自供应商的利润，而是在计算利润之前便被计入商品的成本结构了。需要注意的是，用于支持零售商的资金通常是按一个百分比包括在批发价中。例如，供应商也许愿意把批发价的3%作为给予零售商的补贴，这3%的补贴是每个零售商都可以获得的平均数额。如果某个零售商拿到了5%的补贴，这并不会影响其他零售商的利润，而只是说明其他零售商没有获得这么多的补贴而已。表 11－1 是典型的成本结构表，该表清楚地说明了这个问题。

表 11－1 产品成本分析

单位：元

项目	金额
可变成本	
原材料	5.39
包装	0.64
劳动力	4.43
合计	10.46
固定成本	
工资、行政管理、保险、运输	2.14
所有其他平均支付	2.36
生产成本	15.00
税前利润（例如，30%）	4.50
批发价	19.50
所有其他平均支付细目	
营销费用和分销费用	1.16
促销补贴供应	0.45
清算条件供应	0.30
数量鼓励折扣供应	0.15
促销点材料供应	0.30
合计	2.36

表 11－1 中很重要的一部分便是“所有其他平均支付细目”一项。从表中可以看出，此项中除了营销费用和分销费用外，其他各项都被列入了零售商支持。从表中可得这项的总金额为 1.20（＝0.45＋0.30＋0.15＋0.30）元，这便是每个零售商均可获得的补贴金额。

一旦某个零售商了解了供应商的成本结构，便能很容易地想到获得更多供应商给予的补贴的方法。如果某个零售商在谈判中设置自己的隐蔽议程时能以涉及卖方成本结构中的固定成本的议题为基础，每次谈判都只争取一点好处，那么最终这个零售商将会获得很多来自供应商的补贴。另外，这个零售商这样做不会损害供应商的利润基础，这是很重要的一点。零售商需要有竞争力、能够健康经营、有盈利能力的供应商。如果因零售商同供应商的竞争导致供应商的利润空间缩小了，这样下去，供应商的数量会减少，零售商和供应商之间的力量对比会发生变化，最终形成卖方市场，这样对所有零售商都是不利的。

在那些主要由上市公司组成、公司的一般信息都有证明文件的行业中，或者在像美国（一些州）那样要求公司披露综合信息的国家中，上述做法相对来说比较容易直接运用。但在另外一些情况下，事情就困难多了。在一家生产多种产品的公司中，对生产成本在各种产品间的分摊情况进行估算是非常困难的。尽管如此，努力获得这类信息是很有价值的。在谈判中，对这类信息的分析对买方来说是个强大的武器。但对一个每天都有很多交易的买方来说，很明显，这些信息的作用就很有限了，而且对这些商家来说，这些信息的货币价值相对较低。如果是这种情况，买方可以考虑运用成本比较法。

(二) 成本比较

在买方在相对较短的时间内就货币价值较小的多笔交易与卖方进行谈判时，成本比较法是很实用的，因为在这样的情况下，如果每种商品的交易金额在总交易额中占很小的比例，对买方来说，对每种交易商品均进行广泛的调查分析就没有必要了。成本分析的目的不在于对卖方的成本进行精确的分析，而在于分析构成卖方报价的主要组成项目。对这些项目的了解能使买方对卖方的报价做出更明智的判断。

尽管有些进行成本比较所必需的信息可以直接获得，但总体来说，这样的信息还是需要花时间搜集的。不同国家对可以在建立信息资料库时使用的文件的规定不同。在一些情况下，通过政府公布的统计数据或政府报告等渠道，便可以获得关于所需成本项目的信息。如果这些信息来自公布的统计数据，那么必须对这些信息进行一定的处理才可以使用。如果这些信息来自政府报告，就可以直接使用了。例如，澳大利亚的一个政府分支机构——工业援助委员会，便会公布关于各个行业中所有公司的平均成本的报告。其他国家也有类似的报告公布。但最优质的信息往往来自私人渠道。这些信息往往很昂贵，但价值一般很高。有些时候，这些来自私人渠道的信息比来自政府统计数据的信息具有更高的可信度。

根据信息进行成本比较的目的，在于更深入地理解成本项目间的相互关系。在此基础上，从行业渠道搜集的信息可以起到补充作用。一个寻找买方的卖方必须回答一个基本的问题，那就是“成本是怎样制定的”或者“原材料占总成本的比重是多少”。一旦供应商被问到这类问题，便涉及产品的成本结构了。例如，假定生产一种服装的主要成本项目是原材料和劳动力，而且在总成本中所占的比例分别为 40%和 30%，这说明另外 30%的成本中包括了生产费用、管理费用，以及营销费用和分销费用。如果这个比例被合理地确定下来，任何一个成本项目价格的上升都会导致供应商报价的提高，这样价格的提高便有据可依了。根据上述提到的比例，如果卖方宣布劳动力成本上升了 10%，则总的成本只能上升 3%。如果卖方新的报价与此不一致，买方可以要求卖方对此进行解释。

一旦买方开始搜集关于各成本项目所占比例的信息，很快他们便会对总成本做出自己的判断。例如，如果卖方是一个带包装的商品的制造商，则其营销费用占批发价的比例应该介于 14%～16%。对经营超市的买方来说，这是个很重要的数据，因为这部分费用中有将近一半属于零售商支持费用。由于数据资料非常容易搜集，所以现在所有行业都普遍运用成本比较法。

(三) 价格区间与可能达成协议的区间

谈判进入报价阶段后，无论是买方还是卖方都应为自己设立一个最低目标水平，也就是最差但可以勉强接受的结果，或者底价。这样既可以避免拒绝有利条件或接受不利条件，也可以避免一时冲动造成的错误。另外，在有多个谈判人员参加谈判的场合，还可以避免谈判人员各行其是。底价设定的基础是成本加合理的利润，它是以自己一方的情况为出发点确定的。除设定底价外，买方还应在可能的价格范围内确定谈判开始时的最低报价；卖方则应在它确定的价格范围内以最高价格报价。买卖双方确定最低和最高报价的基础是一方对另一方可能接受的价格范围的估计，它们是以对方的情况为出发点确定的。谈判双方各自确定的最高和最低价格首先构成了各自的价格区间（见图 11－1）。

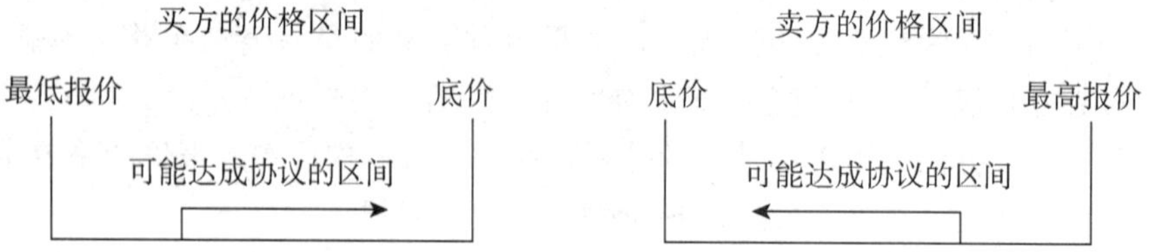

图 11－1　买卖双方的价格区间

谈判双方的出价和在谈判中的讨价还价遵循一定的规则，也就是说，买方和卖方的第一次出价即设定了双方继续谈判的范围，而最终双方达成的成交价格一般低于卖方的起始价格而高于买方的起始价格。双方根据各自的估计所报价格相重叠的部分就构成了讨价还价的区间。也就是说，只有当双方的报价底线相互重叠时才有可能达成协议。

以某生产设备的价格谈判为例，假设卖方的出价是 400 000 元，买方的出价是 200 000 元。在接下来的谈判中，双方将逐渐向对方的出价靠拢，填补双方的价差，逐渐朝着最后双方都能够接受的价格移动。如图 11－2 所示，在买卖双方的底价之间有一个重叠的区域，这个重叠区域被称作“可能达成协议的区间”。然而，如果卖方可接受的最低价格为 360 000 元，而买方可接受的最高价格为 350 000 元，这样就不会有重叠部分，因此，除非有一方愿意做出妥协，否则就不可能达成协议。

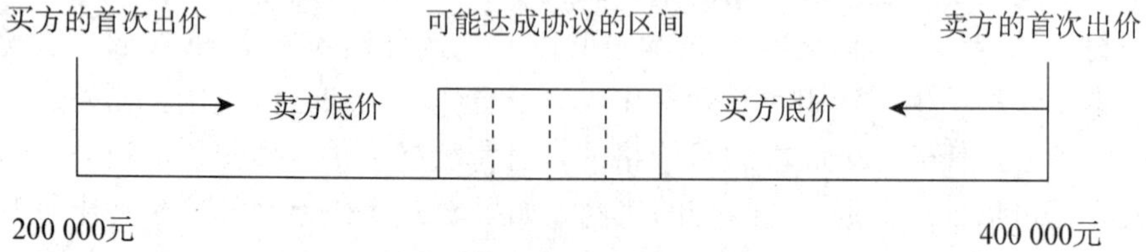

图 11－2　可能达成协议的区间

图 11－2 显示的是一般意义上的价格谈判区间的构成。在某些谈判中，可能达成协议的区间构成与一般模式有所不同。例如，在国家医保局药品准入谈判中，国家医保局只有一个价——底价，它既是开始价又是成交价。药企则如揭盲盒一般，不断探寻底价。这个价格谈判中也有一个“可能达成协议的区间”。企业的最终可接受的价格与国家医保局底价或低于该底价的区域形成了“可能达成协议的区间”。在这个区间内，双方达成交易的价格是国家医保局的底价或低于国家医保局底价的价格。因为国家医保局的底价是一个硬指标，企业能正好在国家医保局的底价成交是最理想的结果，国家医保局方面也可以接受；低于底价成交对国家医保局来说则更为理想（见图 11－3）。

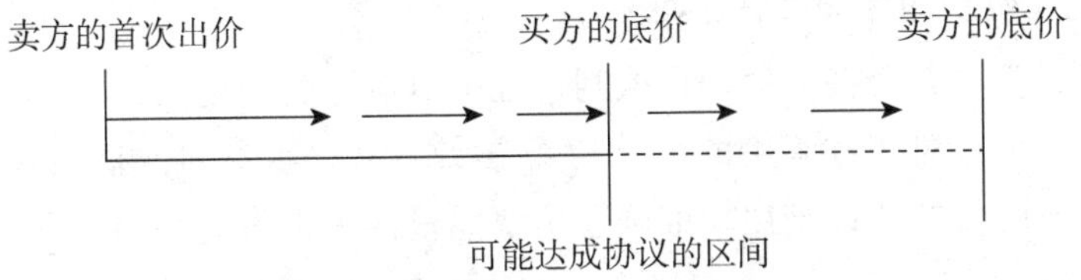

图 11-3　国家医保局药品准入谈判中可能达成协议的区间

下面以 2019 年国家医保局与阿斯利康公司的谈判为例。

阿斯利康公司生产的治疗 2 型糖尿病的达格列净片经过两轮出价后以 4.72 元/片进入第二轮正式谈判。这个价格能够进入正式谈判说明它进入了国家医保局要求的价格谈判范围，即底价+(底价×15%）的范围，这个价格与国家医保局的谈判底价构成了双方第二轮谈判的初始价。在这个阶段，国家医保局的策略就是守住底价，利用自己的谈判力说服药企尽快接近自己的底价目标；企业方面则步步为营，小心靠近底价，避免因步伐过大而错失底价。在谈判中，药企代表第四次报价 4.4 元后基本上达到底价，因为国家医保局代表本打算提出 4.38 元，但最后以 4 太多为由提出 4.36 元，而企业方爽快同意了，说明这个价格在药企最终可接受的底价范围内。

因此，对谈判双方来说，比较准确地估计对方能够接受的最低条件是十分关键的。然而，摸清对方的底价不是一件容易的事情，因为任何一方不到万不得已是不会轻易透露自己的底价的。有一些谈判，双方投入了很多时间和精力，但是到最后才发现双方的谈判区间内根本不存在可能达成协议的区间。有经验的谈判者一般都能迅速摸清对手的可能底价，并确定自己的出价策略。确定对手的谈判底价虽然不容易，但并非无章可循。一些客观数据，如市场行情、同类企业的产品价格、谈判对手可能的成本价格都可以成为估计的依据。

例如，在一个旧车买卖案例中，一辆旧车的卖主可接受的最低价格是 10 000 元，这意味着卖方的底价是 10 000 元。买方只要不高于 15 000 元，就愿意接受，也就是说，买方的底价是 15 000 元。最终的成交价只要介于 10 000 元和 15 000 元之间，双方就会感到十分满意。那么 5 000 元的重叠区域该如何分配?

(四) 可能达成协议的区间的价值分配

接下来的问题就是如何分配可能达成协议的区间的价值。一般来说，最好的成交价应当落在这个区间的中心点上，然而在实际谈判中平分这一区间的情况很少发生。根据上面旧车买卖的例子，我们来看一下买方和卖方的价格区间。卖方根据他的推测认为买方能接受的最高价格介于 12 000 元和 17 000 元之间，因此卖方的第一次出价为 16 000 元。买方认为卖方能接受的最低价格大概为 15 000 元，因此他的第一次出价为 13 500 元。经过几个回合的讨价还价，谈判以 14 500 元成交。这一结果显然对卖方有利，因为他获得了 5 000 元重叠区域的大部分价值。14 500 元的成交价比卖方的最低价高出 4 500 元，而仅比买方的最高价低 500 元。为什么卖方获得了重叠区域的大部分价值呢？下面几点是对此类谈判的总结。

1. 对可能达成协议的区间估计不足

在谈判中，买卖双方会根据他们在谈判过程中对对方底线的估计来调整自己的出价。在上面的例子中，买方对卖方底价的估计与卖方实际愿意接受的价格相差较远；相比较而言，卖方对买方底价的估计则比较准确，这使他获得了更多的利益。

2. 高压力

在谈判中，谈判双方因受希望解决问题的压力而做出让步。谈判双方感受到的压力与做出让步有三种情况：

（1）单方面的高压感觉。谈判中的一方因迫于解决问题的压力而增加了做出让步的可能性，并且减少了解决问题的时间。

（2）双方面的高压感觉。如果谈判双方都认为解决问题的压力很大，那么这会增加双方都做出让步的可能性。

（3）相对较低的压力。如果谈判一方认为对方处于更大的压力之下，他会因此减少做出让步的可能性。

本章模拟谈判“二手车销售”将有助于了解两分法谈判的特点，以及压力与让步的关系。

3. 高起始要价

高起始要价，但不是无理性的高起始要价，比较低的起始要价会产生更有利于自己的效果。这个道理是显而易见的，因为价格谈判是在双方的起始价格限定的范围内进行的，所以任何一方在谈判中做出让步的同时为自己赢得了前进的权利，也就是使对方做出让步的条件。虽然通常双方的让步幅度大致是对等的，但要视具体情况而定。这样较高的起始要价就成为一个有效的讨价还价的杠杆。然而，如果起始要价超出合理的范围，出价人将会被视为不真诚和不诚实，或者在另一种情况下，起始要价和最终要价之间的差距太大，也会给对方留下不真诚的印象。例如，一些商家在谈判过程中降价的幅度可以超过50%，给人造成的印象是很不诚实，反而使买方对卖方的货物的真实性产生怀疑。特别是有些国家的消费者，如北欧和西欧一些国家的人不习惯如此大幅度的降价，因而宁愿放弃购物的愿望。

此外，高起始要价是否奏效还取决于谈判所处的文化环境。例如在英国，这里所说的高起始要价会对有关谈判者的信誉产生负面影响。在中东，这却是再正常不过的开始谈判的方式，因为那里的谈判者希望碰到一个天真的买主，这个买主会头脑简单地接受被夸大的价格。这种不正常的希望还与某种产品在不同地区的价格差异有关。例如，如果一个人认为应该花179元才能买到的产品只花了150元，那么他一定会非常高兴地离开谈判桌。如果买方认为同样的产品最多值40元，他就不是感到高兴而是感到吃惊了。因此，谈判者应当了解他们所处的文化环境，以便对价格做出理性的估计。

三、综合型谈判

“综合”这个概念具有合作的含义，可以理解为通过整合资源来实现共同的目的。综合型谈判具有更高程度的信任并能够建立更好的关系，因为双方希望谈判结束后各自都取得了各自希望获得的价值。因此，综合型谈判的过程就是确定一个一致的可以彼此分享的目标，或者合作目标，通过合作的方式确定共同的问题并采用适当的策略来解决这些问题。

在现实的商务世界中，结果往往对一方更有利，原因是谈判双方的实力不可能完全相当。然而，谈判双方如果采取合作的方式有效解决彼此的问题，双方都可以从谈判中获得许多利益。在谈判过程中一般会有各种为价值与价值交换而做出的让步，这是创造性解决问题的必要步骤。总的来说，综合型谈判需要脚踏实地，为了建立长期的合作关系而创造共赢的结果，这也是综合型谈判又常常被称为双赢型谈判的原因。

(一) 综合型谈判的基本原则

1. 多个议题

如前所述，两分法谈判一般涉及一个议题，如价格，而综合型谈判一般同时涉及多个议题，这样才有可能使谈判双方通过交换各自较低价值的利益来获取各自更重要的利益。

2. 信息分享

为了充分理解各自的利益诉求，谈判双方必须尽可能分享更多的信息，这样才能了解对方的利益诉求，因为双方不可能在对关键因素不知情的情况下商谈问题的解决方法，所以合作是基本前提。

3. 问题的解决

寻求解决各自问题的方法。如果一方能够给予对方一些对自己并不重要的利益，并因此实现了自己的目的，那就是一种解决自己问题的正确路径。

4. 长久关系的建立

越来越多的企业通过谈判建立了长久的关系，因为长久的关系才更安全。

(二) 综合型谈判的策略

1. 获得一手信息

谈判双方进入谈判前一般只是从间接的渠道获得一些信息并依此猜测对方谈判的目的、利益与他们优先考虑的问题。许多谈判人员并不通过直接询问的方式更好地了解对方谈判立场背后的企图，这是很令人遗憾的事。

通过向对方提问题，可以确定自己的谈判目标是否与对方的目标相关联。我们对对方的目标知道得越多，才越有可能提出满足双方商业目标和优先考虑问题的一揽子解决方案。在我们确定彼此的主要关切点后，就可以达成能够最好地利用双方的资源，使双方都获利的建设性协议，同时避免做出不必要的妥协。

2. 信息分享

信息沟通是必要的，但是向对方透露己方的谈判目标和利益的信息时应当如何做?

信息互换是基本的前提。我们告知对方自己的谈判目标与利益诉求的目的不仅是要让对方知道如何满足他们的需求，而且要使对方知道如何满足己方的需求。最好是在谈判一开始时就建立合作的氛围和框架，以实现增加彼此融合的目的，之后才有可能进入探求事实和方案选择阶段。

如果己方坦诚提供信息，对方一般也会以同样的方式回应。己方主动提供谈判目标与利益诉求等信息并非将己方置于战略上的不利地位。如果我们能够在谈判一开始时就建立彼此信任的互换模式并获得对方的认同，在接下来的谈判中信息互换就会占上风。当然，我们不能将所有牌一次放在谈判桌上，特别不能在谈判初期就告知对方己方的替代方案。当然，如果对方在谈判的任何阶段都拒绝交流，而且没有合理的理由，那么我方只能举红牌，停止谈判。

3. 提出多种解决方案

最佳的双赢协议常常产生于多种解决方案，而不是一种孤立的方案或建议。原因在于单一方案或建议经常具有锚定效应，而多种解决方案可以鼓励彼此的交流。多种解决方案常常激励或助推对方提供有关谈判目标和他们商业追求方面的关键信息。多种方案的提出还可能导致更多更好的解决方案的产生，这使谈判更具活力和成效。

4. 寻求第三方的协助

另外一个使各自资源最大化的策略是获得一个中立的第三方的协助。这个中立的第三方通过提问可以套出双方的全部目标和利益诉求。此外，也可以要求这个第三方提出建议或改善目前协议的办法。当然，谈判双方如果认为第三方提出的方案并不合意，则有权否决第三方的建议。

第三方的建议可以带来如下收益：

其一，可以寻求一个有经验的谈判专家的帮助，因为一个有经验的谈判专家常常可以提出谈判双方都没有想到的方案和建议。

其二，谈判双方可以安全地分享更多的敏感信息。信息是提出创新性解决方案的基石，通过这些信息，更多的解决问题的路径之门被打开，其结果就是谈判双方从谈判桌上获得几乎全部希望获得的利益。

其三，谈判双方在经验丰富的独立第三方的引导下可以建立彼此的信任。如前所述，通常人们不愿意与对方公开谈论自己的疑点，而有第三方参与的谈判有助于双方说出自己的疑惑。

其四，由于中立的第三方会照顾到双方的利益，防止单方获利，所以降低了错误发生的概率。这样的谈判方式培养了自由思考的创造性谈判过程，因而降低了风险。

思考题与讨论题

1. 你是否有过在旅游购物点或类似的地方谈判的经历？有什么感受？
2. 在两分法谈判中，在大多数情况下买卖双方谁更有优势？为什么？
3. 在信息不对称的情况下，买方该如何防止损失的发生？

4. 对卖方产品成本结构的分析可以给买方提供一些帮助吗？我们什么时候应该将其应用于价格谈判中？

5. 在两分法谈判中会有双赢结果吗？什么样的协议是双赢结果？

6. 假设你将参加一场谈判，先对自己所代表的谈判方做一个测试。确定你是否同意下面每句话。A 为同意，D 为不同意。然后确定你适于采用两分法谈判策略还是综合型谈判策略。

（1）对我来说谈判最重要的事情是尽可能获得优惠的价格。

A　D

（2）价格是谈判桌上最重要的议题。

A　D

（3）我的声誉或对方的声誉对我来说根本不重要。

A　D

（4）我并不想培养与对方的长期商务关系。

A　D

（5）我认为我不能向对方做出任何让步。

A　D

（6）谈判桌上有比价格更多的议题。

A　D

（7）我看到双方都会认为重要的创造新价值的机会。

A　D

（8）我希望与对方建立积极和长期的工作关系。

A　D

（9）我愿意在非关键方面做出让步，以获取我认为最有价值的东西。

A　D

（10）我不需要获得最有利的价格。

A　D

如果你（1）～（5）题选择了 A，或者（6）～（10）题选择了 D，你很有可能在即将开始的谈判中使用两分法谈判技巧。

7. 做模拟谈判“二手车销售”。这是一个两分法谈判案例。

8. 阅读案例研究 11-1 并讨论下列问题：

（1）买方是怎样发现设备的报价高于它的实际价值的？

（2）买方做成本分析时必须考虑哪些主要因素？

9. 阅读案例研究 11-2 并讨论下列问题：

（1）莎拉怎样将两分法谈判转变为综合型谈判？

（2）莎拉与沃尔玛谈判成功的最重要原则是什么？

（3）为什么莎拉认为试图以假象欺骗沃尔玛的采购人员的做法从来都不可取？

（4）为什么莎拉建议尽量不要让沃尔玛占你的公司业务量的比重超过 20%？

（5）为什么谈判前准备一种清晰的谈判方案十分重要？

模拟谈判

二手车销售

（一）卖　方

你登广告推销一辆已经使用了五年的旧雪佛兰牌轿车，卖价为 4 200 美元。这是一辆灰色的四门轿车，带有空调设备、动力刹车系统和自动换挡装置。它有 V-6 缸（6 缸排列成 V 字形状）发动机。

1. 车况介绍

你是这辆车的车主。你已经驾驶这辆车行驶了 42 000 英里[①]。车的内部比较整洁，车的外部有一些刮痕和锈斑。车轮胎再行驶 10 000 英里时需要更换，刹车系统再行驶 5 000 英里时也不得不更换。一副车轮胎的价格在 45 美元和 110 美元之间，取决于所购轮胎的质量和行驶的寿命。更换新刹车系统的价格在 120 美元和 190 美元之间。车垫子已经磨损，在车的右前门上有一个凹痕。司机驾驶座的弹簧弹性较差。汽车的自动换挡处漏油，你的机械师说需要换一个新垫圈，要花 152 美元重新安装。垫圈是一种可以防漏的材料，类似于大口瓶瓶盖内的橡皮圈衬垫。它正好填补了相扣在一起的零部件的边缘缝隙。

按照书店货架上出售的《拉尔夫旧车价格手册》，一辆具备基本条件的雪佛兰车的零售价格是 3 400 美元。具备基本条件指的是有动力方向盘、动力刹车系统和自动换挡装置。一般状况为一年行驶 10 000 英里，带有一般的磕碰、锈斑或其他机械问题。实际售出价格可能低于平均价格 50%或高于平均价格 90%。你见过同样条件的小轿车广告售价为 6 000 美元，但车主声称已行驶的里程数很小并且车的状况非常好。偶尔有广告售价仅为 2 500 美元的小轿车，而且车主说车的行驶状况良好。但最常见的广告售价是在 3 000 美元和 4 400 美元之间。雪佛兰牌轿车在你们那个地区是比较受欢迎的品牌。

2. 谈判背景

你在六周前购买了一辆新的庞蒂克牌轿车，但必须在七天内取货。汽车经销商最初提出按照以旧换新的形式以 2 200 美元购进你的雪佛兰牌轿车。经销商打算把车卖给批发商，因为它那里没有人想购买雪佛兰牌旧轿车。你拒绝了经销商的以旧换新的价格，因为你认为自己销售能够卖出更好的价格。

有三个人对你的售车广告做出了反应。头两个人在看了车以后没有出价，但表示假如他们感兴趣，将会和你电话联系。五天过去了，你仍然没有接到他们的电话。目前一个有希望的买主试驾了这辆车，也检查了车况，并有望出价。这是目前唯一有希望的买主。

你希望尽可能把自己的车卖个好价钱。你不能接受对方低于 3 600 美元的出价。你希望对方以现金支付或者以担保支票支付，并且在三日内交款取车。

3. 谈　判

你希望谈判能最大限度地满足你的条件。你不必考虑对方的利益。买主是一个完全

---

① 1 英里=1.609 344 千米。

陌生的人，而且在谈判结束后你不会再见到他。你们将在你家附近的一家咖啡馆里进行谈判。谈判中你可以利用一切可利用的因素来使自己获利。你可以介绍更多的情况，并且在可能的情况下坚持自己的观点。

(二) 买　方

你正想购买一辆二手车，并且看到一则广告推销一辆已使用了五年的雪佛兰牌轿车，售价为 4 200 美元。这是一辆灰色的四门轿车，带有空调设备、动力刹车系统和自动换挡装置。它有 V-6 缸发动机。

1. 车况介绍

这辆车已经行驶了 42 000 英里。车的内部比较整洁，车的外部有一些刮痕和锈斑。车轮胎再行驶 10 000 英里时需要更换，刹车系统再行驶 5 000 英里时也不得不更换。一副车轮胎的价格在 45 美元和 110 美元之间，取决于所购轮胎的质量和行驶的寿命。更换新刹车系统的价格在 120 美元和 190 美元之间。车垫子已经磨损，在车的右前门上有一个凹痕。司机驾驶座的弹簧弹性较差。汽车的自动换挡处漏油，你的机械师说需要换一个新垫圈，要花 152 美元重新安装。

按照书店货架上出售的《拉尔夫旧车价格手册》，一辆具备基本条件的雪佛兰车的零售价格是 3 400 美元。具备基本条件指的是有动力方向盘、动力刹车系统和自动换挡装置。一般状况为一年行驶 10 000 英里，带有一般的磕碰、锈斑或其他机械问题。实际售出价格可能低于平均价格 50%或高于平均价格 90%。你见过同样条件的小轿车广告售价为 6 000 美元，但车主声称已行驶的里程数很小并且车的状况非常好。偶尔有广告售价仅为 2 500 美元的小轿车，而且车主说车的行驶状况良好。但最常见的广告售价是在 3 000 美元和 4 400 美元之间。雪佛兰牌轿车在你们那个地区是比较受欢迎的品牌。

2. 谈判背景

你所在的公司派你到该城市工作几年，因此你需要购买一辆小轿车做暂时之用。在这种情况下，买一辆二手车是最合适的。你必须在三天之内开始工作。时间是有限的。

你已经与这辆车的车主进行了接触。在试驾了这辆车并做了必要的检查后，你决定商谈价格问题。你估计车主的出价将在 2 500 美元和 4 200 美元之间。你打算购买的价格最高不能超过 3 500 美元。

你希望谈判能最大限度地满足你的条件。你不必考虑对方的利益。卖主是一个完全陌生的人，而且在谈判结束后你不会再见到他。你们将在一家咖啡馆里进行谈判。谈判中你可以利用一切可利用的因素来使自己获利。你可以介绍更多的情况，并且在可能的情况下坚持自己的观点。

案例研究 11-1

一个运用成本分析法的例子

一家荷兰公司想购进一台固定设备，卖方是一家苏格兰上市公司。卖方报价 2 000 万美元。买方认为价格是需要重点考虑的问题之一。这家苏格兰公司在买方关注的技术领域里是一流的。问题仅在于买方以前从来没和卖方做过生意，那么，怎么判断卖方的报价是否合理呢？

买方向那家苏格兰公司致函：“我们对贵公司的技术能力很满意，但有一个问题，我们怎么能判断你方的报价是合理的？为了弄清这台设备是否物有所值，请提供这台设备的设计图。”卖方应买方的要求提供了设计图。买方一拿到设计图，便进入自己的工程设计办公室开始工作。买方把这台拟购入的设备拆成一个个单独的零件，然后把各个零件的信息记入一本小册子里。接下来他们针对每个零件都听取两家供应商的报价，这样便可以大致确定整台设备的材料成本。买方应该注意只搜集有用的信息，没必要了解每个单独的零件都有什么作用。例如，至今买方都不清楚什么是“里根冒口处理工具”，而且没必要知道。上述分析的重要性在于弄清设备的组成零件，以及每种零件的使用数量。

然后买方获得了卖方过去五年的年度财务报告，计算了材料成本、劳动力成本、营销成本和其他费用，并将相关数据输入会计模型；买方还计算了卖方过去五年的平均利润，也输入模型。这项工作的结果是，买方发现，卖方的报价比根据模型估算出来的价格高出 250 000 美元。这引起了买方的注意。买方又重新计算了很多次，最终确信自己的模型是正确的。在谈判中恰当的时机，买方向卖方展示了估算数据、记录的小册子和最终得出的结果，然后对卖方说：“这就是我们计算的结果，你能指出我们哪里出错了吗？”当然，卖方无法指出其中的错误，买方最终得以少支付 250 000 美元。

案例研究 11-2

莎拉遇见沃尔玛

尽管对综合型谈判法的理念说得头头是道，但在现实谈判中许多企业经理发现他们的谈判对手对综合型谈判法的规则根本不感兴趣。例如，当你遭遇一个实力强大的谈判对手如沃尔玛时，你该怎么办？

（一）案例背景

沃尔玛是世界上最大的零售商，它 2016 年的销售额是 4 821 亿美元。沃尔玛的理念只有一个，那就是天天低价。沃尔玛所具有的让对手或者成功或者失败的强大实力，使它的供应商不是感觉上天堂，就是感觉下地狱。有众多媒体都曾经报道过沃尔玛这个巨无霸企业怎样将供应商踩在脚下。然而，有一些供应商在与这个一贯作风强硬的谈判对手的较量中不仅存活了下来，而且生意兴隆。

莎拉·塔丽，一个来自一家小规模家庭农场的年轻女孩儿，通过关注建立共同的愿景、信息分享和问题解决的方式，成功地与沃尔玛建立了一种新型的关系。她基本上脱离了在以往的交往中只关注双方的“最小公分母”即价格议题的做法，成功地与这个巨无霸零售商建立了伙伴关系。这个案例证实了人们可以通过谈判将两分法谈判转变成综合型谈判。

（二）莎拉与弗雷家庭农场

弗雷家庭农场常年供应新鲜水果和蔬菜。它从事种植、包装、运输和营销西瓜、甜瓜、南瓜和秋季的各类装饰花草等。莎拉 1997 年初次代表弗雷家庭农场与沃尔玛的采购商商谈南瓜和西瓜的买卖时年仅 19 岁。莎拉同样遭遇了难啃的价格谈判，在这个过程中她深刻了解了沃尔玛的企业文化，并因此在供应链上动脑筋，找到了降低成本的机会。例如，弗雷家庭农场用校车（一次 1 500 美元）取代了拖拉机（一次 12 000 美元）来将瓜运送到库房，这样做既省钱又省时。莎拉在与沃尔玛谈判农场渴望得到的共同管理供给合同时很有技巧，她告知对方弗雷家庭农场可以与沃尔玛共同承担管理存货和销售的责任，并最终在提高利润率的同时节省消费者的支出。以下是莎拉总结的她与沃尔玛这类谈判对手谈判时的一些主要原则。

（三）莎拉的关键谈判原则

双方在价格谈判中总是有分歧，但是如果使价格分歧成为商谈的中心议题，谈判就陷入了不利的局面。然而，如果双方商谈的是如何开发客户、彼此的关系、销售等，则价格议题就只是许多谈判点中的一个，其他大多数议题是可以取得一致的。

如果你有问题，需要与沃尔玛打交道以达成一致，就需要通过谈判进行。此时莎拉的第一个建议就是要从合作者的角度考虑问题，确实聚焦于共同的利益，例如，计算出成本，提出问题。不要急于提出需求或发表评论，而是告知对方你能把这件事做得更好。如果与沃尔玛真正建立了伙伴关系，谈判解决的不同点应当集中在双方长期的共同获利上。莎拉对她与沃尔玛的谈判经历做出了如下几点总结。

（1）不要花时间抱怨，而是要解决问题。与沃尔玛谈判时可以这样说："让我们共同努力，降低成本，这样我的产品会非常便宜，而你就不需要找别的供应商了，因为只要你与我合作，我就可以做得更好。"

（2）不要忽略小问题，或者让事情恶化。

（3）尽量不要让沃尔玛占你的公司业务量的比重超过 20%。

（4）在谈判前一定要准备一个清晰的谈判方案。要利用好与采购人员面谈的机会，在谈判结束时要获得需要的答案。不要谈无用的话题，要直接进入主题，因为他们的时间十分宝贵。将潜在的话题放在桌面上谈，有问题要当面回击，面对面找到解决的办法。

（5）以假象欺骗沃尔玛的采购人员的做法从来都不可取。将沃尔玛看作一个希望以较低的成本获得生意的人，处理与沃尔玛的关系就像建立婚姻关系，交流与相互妥协才是关键。

（6）如果买方十分年轻，不清楚自己谈的是什么，此时不要想当然地认为你可以轻易地卖出去。大多数年轻的采购人员都非常雄心勃勃，希望在公司内得到提升，因此你可能遇到的是最强硬的和受过最好教育的谈判对手。他们对你的产品从生产一直到消费都十分了解。你的机会在于你是一个更有知识的人。

与训练有素的采购人员谈判是很困难的，因为他很清楚他的公司可以将你的公司逐出这个生意。因此要向可信赖的人和他们的合作者学习，向在这个领域遇到过问题的人学习。

资料来源：改编自"Negotiating with Wal-Mart," by Julia Hanna, an associate editor of HBS Alumni Bulletin, April 28, 2008。

第十二章
复杂谈判

重点问题

- 什么是复杂谈判？它的主要特点是什么？
- 第三方有哪几种类型？
- 第三方在谈判中的作用是什么？
- 谈判联合体是怎样组织和管理的？
- 联合体在谈判中的作用如何？

案例导入

韩小乐经朋友小莉介绍，得知马大妈有一套房子出租，房屋的大小、地点都非常理想，剩下就是谈租金了。

韩小乐：马大妈，这房子的租金一个月多少钱？

马大妈：每月 2 500 元，押一付三。

韩小乐：是不是有点贵了，还要押一个月的租金，您看再降一些可以吗？

马大妈：一点都不贵，押一个月租金大家都是这么做的。

韩小乐：马大妈，您看我刚开始工作，也没有什么积蓄，要是换了别人早就同意再降几百元了。

马大妈：你这小伙子，总是说你没有多少钱，可是我赚钱容易吗，我都已经退休了。你们年轻人都是只考虑自己，不考虑别人。

韩小乐：嘿，马大妈，我怎么只考虑自己不考虑别人了？我早就知道跟你们这些老太太谈价钱最难了，抠门！

马大妈：那你去找年轻漂亮的去谈好了，她一定会给你个好价钱。

▶点评

谈判陷入了僵局，双方不欢而散。事实上对韩小乐来说，这套房子的确十分理想，他也是寻找了很久才选定了这套房子，所以他并不想轻易放弃。对马大妈来讲，小莉是她以前的老邻居，对她多有照顾，她多少也应该给小莉一点面子。但在目前的情况下，双方直接见面不免尴尬，所以都想到请小莉出面再谈谈。作为第三方如何发挥作用才能使谈判达成双方满意的结果是小莉需要认真考虑的问题。

一、复杂谈判及其特点

在大多数情况下，参与谈判的多为两方，然而在有些情况下也会有第三方参加，有时甚至多于三方。当谈判双方希望引入第三方参与谈判，或者其他更多的人也希望加入谈判时，谈判就成为复杂谈判。复杂谈判之所以被认为是复杂的，是由于以下几方面原因。

（1）多方参与。除了最初参与谈判的两方外，又有第三方的加入，或者有由多方组成的联合体的加入。例如，中美两国之间在知识产权保护方面的贸易摩擦旷日持久，长达20多年。2007年4月，美方将这一争端投诉到世界贸易组织争端解决机构。美方的做法就是邀请世界贸易组织作为第三方加入双方的谈判。

（2）多个议题。不同于两分法谈判中只涉及单个议题，在复杂谈判中多个相互关联的议题交织在一起，共同成为谈判的焦点。这个特点要求谈判者搞清楚各种问题之间的相互关系，以及各个事件之间的利益平衡。世界银行在中国投资的优惠贷款项目中国农村改水项目涉及多个单位，例如国家发展和改革委员会、财政部、项目所在地省政府和地方政府、项目受益人群；包括多个议题，如财政金融、会计、返还贷款、项目设计与施工、物资招标与采购、环境保护、健康教育。

（3）多种利益。在复杂谈判中，由于涉及多方谈判代表，他们各自都有自己的利益，所以需要在多种利益中确定应首先满足和重点确保的利益。例如在工程承包谈判中，业主要分别与承包商、工程设计师、材料供应商、银行以及其他方展开商谈。如果对业主来说按时竣工是最重要的，就必须保证资金、原材料以及人员的按时到位，这需要各方的积极配合，有时有些方面的利益就可能遭受损失。

（4）不同的利益。由于复杂谈判涉及各种不同层次的人和组织，所以所涉及的利益也就各有不同，个人、组织和国家会因利益的不同而产生碰撞，使谈判变得更为复杂。

二、第三方的参与

当谈判双方认为有必要引入第三方参与谈判时，谈判就成为复杂谈判了，因为随着第三方的加入，谈判所涉及的议题、利益等就变得复杂起来。因此，在讨论复杂谈判时，要先从第三方的参与开始。第三方的加入可能是受到一方或双方的邀请，也可能是受法律的约束或基于以前谈判达成的条件。第三方也可能是不邀自来，例如一个实力强大的国家干预两个附庸国的争端，因为争端威胁到了建立同盟的大目标。总的来说，谈判方在什么情况下有可能要求第三方的加入并与之合作呢？下面是对这些情况的一个总结。

(一) 希望引入第三方的情况

（1）参与谈判的任何一方认为自己与对方相比谈判力较弱时，往往希望第三方参与，因为这可以增强其谈判力和信心。事实上，每一个谈判方都希望得到第三方的支持，即使谈判力相对较强的一方也是如此。在日常生活中，我们可以看到这样的情况：在一场激烈的争论中，如果某一方能得到别人的支持，谈判力的天平就会向该方倾斜。

（2）在谈判中，由于双方的矛盾解决得不顺利，双方的关系恶化，相互间不信任，甚至对话的渠道也被关闭，此时就需要有第三方参与调解双方的冲突。谈判中的僵局指的是双方都不愿意也不可能再做出进一步的妥协，因此当僵局即将出现，同时受到时间的限制时，谈判双方希望获得第三方协助的愿望就十分强烈。

（3）由于缺少使双方都能接受的方案，谈判陷入僵局，此时第三方的介入可能会带来新的建设性方案，从而打破谈判僵局。在第（2）种情况下，第三方的作用主要是帮助双方重启谈判；而在第（3）种情况下，第三方不仅介入，而且带来自己的方案，因而更深地介入谈判。

（4）当谈判进程受到所谓规定和标准的阻碍时，谈判参与者希望第三方——一般是双方的上级能够出面并在其权力范围内给予特别的批准或解释，以便清除有关规定带来的障碍。

（二）谈判双方与第三方的关系

第三方的加入可能出自不同的原因，然而在大多数情况下，第三方的加入是由于其与谈判方之间存在直接或间接的关系。我们将第三方与谈判方之间的关系总结如下。

（1）谈判双方与第三方的关系既可以是直接的，也可以是间接的。如第三方可以是谈判方的亲戚、朋友、熟人，或者谈判方的上级、同事、合作方，或者与谈判方有共同利益者。

（2）第三方的参与既可以是受原谈判双方任何一方的邀请，也可以不受任何一方的邀请。第三方介入的形式既可能是正式的或非正式的，又可能是以书面形式或口头形式。如果第三方的参与没有经过邀请，则可能是出于其自身的利益，或者出于同情和亲情，或者出于友谊和善意。

（3）第三方的利益与原谈判双方的利益既可以是部分相连的，也可以是没有任何关联的。第三方如果与谈判双方利益相关，就可能做出选择而偏袒某一方；第三方如果与任何一方都没有利益关系，就可以保持中立的立场。

（4）第三方参与谈判的期限既可以是暂时的，也可以是长久的。第三方参与谈判的时间长短取决于如下因素：谈判持续的时间，第三方与谈判双方的关系是长期关系还是临时关系，第三方的利益与谈判双方的利益是一次性的还是多次相互关联的，等等。

（三）第三方的分类

根据其在谈判中所起作用的不同，第三方可以分为两类：谈判进程侧重型和谈判参与侧重型。谈判进程侧重型强调的是在第三方的帮助下使谈判顺利进行下去。为达到这一目的，第三方应当保持中立和不偏不倚的态度，这样才能更好地引导谈判双方澄清事实，看到双方所提条件中合理的部分并最终找到解决问题的方案。在帮助双方使谈判顺利进行的过程中，第三方可以使用如下一些方法和技巧：幽默、安排中立的谈判地点、做双方的出气筒、设定谈判最后期限促使双方尽早结束谈判、保持达成协议的希望、改善彼此之间的态度、培训谈判者交流和讨价还价的技巧等。

谈判参与侧重型强调的是第三方在谈判中发挥更重要的作用，例如提出问题解决方案、建议衡量的标准和评价供选择的方案，并在双方达成协议之后，监督协议的执行。第三方在这个过程中可能遇到五种不同的情况，可分别根据不同的情况通过协调来取得成功。第一种情况，第三方必须说服一方或双方，不要期待另一方做出让步，而是自己先采取主动。第二种情况，第三方必须使双方相互做出让步，但同时不应使任何一方显得处于弱势。第三种情况，第三方必须帮助一方或双方避免陷入有碍做出让步的立场或原则之争。第四种情况，第三方必须拿出一个供双方考虑的建设性方案。第五种情况，第三方必须恰到好处地施加压力来促使一方或双方降低自己的条件以达成双方都能够接受的协议。

根据以上两种分类（谈判进程侧重型和谈判参与侧重型），第三方按照其在谈判中介入的程度可分为以下五种类型。

1. 牵线人

牵线人的作用十分简单，一般起到为谈判双方牵线搭桥的作用。只需使有谈判意向的双方坐在一起，牵线人就完成了自己的职责。这一作用类似于人们在生活中常见的媒人。一家公司如果希望进入一个新市场或者从事对外投资，可以通过中介、政府机构或者个人关系找到合适的合作伙伴。牵线人也可以将处于僵局的谈判双方带回到谈判桌旁。

从一般实践来讲，牵线人应当熟悉双方的情况并与双方保持较好的关系，也可能只是一般地认识双方，与双方没有太多的联系。无论是何种情况，一旦双方在他的帮助下实现了谈判对接，他就成功履行了自己的职责。

2. 助谈人

助谈人属于谈判进程侧重型。助谈人在谈判中的作用主要表现为：首先，认真地听取谈判双方对各自立场和观点的陈述，并且通过向双方提问鼓励双方澄清他们对形势的看法，但是助谈人在提问题的过程中一定要注意避免对任何一方有倾向性，而且要保证每一方都有平等的发表自己意见的机会。其次，助谈人应当要求谈判双方总结他们的共同利益以及他们的分歧。再次，助谈人要让双方提出新的方案并且通过讨论这些方案来化解双方的不同点，解决他们之间的冲突。最后，助谈人应当让双方寻求客观的评判标准，鼓励谈判双方最终自己解决冲突和矛盾。

事实上，助谈人只要出现在谈判桌旁就会对双方有帮助。如果双方同意接受第三方的协调，每一方都清楚对方将采取合作态度，谈判双方的信任度将会大大增加，双方都将更愿意交换信息，相互做出让步。此外，第三方的在场也鼓励人们尽量表现得好一些。他们会尽量收敛不友善行为、个人攻击和不光明的手段，因为这些会留给外人不好的印象。例如，在一次有一位助谈人参加的谈判中，他自始至终没提任何有关谈判结果的话，只是坐在桌子一边，神色庄重地记着笔记，偶尔说一两句玩笑话。在谈判结束时，一个谈判参与者这样评论他的行为：仅是庄重地坐在那里不做任何事情就足以使所有人心情舒畅，免除了所有的个人攻击。

合适的助谈人应当比较了解谈判双方，或者是谈判双方的共同朋友，这样，在谈判中他就能更好地保持中立和不偏不倚的态度。当然，助谈人也可以和双方都不熟悉，或只熟悉其中一方。这里的关键点是，他在参与谈判的过程中一定要保持中立。要成为一个成功的助谈人并非易事，因为他必须技巧娴熟地引导谈判双方达成最终协议，而且这个最终协议应当被看作谈判双方自己达成的协议。因此，助谈人在整个谈判过程中要牢记的是，在他的帮助下让谈判双方自己完成所有的关键步骤，直到谈判结束。

3. 调解人

在当今世界各种各样的摩擦不断增加的情况下，协调活动已经比以往任何时候都更加重要，成为解决冲突的一个重要途径。协调活动在十年前可能被更多地用于解决劳资冲突、家庭不和与离婚争端，但是近几年来，协调的应用范围和领域正在不断扩展，渗透到了商业活动、个人和公共事务、国际活动等领域。在全球经济强劲增长的年代，许多不同的个人、组织机构和政府都曾经在广泛的领域内，在各种不同的当代事务中扮演过调解人的角色，例如在经济往来、公共社团、跨文化交流、法律事务、环境保护、公共政策和国际事务协调领域。

在实际谈判活动中，调解人常常承担着更为积极的角色。他们既是谈判进程侧重型的，又是谈判参与侧重型的。在调解过程中，他们最主要的目标就是鼓励双方采取解决问题的方式，放弃最初的竞争策略，寻求合作解决争端的办法。具体而言，调解人在谈判中的作用主要表现为：首先，认真听取谈判双方的陈述，并且询问他所听到的内容是否准确以确保不仅谈判双方而且他自己确切了解了整个情况。其次，他应当引导谈判的进程以保证他和谈判双方都有机会充分发表自己的意见。再次，他应当与谈判双方共同总结三方所认识和理解的共同的利益及不同的利益。最后，他要与谈判双方共同研究并提出新的方案，并且形成评判的标准，以使他们共同达成解决问题的决议。在调解人的角色中，最关键的一点是与谈判双方共同努力以使三方一起形成一个决议。

调解人通常需要提出自己的方案。调解人的方案要发挥效力必须使双方认为方案是公平合理的，否则，不仅调解人的方案会遭到拒绝，而且调解人的名誉会因此受损。有鉴于此，调解人最好先充分了解双方的意见并在谈判的后期阶段提出自己的建议。为提高自己提议的成功率，调解人可以寻求著名人士的支持。此外，有实力、有声誉的调解人尤其有成功的可能，因为接受这样的调解人的建议不会被认为是软弱的表现，因而做出让步也不是丢面子的事情。

调解人一般都较深地卷入谈判过程。调解人之所以愿意较长时间地参与谈判是由于谈判的结果直接或间接地与他的利益相关联。正是由于利益的关系，调解人才积极地参与谈判并且对谈判的结果十分关注。美国在长达几十年的巴以谈判中一直充当调解人的角色就是一个极好的例子。美国出于自身在中东地区的利益和国内的政治与经济利益的考虑，在巴以长期的冲突中积极参与了双方谈判的整个过程，向双方提供谈判场所，提出谈判方案，当谈判陷入僵局时向双方中的某一方施加压力，或提供必要的支持，美国也与双方共同经历了谈判的成功和失败。国际和国内的各种利益决定了美国将继续扮演中东和谈调解人的角色，直到中东和谈取得最后的结果。

总的来说，成为一个成功的调解人对每个人都是一个挑战，因为他必须具备在谈判中的各种明礁暗石间游刃有余、既不伤害谈判双方又捍卫自己利益的能力。调解人所应具备的一些特性以及与谈判方关系的特点常常成为谈判成功的先兆。调解人具有的最重要的一个特点就是与争端双方都保持友好关系。双方与调解人在一起时应当感到随意，同时他们必须信任调解人对他们利益的关心，愿意保持对调解人的信心。与谈判双方的和睦关系需要花一段时间来建立，特别是当某个调解人在斡旋方面还没有什么名气的时候更是如此。建立和睦关系有不同的方式，但是沟通技巧、公正和自信对调解人是最有帮助的。为此，一个好的调解人应当具备一定的素质和能力，如有耐心、具有说服力和一定实力，以达到与谈判双方共同达成可接受的谈判协议的目的。

4. 仲裁人

仲裁人属于谈判参与侧重型。他在谈判中的主要作用表现在：首先，认真听取谈判双方的陈述，目的是确保他明白无误地了解谈判的情况。其次，他将控制谈判进程以获取做出决定所需要的信息。再次，他将总结他所理解和看到的双方的共同利益与不同点，以便提出自己的解决方案以及对方案的评判标准。最后，如果谈判双方不能及时提出解决方案，或者陷入僵局，他将提出他的解决方案。

仲裁人应当独立于谈判双方的利益影响，成为纯粹的独立人，这样他才能够在倾听双方的陈述、了解情况和形成决议时保持正直、客观和不偏不倚的态度。做一个好的仲裁人相对来说比较容易，对仲裁人的主要要求是本着谨慎认真的态度调查情况，并以此为依据做出客观公正的评价，因为双方对他的地位的权威性很少有争议。在谈判中，或在谈判前，双方一旦决定邀请仲裁人参与解决争端，就意味着他们将接受仲裁人的决断而无论他们对最终的裁决是否满意。在贸易争端和其他经济纠纷中，当双方没有更好的解决办法时，通过仲裁的方式来解决争端可能是最好的办法，这也是世界贸易组织争端解决机构和其他一些重要的国际仲裁法庭存在的重要意义所在。

在当今时代，仲裁的方式和方法各有不同。除了传统上以听审做出裁决的方式外，庭审也是仲裁的一种方式。仲裁既可以是自主选择的，以双方提出要求为主；也可以是强制性的，如出于法律和合同规定或外界的压力。无论是自愿的还是强制性的，谈判双方都可以自己选择仲裁人，只有在特殊情况下才由法庭做出仲裁。

仲裁的方式有三种：协议方式、最终裁决和调解仲裁（将调解和仲裁相结合）。在协议方式下，第三方有根据双方要求做出任何决定的灵活性。在最终裁决方式下，第三方只能从双方的方案中选择一个，非此即彼，而没有权力同意其他建议。这个程序又有两种方式：在以每个议题为基础裁定的情况下，仲裁人可以在议题 A 的裁定上选择一方的建议，在议题 B 的裁定上选择另一方的建议；在一揽子裁定的情况下，仲裁人必须选择一方的整个方案。在调解仲裁方式下，第三方先调解，如果失败再提出具有约束力的解决办法。这种方式对许多第三方都有吸引力，因为这种方式在调解失败后赋予他们强制谈判双方实施自己建议的权力。这种方式对仲裁人也有吸引力，因为他们可以以非正式的方式解决一项争端而不必两边来回奔波。一种常用的调解仲裁方式是成立一个三方小组，由争端双方的代表和中立方组成。在小组达成协议的过程中，中立方必须履行在双方间调解的职责。如果这一努力失败，中立方可以站在一方反对另一方，最后以多数投票的方式解决争端。

5. 行政长官

行政长官在依据自己的判断认为需要干预谈判的时候参与谈判，并依据他对谈判情况的判断做出应采取何种行动的决定。由于行政长官所处的地位和所拥有的权力，他的决定一般不容置疑。行政长官参与谈判一般是由于谈判双方遇到了某些规章制度或者上级指示等，谈判进程受到阻碍。当这种情况发生时，如果某个上级或领导能出面对规章进行解释或给予某种例外，冲突就可以得到解决。

在谈判实践中，第三方往往根据自己与谈判各方利益的不同和关系的远近亲疏来决定自己在谈判中的地位和选择自己在谈判中应扮演的角色。

三、多方参与的谈判与谈判联合体

在许多情况下，谈判各方都认为有必要邀请尽可能多的支持者来提高自己的谈判地位，增强己方的谈判力，特别是谈判各方在估计靠自己的力量不足以实现既定的目标时，往往会争取尽可能多的支持者。将自己的支持者团结起来，成立一个谈判联合体或者统一战线是一种十分有效的方法。谈判联合体可以理解为由两个或两个以上来自不同的政治、社会或经济团体的力量组成的整体，它们为了实现一个特定的目标而协调它们的行动或者联合它们的资源，因为它们认为联合起来实现既定目标的机会大于各自为战和力量分散时。

成立联合体是人们惯常使用的策略，因为人们希望联合起来弥补自己的弱势。事实上，即便是力量足够强大的一方也希望有尽可能多的支持者。尽管组织一个联合体以获取尽可能多的支持是人们常采用的策略，但是许多人在如此行事时往往是出于潜意识的需要，并没有将成立联合体作为谈判中的一个计划周密和有目的地采用的策略。因此，谈判者有必要了解联合体策略、联合体的建立以及联合体的管理，以便更好地将联合体策略应用于谈判实践，达到更好地服务于谈判各方利益的目的。

（一）确定联合体的目标群体

作为建立联合体的第一步，组织者应首先确定加入联合体的目标群体。这些群体按照加入联合体可能性的大小可以分为肯定加入者、可能加入者和潜在加入者。对目标群体的分析为组织者提供了一个清晰的目标群体分类。

属于肯定加入者的第一类群体应作为组织者首先考虑联合的对象，因为他们会积极地参与联合体，成为联合体中可靠的中坚力量。这类群体积极热情地参与联合体的重要原因当然首先是为了他们自身的利益。正是由于他们的利益与组织者的利益紧密相关或相互融合，所以组织者的利益如果因谈判力不足和缺乏足够的外部支持而受到损害，则他们的利益也会因受到牵连而受损。他们积极支持组织者还可能是出于亲情或长期的友谊，或者由于具有盟约性质的某个协定，而该协定将组织者和其他各方连接成一体，某一方如果未能守约，将受到道义上的谴责。

属于可能加入者的第二类群体与组织者没有直接的利益关系，但可能有间接的利益关系。换句话说，这类群体既不是谈判胜利的直接受益人，也不是谈判失败的直接受害者，然而他们的利益会因谈判的结果而或多或少地受到影响。也正是由于这种影响的存在，无论这类群体的利益与谈判结果的关系是如何不紧密，他们都仍然希望做些事情以推动谈判朝着他们所期望的方向发展。尽管他们的努力仅限于他们感兴趣的事件，尽管他们与组织者的关系和第一类群体相比是次要的，但是他们加入联合体仍然会大大地增强联合体的力量，并给组织者的谈判对手带来巨大的压力。因此对第二类群体，组织者应当加强与他们的联系并且尽一切可能赢得他们的支持。

属于潜在加入者的第三类群体可能仅对组织者的观点和立场持同情态度，或者仅是一些旁观者和持中立态度者。即使组织者无法获得这一类群体的完全支持，也不应有任何忽略他们的想法，因为他们的支持对其他旁观者和中立者会产生心理上和道义上的影响，并因此产生连带效应。当然，对组织者来说，赢得这一类群体的支持有较多的困难。尽管如此，组织者尽自己的努力争取他们的支持仍然是值得的，因为赢得这类群体的支持对谈判者的对手能产生制约作用，能削弱对手的谈判力并降低对手的抵抗力。

(二) 组建联合体

在确定了联合体的目标群体后，更具挑战意义的工作是将所确定的目标群体组织在一起，成立一个真正的联合体。如何组建联合体，需要组织者认真思考并制订周密的计划。下面是可以考虑的几个步骤。

1. 了解目标群体的利益诉求

在商界有一种广泛流传的说法：只有永远的利益，没有永远的朋友。这种说法尽管并不完全符合实情，但有它合理的成分，同时告诉组织者在组建联合体时首先应考虑目标群体的利益诉求，并以此为出发点开展组建工作。通过了解和确定目标群体的即时利益和长远利益、直接利益和间接利益，组织者可以发现自己与未来合作者的共同利益，以及将自己与目标群体相连接的焊接点。

2. 吸引目标群体

吸引目标群体的方法有很多，例如向他们提供有诱惑力的条件，承诺将来为他们提供帮助，以及向他们说明如果加入联合体将会增进他们的利益。组织者可以通过实例来说明其他群体与自己结成联盟后已经从联盟中获益，或者在其他与目标群体相类似的事例中联合体对他们提供了有益帮助的事实。当然，组织者应当根据不同的目标群体和不同的背景来选择自己的说服策略，以达到吸引和组织目标群体的目的。

3. 提醒目标群体

在组织者确定了联合体成员的候选名单时，名单上的候选群体可能同时上了谈判对手作为争取对象建立其联合体的候选名单。此时，作为一个必要步骤，组织者应当向自己的候选群体及时说明，加入对方的联合体不仅无助于他们利益的获取，而且会危害他们的利益，是得不偿失的。这种策略方法可被称为“反证法”。当然，应用这一方法的关键点在于是否能提供具有说服力的材料来支持自己；如果能够找到这类证据，则胜券在握。

(三) 管理联合体

建立谈判联合体只是许多工作中的第一步，更为艰巨的任务是管理好这个联合体，使参与联合体的各方能够真正地团结在一起，将各成员方的力量和资源结合起来，为实现大家的共同目标而努力。下面的一些方法和要点可用于对联合体的管理。

1. 形成集体的立场和观点

参与联合体的各方尽管利益各有不同，彼此之间的关系也各有不同，但是他们有共同的利益，对事物有共同的看法和理解，这些共同点无疑为各方形成集体的立场和观点提供了一个坚实的平台。也只有当参与联合体的各方拥有相近的观点和形成共同的立场时，才有可能使联合体有效地发挥作用。然而，在使各方观点达成一致的过程中，一定要记住求大同存小异的原则。这一原则强调尊重彼此的不同点，允许不妨碍大局的不同观点的存在，因为排斥不同的观点和寻求绝对的一致既不现实也不可行，而只会有害于联合体的团结。

2. 澄清不同意见和观点

尽管联合体的组织者和参与者都有妥善管理联合体从而使之为大家的共同目标服务的愿望，但是不可避免的事实是，在联合体内部会出现不同的观点和意见，以及对相互观点的错误理解导致的不同看法等。这些不同都会对联合体各方产生负面影响，因此有必要澄清各方之间的误会。为了加强团结，联合体各方应当首先相互信任，并在此基础上以开诚布公的方式澄清相互间的误解和不同观点。在进行此类相互交流时，应确保有关各方都在场并且有足够的时间和机会来充分表达自己的意见和观点。

3. 排除内乱因素

有些联合体由于各种原因在实现其目标之前就中途夭折，导致联合体夭折的一个重要原因就是内部意见不合。导致内部意见不合的原因各种各样，其中最主要的有联合体各方之间的利益分歧加大、对彼此的动机的否定估计、彼此间不信任、立场态度发生改变等。如果这些不同意见和分歧不能及时得到清除，就可能会造成联合体内部出现分裂的迹象，而裂痕如果不能及时得到修补，不同意见者的势力将会不断增长而逐渐成为一个分裂的派别，这一现象发展下去将要么导致联合体解体，要么削弱联合体的力量。为防止此类分裂势力形成，联合体的领导应当保持高度的警惕，在分裂势力处于萌芽状态或者内乱因素初现端倪时，即将它们清除。

4. 强调实际利益，去除不切实际的要求和期待

另外一个有损联合体的团结和力量的因素来自参与联合体各方中存在的不切实际的要求和期待。这种现象之所以具有危害性，是由于当各方不切实际的期待不能实现时，他们很可能会产生不满情绪并因此脱离联合体，或者至少变得懈怠起来。这种情况会降低己方的凝聚力而有利于谈判对手。防止不切实际的要求和期待产生的办法是组织者不要为了吸引更多的支持者而承诺做不到的事情，或者用具有诱导性质的暗示使参与者产生不切实际的期待。组织者应当更多地强调联合体各方的共同利益，这样才能使联合体的成员不至于因失望而分散他们的力量，而是为了他们的共同利益尽最大的努力。

一个组织有方、运作良好的联合体在遇到强大的谈判对手时被一再证明可以发挥巨大的威力。依赖联合体的力量增强自己的谈判力这一做法不仅为实力弱小的一方所采用，而且为力量较强的一方所采用。例如，美国政府 2000 年在国会中为了通过与中国政府签订的两国永久性正常贸易关系法案，动员了各方的力量，组成了强大的游说团队，特别是包括了那些在中国有巨大经济利益的企业集团，使得永久性正常贸易关系法案在国会得以顺利通过。这一例子说明，一个组织良好的联合体可以为实现组织者的目标发挥重要的作用。

思考题与讨论题

1. 在参与谈判的五种类型的第三方中，人们对哪些类型的第三方需求量最大？为什么？

2. 你是否在谈判中扮演过第三方的角色？如果有过这样的经历，你所扮演的第三方角色属于哪一种类型？

3. 比较建立联合体和管理联合体，哪一部分更困难？为什么？

4. 举出更多的例子来说明当谈判一方认为自己处于弱势需要援助时建立谈判联合体是非常有效的方式。

5. 做模拟谈判“格林银行”，体会一下你是否能始终坚持按照助谈人的要求参与谈判。

6. 阅读案例研究12-1并讨论下列问题：

(1) 为什么美国产业界群起而攻击美国政府挽救克莱斯勒汽车公司免于破产的举措？

(2) 艾柯卡说服国会议员同意拯救克莱斯勒汽车公司的论据中最有力的一点是什么？

模拟谈判

格林银行

(一) 背景介绍

格林银行是一家大型货币中心银行，它主要经营三项服务业务，客户包括500家区域性和地方性的美国银行。这三项服务业务是投资管理、抵押处理和国际交易。

(1) 投资管理。投资管理的内容包括提供金融咨询和证券投资组合管理。客户包括养老基金公司、区域性银行和地方性银行以及个人黄金客户。格林银行的产品和业务包括证券分析、证券投资组合风险管理、证券投资组合记录保管和税收报告。格林银行买进和卖出美国公司和外国公司的证券以及美国政府和外国政府的债券。

(2) 抵押处理。格林银行将抵押贷款打包重组并以证券形式上市，出售其中的份额。格林银行经营个人抵押贷款业务，它保存客户记录，并向在抵押贷款包中拥有份额的客户寄送本金和利息的账单。

(3) 国际交易。格林银行提供外汇兑换、信用证服务，并为在国外开展业务的区域性银行和地方性银行提供海外贷款。它还经营国家间的资金周转业务，并且安排地方性银行为在国外的公司提供服务。

上述三项业务的需求量在过去的四年里每年增长10%以上，但是竞争日益激烈。为保持业务的增长速度，格林银行在过去的两年中增加了300名雇员，并投入了400万美元资金用于购置新的计算机设备及其支持系统。

格林银行历来的习惯是只有销售代表才与客户接洽并推销其服务。格林银行的36个销售代表向4个区域银行经理报告，后者再向销售部副总经理R. 斯图尔特报告（见图12－1）。为提高格林银行的竞争力，银行的管理层又另外建立了1个业务开发部，下设6个小组，每2个小组负责3项业务中的1项。每个小组由3名新毕业的MBA成员和1名有经验的银行职员组成，负责设计新业务，例如有价证券的套期保值策略，或不同货币的全球现金管理，或抵押证券计划。这些新业务经过定价后即被介绍给格林银行的销售代表，由他们向客户推销。6个业务开发小组经理向业务开发部副总经理S. 鲍威尔报告。销售部副总经理和业务开发部副总经理向代理银行部高级副总经理H. 米尔斯报告（见图12－1）。所有销售代表和业务开发专家都是领取薪金的雇员。

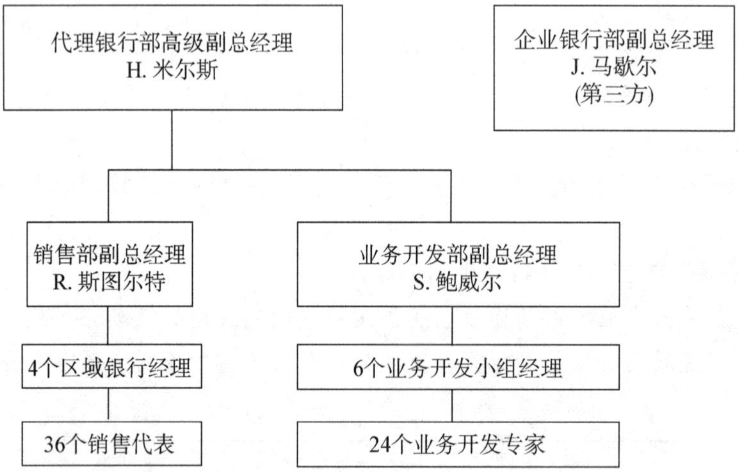

图12－1 格林银行的组织机构图

S. 鲍威尔和R. 斯图尔特长期以来一直为业务开发部和销售部之间的关系争论不休。业务开发专家声称他们比销售部的人更了解新业务，能比销售部的人更有效地推销新业务，因此业务开发专家认为应当由他们去拜访和联系代理银行并推销他们自己开发的新业务。销售部的人认为业务开发专家没有经过产品营销训练，不具有销售代表的能力，而且可能会把客户搞糊涂。销售部认为处理与代理银行的关系远远超出单一服务和单一业务的范畴，而且不得不考虑银行内部的政治问题。一个成功的销售代表需要花很长时间才能学会如何在这些政治群体中做到游刃有余。销售部还认为业务开发专家只考虑如何将他们的新业务推销出去，这种简单的做法会得罪顾客，并且引发政治定时炸弹。

代理银行部高级副总经理H. 米尔斯请求受人尊敬的企业银行部副总经理J. 马歇尔作为第三方来帮助解决这个争议，企业银行部完全独立于代理银行部。如果业务开发部和销售部在J. 马歇尔的帮助下仍不能解决双方的争议，则J. 马歇尔将向H. 米尔斯推荐一个解决方案，而H. 米尔斯可能不加修改地实施这一方案。S. 鲍威尔、R. 斯图尔特和J. 马歇尔正在开会讨论双方的争议。

(二) 谈判要求

组织三组学生，第一组学生扮演助谈人的角色，第二组学生扮演业务开发部副总经理S. 鲍威尔的角色，第三组学生扮演销售部副总经理R. 斯图尔特的角色。

第一组学生作为第三方来调解销售部和业务开发部两个部门之间的争议。第一组学生应当以助谈人的身份出现，目的是协助销售部和业务开发部自己提出解决方案。

第一组学生扮演第三方的角色，按照以下建议去做：

(1) 仔细听取双方的陈述；

(2) 提出问题，鼓励销售部和业务开发部阐明自己对形势的看法；

(3) 要求销售部和业务开发部概括它们的共同利益以及分歧；

(4) 要求销售部和业务开发部提出有建设性的方案并且讨论新方案；

(5) 要求销售部和业务开发部寻求客观评判标准；

(6) 不偏袒任何一方。

为做好助谈人做准备。如果第一组学生希望保持中立并且不偏袒任何一方，他们必须善于提出问题。准备好要提出的问题，这些问题应有助于销售部和业务开发部双方最终达成一个解决方案。

第二组学生扮演S. 鲍威尔并与R. 斯图尔特进行谈判。第二组学生要向对方解释清楚为什么他们认为业务开发专家应当负责业务推销。第二组学生可以提出更多的理由。第二组学生也可以提出双方都能接受的建议。

第三组学生扮演R. 斯图尔特并与S. 鲍威尔进行谈判。第三组学生要向对方解释自己的理由。如果有可能，第三组学生应从销售代表的角度阐述更多的道理。第三组学生也可以提出自己的方案与对方讨论，提出的方案最好能为销售部和业务开发部双方所接受。

仔细阅读背景介绍，与同组同学讨论谈判方案，在谈判中按照自己的角色要求去做，特别是扮演助谈人角色的第一组学生，尤其要注意自己的角色要求。

案例研究 12-1

艾柯卡拯救克莱斯勒

克莱斯勒汽车公司（以下简称“克莱斯勒”）原总裁艾柯卡曾经为拯救公司免遭破产的命运而成功地运用联合体的力量达到了自己的目的。克莱斯勒是美国第三大汽车公司，而艾柯卡成为克莱斯勒公司总裁的时候，公司正处于困境之中，濒临倒闭。克莱斯勒由于深受20世纪70年代两次石油危机的打击，在整个70年代，公司有一半的时间处于亏损状态，到1978年，公司的债务高达2.04亿美元。艾柯卡使用了各种可用的方法来挽救公司，例如减少支出、内部裁员，然而均未见效。当时拯救公司免遭破产厄运的出路只剩下向政府寻求帮助了，但是在美国这样的国家要获得政府对一家企业的帮助需要付出很多的努力，而这的确是一条十分艰难和充满坎坷的道路。

艾柯卡主要是希望政府为公司申请的一笔价值12亿美元的贷款提供担保，但是这一担保提案必须得到国会的通过，而在美国寻求政府的帮助在工业界会遭到激烈的反对。

为使这一提案得到通过，艾柯卡不得不动用各种可能的资源，联合各方面的努力以在国会中获取足够的支持率。在艾柯卡的努力下，一个包括各方面人士的强有力的联合体形成了，并为艾柯卡获取最后的成功做出了巨大的贡献。

在为获取政府的担保而举行的国会听证会上，艾柯卡在陈述证词的时候首先强调，他在这里绝不是代表他个人讲话。他代表着上百万个靠克莱斯勒为生的人，包括克莱斯勒的14万名职工和他们的家属，4 700家汽车经销商及其所雇用的15万名职工，19 000家供应商及其所雇用的25万名员工，还有这些人的全部家属。在听证会上，艾柯卡还解释了造成公司目前窘境的原因，阐述了拯救公司的计划，包括公司的生产计划。然而在听证会上做证仅是艾柯卡全部努力中的一小部分，他将大部分时间花在了举行小型的秘密会议以争取参众两院议员的支持上。他会晤了参议院的唯一女议员，希望得到她的支持，然而她却投了反对票，但他在美籍意大利众议员那里得到了安慰——31位美籍意大利众议员中有30人投了支持票。艾柯卡还与黑人领袖进行了会晤，因为在1979年全美国黑人的工资中，有1%是克莱斯勒发放的。在艾柯卡申请贷款担保的联盟中，黑人起到了极为重要的作用，使成功的概率大大提高。同为黑人的底特律市市长曾几次到华盛顿参加国会听证会，对艾柯卡表示支持。同时，由于市长是总统卡特的早期支持者，所以他还对总统有一定的影响力。

艾柯卡和克莱斯勒除了加紧对议员的游说工作外，还做了大量的工作以赢得消费者的支持。他们精心设计了一场广告宣传活动，向消费者做出了两项郑重承诺：第一，克莱斯勒决不关门；第二，克莱斯勒正在生产美国人真正需要的汽车。这些广告的一个特殊之处是，艾柯卡在每一页广告上都亲笔签名，这一举动向消费者传达了这样一个信息：艾柯卡就在这里，实实在在地在这里，为公司承担责任。广告宣传活动取得了巨大的成功，它使公众相信克莱斯勒是一家可靠和值得信任的公司。广告宣传在促使国会同意提供贷款担保的事件上也起到了巨大的作用。

与此同时，克莱斯勒的华盛顿分公司在另一条战线上组成了一个庞大的经销员宣传队。每天都有成群的克莱斯勒牌汽车经销员和道奇牌汽车经销员赶到华盛顿，他们对那些保守的共和党参议员产生了巨大的影响，使参议员从思想观念上改变了对克莱斯勒的反对态度。汽车经销员进驻华盛顿取得了空前的成功，因为公司给每一位众议员都送去了一份在他的选区中同克莱斯勒有来往的供应商和经销商的名单，暗示如果克莱斯勒倒闭，将会对其选区产生严重的负面影响，因为许多汽车经销商在选举活动中都有过贡献，这一点议员是无法否认的。事实上，在全美538张选举人票中只有2张选举人票里没有克莱斯勒的供应商或经销商。

此外，艾柯卡亲自拜访了美国总统卡特。尽管卡特本人并未直接卷入这场争论，但他基本上是支持艾柯卡的。显然，如果没有美国最高行政机构的支持，提供政府贷款担保的提案是绝对不会获得通过的。

艾柯卡最后还获得了众议院议长奥尼尔的关键一票。在投票表决前夕，奥尼尔发表了一个简短但是充满感情的演说。他回顾了波士顿在20世纪30年代经济大萧条时期大批工人失业使得争取一份铲雪的工作也要到处求人的惨状。他说，为了争取100个就业机会他就会拼命奋斗，当天晚上有100多万个家庭在等待着国会的裁决，而议员却坐在这里讨论这个提案，不是显得有点荒唐吗？奥尼尔的朴素情感的确感动了许多众议员，为克莱斯勒赢得了不少的支持票。

议员投票决定克莱斯勒命运的最后一刻终于到来。最终的投票结果表明，克莱斯勒在众议院取得了绝对的胜利，以271票对136票获得通过；参议院的票数比较接近，以53票对44票获得通过。

克莱斯勒要求政府提供贷款担保的提案在参众两院的顺利通过同时是艾柯卡组织的联合体的胜利，是各方共同努力的结果。面对全国的一片反对之声，克莱斯勒的谈判力显得那样微不足道，但是艾柯卡依靠联合体的力量取得了最后的胜利。

第十三章

文化模式与谈判模式

重点问题

- 什么是文化?
- 文化中的哪些要素与谈判模式相关联?
- 世界主要地区居民与谈判相关联的主要文化特征有哪些?

案例导入

刘明的新上司是从营销部门调来的，在经营方面经验欠缺。在部门会议上，当讨论到项目时间表和资金的问题时，刘明提出的建议总是得不到上司的采纳。不久就形成了一个惯例：刘明在提建议的时候，还未等他说完，上司就断然否决。刘明非常沮丧，认为上司是嫉贤妒能，因此在会上就更加起劲地提建议，但是他遇到的是更大的阻力。上司认为，刘明骄傲自大，有意让自己难堪，因此对刘明的提议就更加不屑一顾。最后刘明认识到这样对抗下去对双方都不利，他开始后退一步，从上司的角度看问题：如果上司轻易地批准刘明的建议，对正在建立个人威信的上司来说是在暴露自己的弱点。刘明认识到，应当给上司一些面子。从此刘明改变了提建议的方式，他不再提出单一的建议，而是提出许多的选择方案，由上司最后拍板决定采用哪一个方案合适。渐渐地，上司认为刘明的傲气减了不少，开始对刘明的提议做出积极回应。

▶点评

从上面的例子中我们可以看出，刘明与上司之间的问题不是根本性的矛盾，主要原因是面子问题。面子是中国文化中人际交往时的一个重要特性。每个国家都有自己的文化特性，这些文化特性对谈判者的行为有很大的影响。如果不了解这些特性，一些看似不是根本性的问题就有可能给谈判带来很大的障碍。

“性相近也，习相远也。”这是中国《论语》的一句名言。用语不多，但意义深邃。它揭示了人类社会纷繁复杂的现象背后的规律性的东西，对我们理解整个人类社会以及群体与个体之间的不同点与共同点有着深刻的启迪意义。人类的本性具有相通性，无论哪个国家哪个民族的人，他们都具有爱心、同情心，喜欢美好的事物，希望富有，渴望得到尊重。由于人类本性上的相通性，所以理解人类的整体并不十分困难，但是由于习

性上的不同，真正地理解不同文化背景的人群和个体确实是一个十分具有挑战性的难题。在今天的世界上，有两百多个不同的国家和更多的族群和部族，它们随着人类历史发展的进程，逐渐形成了自己独特的文化特征和民族风情。这些民族特征的不同点和多样性从各个方面体现出来，从饮食用餐习惯、服饰着装、个人姓名、幽默笑话、礼节礼仪、手势姿态、婚丧嫁娶到行为举止、观念意识、哲学思想、社会地位和贸易习惯等。上述各方面的活动在各种文化中都存在，但在某个特定的社会中又以其所特有的方式进行，体现出各自的文化特征。在各种文化之间不乏共同的东西，但在从事同一种活动，如商务谈判时会显现出文化上的巨大差异。为了更好地解释和理解来自不同文化背景的人们的行为，这里有必要先定义文化。

一、文化的定义

在 160 多个对文化的定义中，一些认为文化是用来区分人类和非人类的；一些将文化定义为可用于交流的知识；另外一些将文化定义为对由人类的社会生活创造的历史成就的总结。然而，所有对文化的定义都有一个共同的因素：文化是习得的、共享的，它从一代人传向另一代人。文化的传播渠道首先是从父辈到儿孙，文化也通过其他渠道传播，如社会组织、特殊的利益集团、政府部门、学校和教堂。在一种文化中，相同的思维方式和行为模式通过社会压力得到加强。文化还是多维的，由许多相互依赖的因素组成。这些因素中的某一个发生变化会导致其他因素发生变化。

文化还可以被定义为一个习得的行为模式的综合体系，它体现了一个特定社会中的成员的特性。文化既包括世界观、人生观、价值观等具有意识形态性质的部分，又包括自然科学和技术、语言和文字等非意识形态的部分。

民族文化构成中最基本的元素是价值观。价值观是人们对事物的重要性在广泛意义上的排列。价值观早期是在家庭中形成的，随后在学校得到进一步发展和深化，此后在工作单位和具有民族文化氛围的日常生活中进一步强化。价值观决定了我们认定什么是好与坏、美与丑、自然与非自然、理性与非理性以及正常与非正常。有些价值观并不为人们所认识到，而且由于它们惯有的特点，很难对其进行讨论。我们很难说服他人其价值观是错误的。因此，在谈判中最根本的一点是谈判者应当理解本民族文化和自己所代表的国家的价值观，否则将可能得不到自己人的信任。

民族文化的其他组成部分比较外在，也就是可见、可感觉和容易习得的，即使是成人也容易习得。这些组成部分包括文字、举止和在特定文化中具有特殊意义的物体。整个文字部分由符号组成，一个文化群体的语言能被外人习得。除了符号，一个文化群体还有自己共同的习俗或仪式，以及除传达信息外还被用来联络感情的行为。这些行为外人也能学会，尽管不像学习语言那样容易。

从事国际谈判的人也形成了一种专业的谈判文化，这对谈判的进程有很大的帮助。然而这些专业文化不像民族文化那样深邃。它由约定俗成的符号和习得的习惯组成，而不是分享的价值观。不同的谈判者如外交官、政府官员、政治家、商人、律师、工程师有自己不同的专业文化。与来自不同国家但来自同一行业的人谈判要比与来自不同行业的人谈判容易得多。

为了国际商务谈判的成功，各方应重视谈判中即将与之打交道的一方的文化，洞察他们文化价值观的取向，这也包括认识自己文化的价值观以及其与对方文化价值观的分歧程度。这样的洞察力将帮助谈判者更准确地理解对方行为的含义。

二、文化模式

生长在某种特定文化环境中的人，受该文化的塑造和熏陶，不断学习符合该文化要求的正确的做事方法，结果每个人都带有鲜明的本族文化的特征和烙印。研究每一种文化的特点和模式有助于更好地了解处于谈判中的人们的行为。然而由于文化的多样性和复杂性，要对世界上各种文化一一进行解释并提出每一种文化对人们行为的影响是十分困难的，也是不可能的。因此，本章将集中审视处于文化长廊两端的两种文化，也是世界上最具代表性的两类文化：东方文化与西方文化。某些国家是典型的东方文化的代表，如中国；某些国家是典型的西方文化的代表，如美国；另外大多数国家则处于中间地带，或带有较强的东方文化的特征，或表现出较强的西方文化的特征，或兼而有之。本章将从下面几个方面对这两种文化类型所代表的行为模式与谈判模式之间的关系展开讨论。

(一) 个人主义（个人意识相对于集体意识）

在西方文化中，自我意识和个人奋斗得到强调；然而在东方文化中，集体意识和集体主义更受到重视。东方文化强调忠诚于中央权力，并将集体利益置于个人利益之上。两种文化中对个人和集体的重视程度和强调程度的不同甚至导致彼此间的误解。在西方社会中有一种观点认为将个人利益置于集体利益之下是对人权的侵害。然而从另一个角度来讲，重视集体主义可能正是日本和亚洲“四小龙”——新加坡、韩国、中国香港和中国台湾经济腾飞的原因所在。

西方文化强调求异思维方式，而东方文化更强调求同思维方式。中国人的哲学思想强调“天人合一”“以和为贵”“求同存异”等。例如，中国人做客他方，当主人问客人喜欢吃点什么时，中国人的典型回答是“随便”，因为在中国人的思维深处，客随主便是礼貌的表现。但是对西方人来讲，这样的回答令他们感到头疼，因为他们不知道该如何做。如果在饭桌上中方人员中有人说喝茶，那么其他人可能都会选择喝茶，因为其他人不愿意表现得与他人不同。这种求同性在决策过程中也会体现出来。如果参与决策的人中有一个人表达了同意的意见或者反对的意见，则其他人往往不会再表示不同意见。

荷兰学者吉尔特（Gilt）曾经在世界各大洲一些国家或地区的经理中就他们的自我意识进行了一次调查，并给出了相应的分值。其结果见表 13-1。

从表 13-1 中我们可以看出，美国人最崇尚个人主义和自我意识，这一点在美国人的日常生活和社会活动中表现得很明显。以美国人对体育活动的奖励制度为例，在体育竞赛中，如果冠军的奖励是 15 万美元，亚军只能获得冠军奖励的一半。美国人所宣扬的“美国梦”就是通过个人奋斗取得成功。与此形成对照的是，在集体主义意识强烈的国家如中国，获得冠军的运动员会习惯性地宣布他们的成功归功于国家和领导，归功于教练和同伴，归功于他们的家庭，直到最后才提到自己的努力。两种文化对个人和集体作用强调的不同，对谈判结果也会产生不同的影响。当与日本人或墨西哥人谈判时，强调谈判结果对他们的公司、社团和国家所带来的益处是十分重要的；然而在与加拿大人或美国人谈判时，这一招就不灵了，最好强调谈判会给他们个人带来的发展机遇。

表 13-1　一些国家或地区经理的自我意识

国家或地区	分值
美国	91
澳大利亚	90
英国	89
加拿大	77
丹麦	75
意大利	74
比利时	74
瑞典	71
瑞士	70
法国	70
以色列	55
西班牙	53
印度	48
日本	46
阿根廷	46
巴西	38
墨西哥	32
中国香港	25
新加坡	20
中国台湾	17
委内瑞拉	16

在谈判中，人们希望每一个参与谈判的人都能够采取主动姿态，为谈判的成功做出贡献。在具有强烈自我意识的人看来，谈判是一场竞争，其结果是非赢即输，因此成为一个赢家是很重要的。在谈判中，重要的决议都是由参与谈判的级别最高的人做出的。由于这个原因，美国谈判代表喜欢与有足够权力做出决定的对手交谈，然而这种愿望在

具有强烈集体主义意识的国家的谈判对手面前常常受挫，因为美国人发现与这样的谈判对手交谈时不是在同一两个人打交道，而是不得不说服整个团队。具有强烈集体主义观念的国家的谈判代表一般要花费很长的时间来形成一项决议，因为他们必须征求每一个人的意见以获取全体人员的通过。这种习惯解释了为什么在谈判中日本方面或中国方面常常有十几个人坐在谈判桌前，而美国方面只有两三个人。

在谈判中，具有强烈个人主义意识或自我中心意识的谈判代表常常表现出高度的主动性和顽强的不妥协意志。在他们所代表的文化中，使用权力和冒险被视为好的品德。人们普遍认为一个人应当首先追求自己的利益。他们公开表示与别人的不同意见，并且他们在认为有人无理地阻挠他们实现自己的目标时会采取必要的行动。他们的自信和强硬表现为出语直率，不做明确的承诺，警告对方，或者威胁对方，但是威胁常常仅限于口头而不付诸实施。相比较而言，崇尚集体主义意识的人属于低强硬程度和自信度的类型。他们避免与他人发生直接的冲突。谦让与和谐被视为良好的公共品德。他们极少直接回绝他人以避免不必要的尴尬和不愉快。

表 13－1 可以被认为从一个侧面给出了世界文化长廊的全景图，使人们对被调查的国家或地区在文化长廊中所处的位置有了一个大致的概念。概括来说，北美洲和欧洲的一些国家或地区处于一端，东亚和南美的一些国家或地区处于另一端，而亚洲和南美洲的其他一些国家或地区处于中间位置。这个调查结果从一个方面也支持了前面将最具有代表性的文化分为东方文化和西方文化两个典型类型来进行分析的方法。当然，仅根据对某个方面的考察就将所调查的国家或地区分别纳入东方文化类型和西方文化类型是不够的。下面对文化差异方面的分析将进一步支持从调查表中得出的结论。

（二）信息交流过程

无论在什么产业或国家，商业交易都是个体之间的活动。虽然现在公司间可以通过电子数据、计算机网络系统和程序交易，但最初建立电子交流方式时是由个人来完成的。个人交往能力的强弱、彼此的信任和了解程度以及共同目标是否明确等决定了他们在建立商务联系方面是否成功，因此，交往的过程对谈判的成功至关重要。由于个人的背景、所接受的教育和培训、成长的环境等方面均不同，人们在表达自己的思想时选择的文字和非文字符号可能无法准确地传达自己想要传达的信息，因为其他人可能对这些文字和非文字符号有完全不同的理解。甚至来自同一国家或者同一产业的两个人之间的成功交流也可能是困难的，因为两个人从相同的情景提炼出的信息可能并不相同。但是谈判参与者分享的背景、语境和感知渠道越多，交流成功的可能性就越高。

文字和行为是人们用来将形象、观念、思想和看法从自己一方传递到另一方的信号。在这个过程中，发送者与接收者都起着重要的作用。人们进行交往的最基本的方式首先是语言。用语言进行交往的程序从表面上看十分简单，如图 13－1 所示。

在左端的说话人发出了一条信息，在右端的听话人接收到信息，如此，一个交往过程就算完成了，这个过程看起来的确十分简单。然而当说话人考虑以什么样的词汇和以什么样的方式传递信息时，信息传递过程就成为编制密码的过程。听话人或信息接收者收到对方传达的信息后必须用他自己的知识和他对信息传递方式的理解来破解密码，这

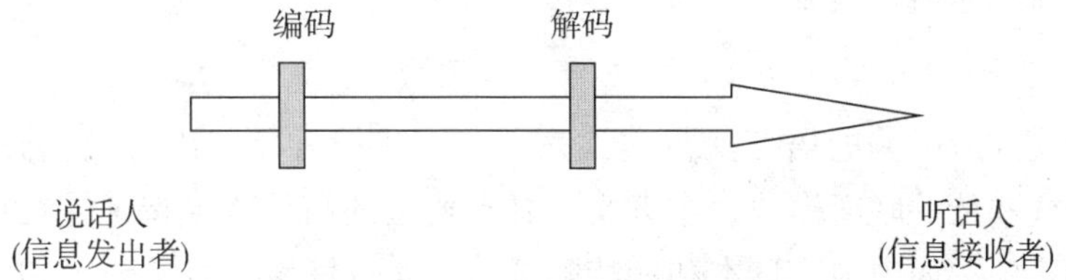

图 13－1　用语言交流的过程

样，一个简单的信息传递过程就变得复杂起来。是否能成功地解读密码在很大程度上取决于信息接收者是否拥有相同或相近的语言知识和交流方式。在这一点上，相同的文化背景就起到了很关键的作用。跨文化交流之所以困难，不仅因为文字不同，而且因为传递信息的方式不同。从这个意义上说，交流的成功取决于双方感情、思想、想法的沟通程度。

信息发出者和信息接收者的经历中相同部分的多少决定了交流成功的难易程度。如果双方几乎没有任何共同经历或相同文化背景，成功地进行交流将十分困难。例如，有关量子物理学或生物工程的讲座对外行来说一定是困难的。同样，当一个国家的法律体系不健全，外国谈判对手无法根据自身的行为准则预测谈判结果时，他们可能会不惜花费大量时间来讨论合同的细节。这一行为对另一方来说，可能是很难理解的。如果将谈判者的文化背景作为一个因素考虑进来，交流过程就变得更加复杂（见图 13－2）。

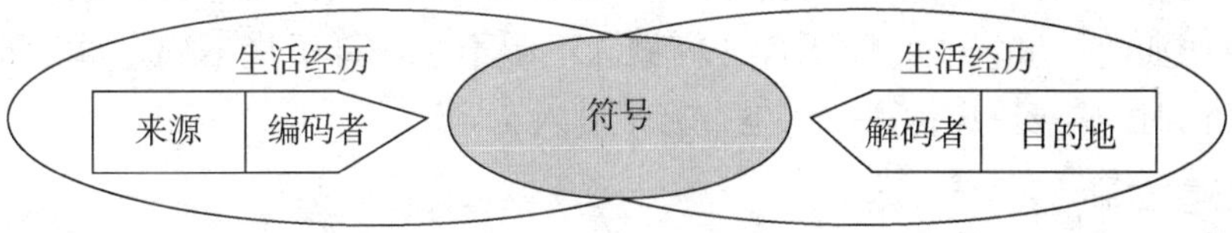

图 13－2　不同文化背景下的谈判交流过程

在下面的例子中，不同的文化背景给交流带来了理解上的不同。从美国来的商品推销商在谈判中提到自己的产品时说："我想请您来察看一下我们最新的 Z-4 型产品的规格。我认为您会很高兴看到我们这种产品的产量已经提高了 16.5%，并且 99.8%的产品达到了质量要求。这是 Z-4 型产品的图纸。"

在这里，说话人的用意是通过强调他们公司的产量之高来说明产品的受欢迎程度，以及通过强调很高的产品合格率来说明产品的质量状况。使用数据来介绍产品的做法在西方国家十分普遍，然而这种表达方式对来自巴西或埃及的人来说就不太合适了，因为他们更喜欢强调总的原则、崇高性和产品的美观性。中国人具有相同的偏好。中国商人在介绍自己的产品时，往往喜欢从总体方面来介绍自己的产品，如质量好、很受顾客欢迎、市场前景看好。因此，在与来自不同国家和文化背景的人谈判时要注意他们表达方式的特点，唯有如此才能够达到有效沟通的目的。

（三）交流方式

希望相互交流的人们需要借助某种方式来传达自己的想法。人们的交流方式主要有两种：语言交流和非语言交流。

1. 语言交流

按照文化模式所影响的语言交流方式来划分，我们可以把语言交流分为两种模式，即高关联度模式和低关联度模式。东方文化具有典型的高关联度特征。在具有高关联度文化背景的国家中，如中国、日本和沙特阿拉伯，交流发生的背景至少和实际表达出来的内容一样重要。说话人和听话人都依赖于对语境的共同理解来进行交流，而且常常未被明确表达的部分所包含的意义甚至多于被明确表达的部分。说话人在传达信息时所采用的方式近似于讲谜语，即提供谜语的大部分线索而将关键的词语留白，在所说的内容和未说的内容之间留下一个空白，由信息接收者来填补空缺部分。然而在低关联度文化背景的国家，例如美国、加拿大和英国，大多数信息通过语言明明白白地传达出来。

人们只有充分地认识到这两种交往方式的基本不同点才有可能轻松自如地传达信息，了解彼此的意图。例如在美国，批评和意见一般通过比较直接的方式提出并且正式地记录下来；然而在日本，批评和意见则以比较含蓄的方式口头提出。美国人喜欢说："坦率地讲，你们的底线是什么?"一方面，来自高关联度文化背景的国家的人则认为美国人的表达方式"傲慢""高高在上""让人有压抑感"。另一方面，来自低关联度文化背景的国家的人则认为猜谜语式的表达方式令人感到不可靠、狡猾和不诚实。他们可能会说："这家伙真狡猾。他不想说'是'还是'不是'。"对他们来讲，直接讲述事实的真相关系到诚实与否的问题；"公开摊牌"和表达自己的观点则是力量的表现，即便这些观点讲出来关系重大也要如此行事。他们憎恶含含糊糊、不明不白，希望将不确定性最小化。他们期望人们说话时"不要兜圈子"，而是直接"进入正题"。

2. 非语言交流

影响面对面谈判的一个重要因素是非语言交流方式。语言可以成为商务谈判交流的障碍，然而人们并没有认识到非语言（也称"沉默的语言"或"肢体语言"）交流也可以影响跨文化交流。非语言交流既包括与时间、空间、物质相关联的所有价值观，也包括姿态、眼神、手势和简单表示同意的点头。非语言交流方式作为一种重要的交际方式，其重要性体现在两个方面：(1) 有助于理解对方的意图；(2) 有助于传达自己的信息。

在非语言交流方式中，我们的感觉器官搜集那些突出的线索（例如握手时的坚定、眼神交流）之后，通过我们的知识、观点和情感再赋予其特定的意义。我们同样以非语言方式做出回应，例如微笑、眼神、握手或向后退步。我们选择一些适合该场景的姿势，正如我们组织语言做出应答一样，所不同的是，我们接收和发出的非语言信息往往是无意识做出的。

在不同的文化中，肢体语言各种各样，它们所传达的信息差异巨大，因此在谈判中我们应仔细观察肢体语言以掌握它的全部信息。美国人、德国人和俄罗斯人在与他人握手时力量十足。美国人认为文弱的手给人一种缺乏自信的感觉，这种想法常常使美国人做出错误的估计。从美国加利福尼亚州来的一位进口商人在回忆他在北京同中国谈判对手握手时的感觉时说"他的手像一块蛋糕一样软弱无力"，然而很快在谈判中该商人便发现自己的中国谈判对手充满了自信，效率很高，并且态度强硬。在另外一个例子中，美国经理在谈判胜利结束时会激动地用食指和拇指做一个 OK 手势，但是同样的手势在法国南部表示交易没有价值；这一手势在日本可能意味着要求一点贿赂，在巴西则又带有侮辱的意思。北欧人在使用手势来表达自己的用意时十分保守，并且与其他人总是保持相当大的个人距离，可是欧洲南部的人在表达自己的观点时大量地使用肢体语言。谈判时对方身体前倾表明对方同意你的观点，想多听一些。眉毛的活动可以表示赞同或反对。在椅子上不安地移动或看手表明对方不同意你的观点，不想再多听你的陈述。

非语言表达方式中的一个关键因素是人们在交谈时彼此间相隔的距离。阿拉伯人和拉丁美洲人与他人交谈时喜欢站得很近，他们之间的距离不到 1 尺[①]，而美国人之间比较舒适的距离要宽得多，将近 1 米；但对中国人来说，2 尺左右是通常的距离。假如一个不习惯近距离交谈的美国人在与阿拉伯人交谈时向后退步，这一举动将被阿拉伯人错误地认为具有负面的意思。

在一些文化中，眼神交流也有不同的含义。例如在许多亚洲国家如日本和泰国，低层次的人不能直视高层次的人。一项对交际模型的比较研究表明，在 10 分钟的对话期间，人们眼睛对视的次数因国家不同而有很大的不同：日本人为 1.3 次，美国人为 3.3 次，而巴西人为 5.3 次。这一研究还表明在上述三个国家中，巴西人在 30 分钟的谈话中身体接触次数最多，为 4.7 次，而日本人和美国人均为 0 次。在重要的谈判中，座位的安排应避免出现直接面对面的情况，用小桌子的时候尤其应如此，这样安排是为了避免双方产生对抗的感觉。有一些姿态和行为是所有文化都排斥的，如指点别人的行为或跷着腿并且脚尖朝着对方都是不礼貌的举动。所有非语言交流方式通过不同的因素，如实力、依赖、合作、冲突和期望影响着谈判的氛围。不了解这些非语言交流方式在面对面交流时的潜在含义就可能产生负面影响，阻碍谈判的进程。

谈判的规则各国都不相同，一些国家用文字表达出来，另一些国家则通过潜在的习俗和实践规则来体现。西方国家多依赖文字规则，而亚洲和中东的许多国家则更多地依赖潜在的实践规则。因此，在谈判举行前有必要了解谈判对手国家的文化特点。

（四）时间观念

不同的文化对时间的价值有不同的理解。在有些国家，例如日本、美国和德国，人们十分珍惜时间，甚至一分钟也是宝贵的。在“时间就是金钱”的文化中，闲散和懒惰被视为一种浪费和低效率。延误和回避尤其令人感到烦恼。人们希望尽快进入正题而不是等待观望、犹豫不定。在美国伊利诺伊州，某个拖拉机厂工作人员的交接班时间是下午 3:17，而不是下午 3:15，更不是下午 3:30。这说明人们的时间是以分为单位计算的。在日本，生活的快节奏和残酷的竞争要求每个人都必须准时。公交车或火车的司机启动发动机的时间分秒不差，因此那些即便迟到几秒钟的乘客也肯定会误车。在谈判中，他们重视眼前的进展，因此他们愿意一次解决一个问题之后再讨论下一个问题。他们希望在整个谈判过程中通过做出让步来取得进展，而不是抱定一切不放直到面对苦涩的结局。

---

① 1 尺＝0.333 3 米。

然而在世界的其他许多地方，时间是弹性的，并且不被看作有限的商品；人们可能约会迟到，或者根本不出现。例如在南亚某国，一次世界银行的一个代表团要去参观某水厂，要求司机在下午 2:00 时开车送代表团去水厂。然而司机直到下午 3:30 才出现，当被问及迟到的原因时，司机振振有词地说，该国是一个民主国家，每个人都享有在午饭后好好休息的权利。再如，一个美国人应邀在一次商务会议上发言，会议的地址在中美洲的一个小国，时间是上午 9:00。美国人在 8:00 时做好了一切准备并在饭店中等待来接他的主办人。时间到了 8:15，没有人来。到 8:30 了，仍然没有人来，到 8:45 了，依然无一人出现。美国人和饭店的接待员校对了时间，他的表没有任何问题。时间到了 9:15，一种噩梦般的感觉突然袭来，难道他把开会的国家和时间搞错了？直到 9:20 主办人终于出现了。当美国人问主办人是否已经耽误了开会时间时，主办人却轻松地说，在这里从来没有迟到这一说。他们非但没有迟到，反而早到了，因为会议在一小时后才开始。对这样的迟到和无故推迟会议的事情如果表现出愤怒或不耐烦，将会使阿拉伯人、拉丁美洲人感到吃惊和不理解。

（五）人际关系与交往形式

在某些国家特别是在环太平洋国家，向外扩展社会交往关系和建立适当的个人关系在商业运作中是不可或缺的。人们认为，在任何交易发生之前首先应当与自己的生意伙伴建立个人关系。因此，在建立这样的关系之前就急于做生意是得不到回报的，原因是质量最好的商品和最有竞争力的价格不是做生意的唯一基础，还要考虑人际关系和与之交易的人是不是最值得信赖的人等因素。在这样的背景下，合同可能是在相互握手之际或者在餐桌上达成的。

在东方文化国家，如果你能在政府部门找到某个与你的项目或交易直接相关的熟人，事情就成功了一半。即便没有这样一种直接的关系，如果能找到与政府官员的某种间接关系也是很有价值的。在东方文化中，人际关系还包括复杂的社会联系和相互交往，如亲戚、同乡、同窗、战友、朋友都可以成为这个巨大的网络的组成部分，在商业世界中发挥作用。对这个网络的无知或轻视有时会带来麻烦，但是如果接受这个网络并且利用它，则会有助于交易的成功。这种情况常常使某些商人特别是西方国家的商人感到不安。同东方文化国家相比，在西方文化国家中人际关系处于次要地位，但这并不意味着没有必要建立良好的关系，只是在这些国家关系有着不同的含义。一位英国经理曾经解释说，良好的关系要求持正确的态度，尊重彼此的距离和做事合情合理。

不同的文化对待社会地位的态度也不同。总的来说，西方文化不十分看重社会地位，这一点从人们对彼此的称呼中可见一斑。在西方文化中，先生、女士和小姐的头衔适用于所有社会地位和阶层的人士，然而在东方文化中，如中国和日本，官衔甚至职业都被用来作为称呼的一部分以示尊重和表达彼此的不同，例如李主任、王经理、张工程师。因此，在与来自东方文化背景的人交往时，记住对方的官衔或职务头衔十分重要，这可以避免不愉快的事情发生，或者避免给对方留下不好的印象。在日本，对不同层次的人讲话意味着要选择合适的语言体系，如词汇、语法结构以及语音语调的变化。

由于在东方文化中人们对社会地位高度重视，人们在谈判中表现得十分正统和客气，而西方人则表现得比较随便和不拘礼数。西方人珍视的是随和、友好和轻松的关系。他们不喜欢形式主义、传统约束和规规矩矩的社交举动。他们用实实在在的握手来迎接他人，并且双目正视对方。他们喜欢在尽可能短的时间内使用比较随便和亲切的称呼。他们认为形式和礼节给谈判增加了障碍。

（六）举止和习俗

受文化的影响，人们的举止和习俗有很大的不同。充分地理解不同的文化习俗和举止对谈判者来说尤其重要，因为人们如果不了解这些不同点，只是根据自己的理解来解释与之相关的现象，就很可能得出完全错误的结论。在国外进行谈判时，为了取得预期的谈判结果，谈判代表应当能够准确地理解各种各样的交际方式。例如，美国人常常把沉默和不采取行动的行为视作否定的表示，然而日本人却意在通过沉默使对方降低价格或者促进交易的达成。在中东地区，即便是一个十分简单的协议也要花费数日才能谈出结果，因为阿拉伯人在谈判中可能谈一些无关的事情，或做一些其他事情。在芬兰，当地的商人建议边洗桑拿边继续谈判并不是一件令人吃惊的事情，而在日本，谈判者则可能建议去唱一段卡拉 OK。

在有些文化中，有些习俗对外国商人来说是必须遵守的，其中一个例子就是使用左手和右手的习俗。在被称为“右手社会”的社会中，例如在东南亚的一些国家中，左手被视为“脏手”，吃饭时使用左手是十分不礼貌的，递东西给对方时要避免用左手。

（七）谈判中的不同实践

在国际商务谈判过程中，来自不同文化背景的人在讨价还价、介绍情况、争执和让步的方式上都有很大的不同，表现出鲜明的文化特征。在某些国家如澳大利亚和瑞典，人们在谈判中讨价还价是比较少见的，这说明他们的起始要价和他们的最终要价十分接近；然而在另外一些国家如俄罗斯、埃及，最初的要价和最后的成交价之间往往有较大的差距。

在介绍情况的方式上，西方人倾向于使用具体合理的方式，特别是喜欢使用数据，但是在中东地区或拉丁美洲，强调原则性和事物的美好方面则会产生更好的效果。在谈判中，双方常常会因某个问题而陷入争执，有时甚至会发展成激烈的争吵。在双方争论的过程中，中东地区的人如果起身大声喊叫并挥舞拳头，这并不是出于愤怒的特别表示，只不过是一种习惯性的动作。在同样的情况下，日本人则以更加节制的方式来表达自己，因为对他们来说，和谐和保留面子是最重要的，即使是做表面文章也是必要的。

在谈判中，一个重要的、不可或缺的方面是做出让步。让步的方式不仅反映出谈判者的谈判策略，而且反映出不同的文化风格及其影响。国际谈判问题研究员唐纳德·亨登（Donald Hendon）曾经建立过一个谈判让步模型。该模型假定谈判者被授权在下一轮谈判中在价格上做出让步，降价幅度为 100 美元。如果在 1 小时内谈判者有 4 次机会降价，那么他将如何利用这 4 次机会？这里提供了 7 种模式，每一种模式都代表一种行为习惯。例如模式 1 表明谈判者将 100 美元均摊在 4 次机会中，每次降价 25 美元（见表 13－2）。

表 13-2 让步模式 单位：美元

模式	机会			
	1	2	3	4
1	25	25	25	25
2	50	50	0	0
3	0	0	0	100
4	100	0	0	0
5	10	20	30	40
6	40	30	20	10
7	50	30	25	−5

在这 7 种模式中，选择模式 3 的谈判者大多数有西方文化背景，例如美国人和巴西人。他们的特点是一直坚持到最后一刻才同意做出让步，这种行为习惯表现出了极强的坚定性和顽固性。选择模式 5 的谈判者习惯于一次做一点让步，并逐渐扩大自己的让步幅度。这种类型的谈判者一般来自印度尼西亚、菲律宾、印度和一些非洲国家。选择模式 6 的人一开始表现得十分大方，但随后逐渐收紧了钱包，同时声称“井里的水要枯竭了”。喜欢这种逐渐缩小让步幅度的方式的谈判者主要来自东亚，如泰国、中国，或者大洋洲，如澳大利亚和新西兰。在中国学生中所做的测试表明有超过 60%的人选择模式 6，其余人多选择模式 3 和模式 5。

三、霍夫斯泰德的文化价值研究①

（一）霍夫斯泰德的研究

在商务领域对跨文化研究最有影响力的是荷兰学者霍夫斯泰德（Geert Hofstede）所做的研究。他的调查内容围绕与商务工作相关的价值观展开，共设了 4 个变量，即权力距离、个人主义相对于集体主义、男性主义相对于女性主义和不确定性回避。

霍夫斯泰德基于一个在 1967—1973 年间搜集了 116 000 份调查问卷的数据库，就 IBM 这一国际商业机构在 72 个国家和地区的雇员的价值观进行了对比研究。这些雇员恰好代表了每一个国家和地区中符合要求的调查对象，因为他们在同一类机构中使用同样的技术做相同的工作。他们接受过大致相同的教育，而且年龄和性别也十分匹配。最初的分析涉及 40 个国家和地区，之后这一数字增长到 50 个。此后又有 13 个国家和地区的资料按地理区域分成了三个组，即东非、西非以及阿拉伯国家和地区，这样整个调查所涉及的文化类别的总数达到了 53 种。对 IBM 的这项研究从上面所提的四个维度对这 72 个国家和地区的文化差异进行了衡量。

（1）权力距离。也就是说，组织内部权力较小的成员和组织机构（如家庭）对权力

① 改编自《国际谈判过程》，Westview 出版社和应用系统分析国际研究所，1989。

分配不平等现象接受或反对的程度如何。这一指标表明了不平等程度，它的界定是自下而上而非自上而下形成的。这项调查表明，一个社会以及任何有国际经验的人都认识到“所有的社会都是不平等的，只不过不平等的程度不同而已”。

（2）个人主义相对于集体主义。这一维度衡量的是个体融入群体的程度。项目研究发现，在倾向于个人主义的社会中个体间的联系松散：人们认为个人应该照顾自己和自己的家庭。在倾向于集体主义的社会中，人们自出生时起便融入强大的、有凝聚力的群体中，他们的大家庭（包括叔伯、姨婶和祖父母）不断地保护他们，作为交换，也要求他们绝对忠诚于大家庭。此种意义上的“集体主义”并无政治色彩，它指的是群体而非国家。此外，这一维度所衡量的是涉及世界上所有社会的一个最基本的问题。

（3）男性主义相对于女性主义。另一个触及任何社会的基本问题便是性别间的角色分配，它涉及一系列相关的解决方法。IBM 的资料分析显示：（a）不同社会间女性价值观的差别较男性小；（b）如果我们先以男性价值观作为出发点进行考察，可以发现（国与国间男性价值观差异较大），这些价值观包括从非常强硬、具有竞争性等与女性价值观截然不同的方面，到谦虚、仁爱等类似于女性价值观的各个方面。研究人员将强硬表现的一端称为男性价值观，而将仁爱表现的一端称为女性价值观。女性价值观占主导的国家的男性与女性一样有仁爱之心；而在男性价值观占主导的国家，女性则显示出一定的强硬性和竞争力，但仍逊于男性，因而在这些国家男女价值观的差距较大。

以上三个维度均为人们认定的社会行为。

（4）对 IBM 的研究发现的第四个方面不属于社会行为，而指的是人们对真理的探索，被称为“不确定性回避”。它衡量的是一种文化使其成员在非确定环境中感到不适的程度。“非确定环境”指的是新奇、不为人所知、出乎人意料、不同于寻常的环境。倾向于不确定性回避的文化试图通过严厉的法律法规、安全保障来避免非确定情况的出现，而在哲理和宗教层面上则通过笃信绝对真理来达到此目的，即“真理只有一条，而我们拥有了这条真理”。在不确定性回避倾向强烈的国家和地区中人们更容易动感情，容易受内在精力的激励。与此相反，在接受不确定性的文化中，人们对他们不习惯的行为、观点表现出更多的包容。他们制定尽可能少的法律；在哲学、宗教层面，他们是相对主义者，允许多种思潮共存。身处这些文化中的人更加无忧无虑，更喜欢冥思苦想。他们的环境也不要求他们表达自己的情感。

表 13-3 列出了对 IBM 研究的 53 种文化的得分情况，人们可以根据这些指数和排名为这些文化定位。得分最低和最高的文化约有 100 点的差距。

表 13-3　53 种文化在 5 个维度上的得分与排名

国家或地区	权力距离		个人主义		男性主义		不确定性回避		儒家动力	
	指数（PDI）	排名	指数（IDV）	排名	指数（MAS）	排名	指数（UAI）	排名	指数（CFD）	排名
阿根廷	49	18～19	46	31～32	56	33～34	86	39～44	—	—
澳大利亚	36	13	90	52	61	38	51	17	31	9～10
奥地利	11	1	55	36	79	52	70	29～30	—	—

续表

国家或地区	权力距离		个人主义		男性主义		不确定性回避		儒家动力	
	指数（PDI）	排名	指数（IDV）	排名	指数（MAS）	排名	指数（UAI）	排名	指数（CFD）	排名
比利时	65	34	75	46	54	32	94	48～49	—	—
巴西	69	40	38	27～28	49	27	76	32～33	65	18
加拿大	39	15	80	49～50	52	30	48	12～13	23	4
智利	63	29～30	23	16	28	8	86	39～44	—	—
哥伦比亚	67	37	13	5	64	42～43	80	34	—	—
哥斯达黎加	35	10～12	15	8	21	5～6	86	39～44	—	—
丹麦	18	3	74	45	16	4	23	3	—	—
厄瓜多尔	78	45～46	8	2	63	40～41	67	26	—	—
芬兰	33	8	63	37	26	7	59	22～23	—	—
法国	68	38～39	71	43～44	43	18～19	86	39～44	—	—
德国	35	10～12	67	39	66	44～45	35	6～7	25	5～6
英国	35	10～12	89	51	66	44～45	35	6～7	25	5～6
希腊	60	26～27	35	24	57	35～36	112	53	—	—
危地马拉	95	51～52	6	1	37	11	101	51	—	—
中国香港	68	38～39	25	17	57	35～36	29	4～5	96	22
印度尼西亚	78	45～46	14	6～7	46	23～24	48	12～13	—	—
印度	77	43～44	48	33	56	33～34	40	9	61	17
伊朗	58	24～25	41	30	43	18～19	59	22～23	—	—
爱尔兰	28	5	70	42	68	46～47	35	6～7	—	—
以色列	13	2	54	35	47	25	81	35	—	—
意大利	50	20	76	47	70	49～50	75	31	—	—
牙买加	45	17	39	29	68	46～47	13	2	—	—
日本	54	21	46	31～32	95	53	92	47	80	20
韩国	60	26～27	18	11	39	13	85	37～38	75	19
马来西亚	104	53	26	18	50	28～29	36	8	—	—
墨西哥	81	48～49	30	22	69	48	82	36	—	—
荷兰	38	14	80	49～50	14	3	53	19	44	14
挪威	31	6～7	69	41	8	2	50	16	—	—
新西兰	22	4	79	48	58	37	49	14～15	30	8
巴基斯坦	55	22	14	6～7	50	28～29	70	29～30	0	1
巴拿马	95	51～52	11	3	44	20	86	39～44	—	—

续表

国家或地区	权力距离		个人主义		男性主义		不确定性回避		儒家动力	
	指数(PDI)	排名	指数(IDV)	排名	指数(MAS)	排名	指数(UAI)	排名	指数(CFD)	排名
秘鲁	64	31～33	16	9	42	16～17	87	45	—	—
菲律宾	94	50	32	23	64	42～43	44	10	19	3
葡萄牙	63	29～30	27	19～21	31	9	104	52	—	—
南非	49	18～19	65	38	63	40～41	49	14～15	—	—
萨尔瓦多	66	35～36	19	12	40	14	94	48～49	—	—
新加坡	74	41	20	13～15	48	26	8	1	48	15
西班牙	57	23	51	34	42	16～17	86	39～44	—	—
瑞典	31	6～7	71	43～44	5	1	29	4～5	33	12
瑞士	34	9	68	40	70	49～50	58	21	—	—
中国台湾	58	24～25	17	10	45	21～22	69	28	87	21
泰国	64	31～33	20	13～15	34	10	64	24	56	16
土耳其	66	35～36	37	26	45	21～22	85	37～38	—	—
乌拉圭	61	28	36	25	38	12	100	50	—	—
美国	40	16	91	53	62	39	46	11	29	7
委内瑞拉	81	48～49	12	4	73	51	76	32～33	—	—
南斯拉夫	76	42	27	19～21	21	5～6	88	46	—	—
孟加拉国	—	—	—	—		—	—	—	40	13
波兰	—	—	—	—		—	—	—	32	11
东非	64	31～33	27	19～21	41	15	52	18	25	5～6
西非	77	43～44	20	13～15	46	23～24	54	20	16	2
阿拉伯国家和地区	80	47	38	27～28	53	31	68	27	—	—

注：(1) 排名：1=最低；53=最高（儒家动力：22=最高)。
(2) 在该表的排名中，有些国家或地区的名次不确定，是由于被调查的对象差异较大。

(二) 彭迈克的研究

另一具有研究价值、与 IBM 主题类似的研究成果出自香港中文大学的彭迈克（Michael Bond）。他邀请了一些中国社会学家，让他们列出中国人的基本价值观。经讨论去除多余的条目后，形成了一份有 40 个条目的中文调查问卷，之后又译为英文。通过国际同事关系网，这个关于中国人价值观的调查在多个专业的 1 000 名学生中展开，其中男生 500 名，女生 500 名，他们来自五大洲的 22 个国家和地区。调查问卷尽可能直接从汉语译成当地的语言。对西方人而言，一些条目如“孝”看起来很陌生，他们将“孝”理解成“对父母百依百顺，孝敬父母，以祖先为荣，赡养父母”。当然，在中国人看来，由西方社会学家设计的调查问卷中的一些条目同样奇怪而陌生。

研究根据每个国家和地区对价值观重要性的排序，同样从4个衡量维度来考察，得出一份22个国家和地区对中国人价值观调查（Chinese value survey，CVS）的看法的统计分析结果。22个国家和地区中的20个以前参与过IBM的研究。因此，研究人员能够将这20个国家和地区在每个CVS涉及的方面的得分与其在IBM研究中的得分进行对比。其中一方面是与集体主义的对比（多数中国人的价值观都与集体主义相联系），另一方面是男女性别的对比。但是，IBM研究中使用的一个衡量维度在CVS资料中却没有，即不确定性回避。在CVS中没有相关的数据。然而，在CVS中有一个具有鲜明特性的衡量维度，这一维度由以下几个方面的价值观构成。

（1）正面要素：

- 坚持不懈，坚忍；
- 以社会等级确定人际关系秩序，严格遵守这一秩序；
- 勤俭节约；
- 有羞耻感。

（2）反面要素：

- 个人稳定；
- 爱“面子”；
- 遵循传统；
- 坚持有来有往，礼尚往来。

对一些国家和地区而言，正面的价值观相对重要，而对另一些国家和地区而言，反面的价值观相对重要。所有这些价值观都可以从公元前500年孔子的教条中找到。然而，正面的价值观更侧重于未来（尤其是坚持不懈、勤俭节约这两条），而反面的价值观更倾向于过去与现在。因此，彭迈克将这一衡量维度称为“儒家动力”。CVS将“儒家动力”一项的国家和地区得分放在表13－3的最后一栏，使相关衡量维度数目增加到了5个。有趣的是，在霍夫斯泰德与彭迈克的研究中，“个人主义”这一项均与一个国家和地区的财富（人均GDP）有很高的相关关系（$r=0.84$），而且历史数据证明，财富与个人主义之间有因果关系。儒家动力与一个国家和地区在过去25年的经济增长（人均GDP的增长）有很高的相关关系（$r=0.7$），这表明了儒家动力与经济增长之间的因果关系。

(三) 结　论

谈判不论是否具有国际性，均有共同的特点。然而，在国际谈判中，下列特点随谈判双方国家谈判风格的变化而变化。

- 谈判双方的控制力与决策机制的性质；
- 信任或不信任对方行为的原因（一定程度的信任是谈判成功不可或缺的因素）；
- 谈判过程中对含混问题的容忍程度；
- 谈判人员的感情需求，例如激励自尊或挫伤自尊。

一个人如果能了解一个国家或地区的文化价值体系在表13－3中的大体位置，他就能预测该国家或地区谈判人员的谈判风格。

（1）较大的权力距离导致权力集中和决策体系的控制（关键的谈判需由高层权威人士进行）。

（2）集体主义需要稳定的人际关系，这样谈判便可在有很长时间交情的熟人之间进行（这些人彼此相识几年以上）。其中任何一人被其他人代替对这种关系都是一种严重的干扰，因为这意味着不得不从头建立人际关系。在集体主义文化中，协调者或中间人比在个人主义文化中进行谈判时扮演着更为重要的角色。在集体主义的环境中，形式上的和谐更为重要，过多的冲突是禁忌。协调者可以在自信的氛围中对双方提出敏感的问题，同时避免对抗。

（3）男性主义促成自我激励的行为和对强硬的谈判者及其上司的同情。男性文化倾向于通过斗争而非妥协来解决冲突。女性主义会导致自我挫伤行为和对弱者的同情。两个男性文化谈判者之间的谈判要比至少一方是女性文化谈判者之间的谈判困难得多。这一点可以援引历史上的案例进行比较说明：一个是 1921 年芬兰与瑞典之间的奥兰群岛之争的解决方法；另一个是 1983 年阿根廷与英国之间对马尔维纳斯群岛（英国称之为福克兰群岛）之争的解决方法。前一争端通过公民投票和平解决了，而后一争端虽历经一场血腥战争仍悬而未决。研究表明，芬兰和瑞典都属于女性文化，而阿根廷与英国都属于男性文化。

（4）避免不确定性的结果是对模棱两可的事物的低容忍度和对有陌生行为表现的谈判对手的不信任。来自避免不确定性文化的谈判者喜欢谈判中有序的、仪式性的程序。

（5）儒家动力宣扬的是，即使以牺牲为代价也要坚持不懈地完成预期的目标。

显然，这些预测应该通过实证研究得到检验。

思考题与讨论题

1. 人们在谈判中的行为受文化的影响很大，请对此做出自己的评论。

2. “性相近也，习相远也。”说说你对此观点的看法。

3. 你如何解释世界各地存在的不同行为方式？

4. 用让步模式测试一下你做出让步的行为习惯，并解释结果。

5. 对在谈判过程中出现的文化差异，你的态度是什么？

6. 做本章模拟谈判。按照对角色的要求去做，并在谈判过程中体验文化的差异。

7. 阅读案例研究 13－1 并讨论下列问题：

（1）为什么杜兰德决定不销售南部蜡烛公司的产品？请指出皮卡特的巴黎之行有什么做得不恰当的地方。

（2）你认为皮卡特的文化意识和敏感性如何？

8. 阅读案例研究 13－2 并讨论下列问题：

（1）了解中国文化对本杰明取得与中国人谈判的成功起到的作用。总结该案例中他认为中国谈判者的不一样的做法。

（2）请从该案例中找出具体事例来说明本杰明怎样做到了“给面子”。

（3）请尝试解释中国人为什么那么重视面子。你也很重视面子吗？

（4）你对中国的谈判文化是否了解？该案例对你了解自己有什么帮助？

模拟谈判

世界银行改水项目谈判中的文化冲突

（一）背景介绍

中国农村卫生水的供给长期以来是困扰中国贫困地区的问题，特别是在20世纪八九十年代，由于资金缺乏，很多地方无法修建水厂来为农村居民提供经过处理的卫生水。因此，中国政府几次成功地向世界银行申请到农村改水项目贷款，主要是从世界银行获得软贷，即低于市场利率的贷款。为保证项目的顺利实施以及贷款的按期返还，世界银行的项目官员一直积极参与项目实施的各重要阶段的谈判。然而在项目实施期间，由于世界银行项目官员主要来自北美和欧洲地区，所以在谈判中不免与中国项目官员产生了一些冲突。

（二）谈判介绍

1998年，世界银行董事会批准了700万美元的中国农村改水项目贷款，目的在于改善中国贫困地区农村的饮水状况。世界银行要求中国地方政府要配套同等金额的资金用于改水项目。项目包括两个组成部分：一是从项目地区获取水源，经过必要的处理后配送到附近的农村居民家中；二是修建符合国家卫生标准的厕所。估计项目的实施将会使460万个农村居民受益。项目贷款的返回主要依靠项目受益人支付的水费。世界银行的项目官员显然认识到还款有一定的风险，因为项目受益人是中国最贫困地区的农民。

（三）谈　判

1. 世界银行项目官员的条件

出于控制风险确保还贷的目的，世界银行项目官员在与中国国家项目办和各项目省、项目县代表的谈判中提出改水受益村的村委会要提交一份承诺书，承诺书中要写清楚项目贷款总金额、地方政府配套总金额、受益农民应当提供的物料支援、农民需支付的水费总额以及每月应当支付的水费额度。世界银行项目官员认为这样做的目的是要让受益农民清楚地知道自己的利益和应尽的义务。

2. 中国国家、省和县项目官员的条件

中国国家、省和县项目官员坚决反对在承诺书中提及各个项目金额的确切数字，如项目总贷款、总水费金额，他们认为巨额贷款数额可能会使农民感到担心和害怕，农民可能宁愿放弃自来水而继续使用不卫生的水和不卫生的厕所。中国官员认为农民只需知道要支付水费就可以了。此外，他们还提出农村村委会主任或许也会反对，因为如果要求大家花这么多钱在自来水上，他的村委会主任的位置就保不住了。

（四）谈判目标

双方就是否提交这样一份承诺书以及怎样写承诺书达成了一致，既要使世界银行项目官员感到放心，又要使村民知道自己的责任。

1. 要　求

组成谈判小组，一方为世界银行项目官员，另一方为中国项目官员。在谈判过程中，务必注意各自所代表的文化类型。

2. 提　示

在商务谈判中，西方文化背景的谈判者强调信息的透明度和提供准确的数字，而中方谈判者则强调原则和概念。

案例研究 13 - 1

南部蜡烛公司的法国之行

罗纳德·皮卡特是南部蜡烛股份有限公司（以下简称“南部蜡烛公司”）的总经理，该公司位于马里兰州的巴尔的摩。公司专门生产高质量、慢燃烧的加香料和不加香料的蜡烛。公司拥有一项生产三菱形纹饰蜡烛的专利。公司产品在美国各地的零售店、专卖店和特许经营店销售。近几年来，由于来自其他蜡烛公司的竞争加剧，南部蜡烛公司不得不考虑开辟新市场。以往的国际交易显示欧洲具有很大的市场潜力，特别是在西欧。皮卡特十分自信地认为在美国市场上获得的经验可以推广到欧洲市场。

在当年德国慕尼黑举办的国际交易会上，皮卡特遇见了法国精品公司的皮埃尔·杜兰德。杜兰德在法国、德国和比利时都拥有连锁专卖店，主要顾客群为上流社会人士。他的产品包括香水、美容产品、服装饰品、定制的珠宝和手工居家装饰品。杜兰德表达了销售南部蜡烛公司产品的意向并且希望更多地了解三菱形纹饰蜡烛的设计程序。他邀请皮卡特下个月访问巴黎，讨论做生意的可能性。皮卡特热诚地接受了邀请。

皮卡特对可能在欧洲开展业务感到十分兴奋，因为他的蜡烛产品正好是法国精品公司所没有的，这个机遇将扩大产品知名度，并有可能使公司最终在欧洲开办自己的商店。

皮卡特召集公司有关人员策划如何将产品推销到杜兰德的公司，市场部经理马志·杜布瓦和一名技术人员参加了三菱形纹饰蜡烛设计程序的讨论。经过长时间的奋战，工作小组完成了一份综合商务建议书并做好了出访巴黎的准备。皮卡特十分高兴杜布瓦太太将随行，因为她在加拿大魁北克待过5年，能讲一口流利的法语。

皮卡特和他的团队于上午9点到达巴黎，受到杜兰德的迎接。大家相互握手，杜布瓦太太用法语表达了热情的问候。杜兰德对此只是微笑了一下。在去法国精品公司的路上，大家偶尔与杜布瓦太太用法语聊几句，杜兰德恭维了两句杜布瓦太太的法语，问她在哪里学的法语。杜布瓦太太告诉他她是在加拿大学的法语，杜兰德会意地一笑。

在公司，杜兰德将皮卡特及其成员介绍给他的公司成员，大家相互交流名片。皮卡特注意到对方的名片一面是英语，另一面是法语。接下来杜兰德陪同皮卡特和其他成员进入会议室。会谈在下午1点午饭时间休会，出乎皮卡特意料的是午饭持续了两个小时。回到会议室后，皮卡特因丰盛的午饭后有些不舒服，便将外套脱下来，但法方成员没人这样做。

下午的会谈尽管不时有些争议，但总体来说进行得十分顺利。皮卡特的陈述受到欢迎，看起来杜兰德有意购买南部蜡烛公司的产品。皮卡特因此得意地对他的成员做了一个“OK”手势。杜兰德十分感谢皮卡特的陈述，并告知皮卡特他将和他的团队进一步研究这份建议书，之后他将告知皮卡特他的决定。

会谈后，杜兰德邀请皮卡特和其他成员参加晚上8点在他家举办的晚宴。当晚7点半，皮卡特一行从酒店乘车前往杜兰德家并于8点准时到达，此时法国精品公司的几个经理已经等候在那里。

皮卡特被引见给杜兰德夫人，他优雅地同她握手，献上一束漂亮的玫瑰花。奢华的晚宴在大家轻松的交谈中持续了几个小时。皮卡特几次向杜兰德提及白天的会谈，但都被转回到轻松的社交趣事。这个美好的夜晚仿佛预示着白天生意的成功。

皮卡特到半夜才筋疲力尽地回到酒店，他庆幸自己预订了晚些时候飞回美国的机票。

两周后，大大出乎皮卡特的意料，他收到了杜兰德一封措辞礼貌的信，该信告知皮卡特目前不打算扩展法国精品公司销售的产品。

案例研究 13-2

“给面子”如何“酝酿”谈判的成功

（一）背景介绍

澳大利亚一家化学工程咨询公司的所有者本杰明·皮特对那些想在中国做生意的人有一个忠告：“许多中国人把击败外国人看作一种爱国义务。”然而尽管如此，本杰明在中国还是成功了，他负责设计了中国的一些现代化酿酒厂。

本杰明刚开始与中国人打交道时很不顺利。他与中国人谈的第一笔生意是广东省一家大型酿酒厂的建设项目。他调侃说，“我们一开始接触的中国人不过是些看客，他们并不是真的想与我们做生意，他们不过是想试试水。”于是本杰明发出了一份调查问卷，询问关于规格、原料、酿酒能力、计划生产的产品、预算和经营计划等方面的信息。得到的回应使他确信他必须亲赴中国商谈建立广东省最大酿酒厂这个价值2 000万美元的潜在项目。但是在听到许多人讲述了他们在中国的经商经历后，他决定在自己公司具有特殊技术优势的领域寻找商机。他建议说：“在中国你要理解的最重要的事情之一是你无法与价格低廉的当地竞争者竞争。我们只有提供给中国人他们在本国得不到的特殊技术，他们才会让外国人参与进来。如果中国人在当地就能得到我们所提供的技术，他们就不会选择我们。”

（二）谈判前期准备

本杰明很清楚自己在谈判中的优势。他可以为中国酿酒企业带来它们不具有的价值，因为他懂提高酿酒厂生产能力和减少所产生废料的技术，还擅长了解和预测市场趋势，而且他拥有中国企业缺乏的成熟的国际市场数据。

可以说中国人在酿酒厂设计方面的经验相当匮乏，而本杰明从1983年开始就创建或重新设计了大部分澳大利亚大型酿酒厂。在谈判开始前，他对中国市场做了全面的调研，包括啤酒产业和位于广州的这家酿酒厂。他发现尽管这家酿酒厂已经在上海证券交易所上市，但它与中国政府有直接的关系。“如果你同中国的酿酒厂合作，你就是在与政府共事，因为这个行业受到高度管制。”

本杰明到达中国后发现中国方面同时在与德国、法国和比利时的公司就这个项目进行谈判。此外，中国公司计划建设的酿酒厂并不像开始时给人感觉的那样好。根据以上情况，本杰明决定他的谈判策略是以专家的口吻告诉中方他们需要什么，而不是让他们告诉自己他们需要什么，因为显然他们对酿酒厂的设计知之甚少。

本杰明知道指出中国人计划中的不足是一个敏感话题。他曾和澳籍华人交谈过（包括他的中国谈判队伍中的两位重要的来自中国的成员），并通过阅读广泛了解中国文化，因此他知道让中国人丢面子会带来风险。为了避免这种情况发生，他主动提出与中方一起制订一个采用最新技术并有竞争力的简要计划。如此，在招投标开始之前他就同中方建立了关系，这同时让中方首席谈判代表在老板（和中国政府官员）面前很有面子，因为首席谈判代表将利用外国技术开发一个更好的商业计划。所有这些准备使本杰明的公司在招标竞争中处于优势地位。

(三) 采取罕见的策略

本杰明介绍说："在投标开始前，在其他外国公司无所事事的时候，我们就已经开始同客户一起研究开展该计划了。"中国人为前来参加投标的公司安排了住宿。广东省政府将所有外国团队——法国、德国、比利时和澳大利亚——都安排住在同一个酒店。本杰明说："我们往往会逐个去同中方会谈。当我们谈完返回酒店时，总会看见其他公司的人员等候在大厅里等人来接他们去参加会谈。很明显，我们相互之间在竞争。"在酿酒厂设计这样一个专业领域，各国谈判队伍相互之间都很了解，中方正是利用这一点使形势对自己有利。

"我们知道中方正设法让我们彼此竞争，所以我们并不按他们的套路走，而是每天下午都会在酒店自有的酒吧里见面，对比会议记录，共同讨论此轮谈判是关于价格、技术、信誉还是其他问题。当然，谈判的关键问题总是价格和技术。"

谈判进行了几个星期，在这期间每个外国代表队几乎每天都与中方面谈，谈判议题始终围绕着技术、价格、项目涉及的范围，以及采用哪个预算方案既能使用最好的技术又能省钱。"中方的谈判队伍大概有 30 人，每次会面都有不同的人与你商谈。你原以为已经达成了协议，但之后总有一个中方成员突然把你叫到一边，告诉你完全相反的观点，令人感到十分困惑。"

(四) 加强优势

谈判一开始的翻译工作由中方人员承担。本杰明其实从澳大利亚带来了两个出生于中国的团队成员，一个是化学工程师，一个是会计。"我决定让团队中来自中国的两个成员做我的翻译，因为中国人的语言常常是隐晦的，他们通常通过暗示来表达自己。这是一个最好的决定，因为我终于有机会得到我想要的回复。"

本杰明开始把语言障碍看作一种优势。"他们不知道中国语言给了我反悔的机会，因为我可以借口说没有完全理解对方而推翻自己以前说过的话。他们不断改变对我所谈的内容，我也借机做同样的事情，并且侥幸取得成功。"

本杰明对自己的竞争者抱着尊敬的态度，因为他们是专业的管理者和公司员工。但是他们用傲慢的态度对待中国人，甚至如此对待本杰明和澳大利亚。他们不相信在澳大利亚会有世界级的酿酒厂设计师。

几周过后，因为受不了持久战式的谈判进程，法国和比利时公司退出。法国和比利时谈判团队成员在第一次出价被拒绝后就开出了底价，这使他们在以后的谈判中没有任何回旋余地。法国和比利时谈判团队成员还存在其他两个问题。首先，他们是另外几个项目的责任经理，因此放弃这里的竞争回国处理手头的其他项目是件很容易的事情；其次，法国团队不喜欢中国餐饮，因此回国对他们来说非常有吸引力。然而，本杰明既是专业化学工程师，又是自己公司的老板，他为此次谈判已经先期投入了35万美元，因此不会轻易离开。

（五）耐心得到回报

“我开始怀疑我们要把90%的时间耗在争论价格上了，尤其是在中国人开始在谈判中哭穷的时候。他们一直说预算有限，所以我开始时开价很高，但是不断地做出最小的让步，而且从来没有接近我的底线。从之前的问卷调查中我已经知道他们付得起我的技术和我提供的咨询服务。虽然能够进入中国市场是一个极好的机会，但我还是要得到合适的回报。”

“我第一次到中国时就被告知，‘中国有5 000年的历史，那么再多100年又能怎么样呢?’这句话的含义是他们有足够的耐心来等待合适的交易机会。我们为了来中国发展已经投入了许多资金，我们不会仅因谈判比想象的花费了更长时间而掉头回国。”

中国团队随后又想将本杰明计划回国的时间作为砝码，基于他快要离开中国这一事实，迫使本杰明同意中方开出的价格条件。但是本杰明识破了这个策略。“我发现他们想把谈判拖延到我离开的那天，所以我告诉对方我的时间是很灵活的，谈判结束后我才会离开。我表现得好像我不再有最后期限，并礼貌地指出他们必须在规定的期限内建成酿酒厂。”

本杰明每天晚上都要与他的谈判团队中来自中国的两个成员分析当天的谈判，尝试找出中方的谈判策略。来自中国的两个成员帮助他分析、解释中国的文化观念，他发现这对他理解中国人的策略十分有价值。

（六）被试探

“在一次会谈期间，中方的一个成员变得非常生气和不耐烦。当天晚上我的一个翻译告诉我那个人可能在试探我的反应。他解释说中国人一般不与陌生人做生意，而且有时候他们会采用不同的态度来试探对方在压力下的反应。”

“中国文化与澳大利亚文化差异巨大，因此谈判团队成员非常需要中国本地人的加入。你绝不能凭直觉去理解什么在影响和推动着他们，要做到这一点得活50次。如果没有50条命，最好的办法就是得到当地人的指点。”

本杰明又发现了谈判过程中其他令人困惑的地方。“有时谈判双方在一些问题上已经达成原则性的协议，但随后中方又会改变主意。从那以后我们知道了这种现象较普遍。即使双方已经达成书面协议，它也仅是一个‘讨论文件’。中国人期望你像根竹子，随风变化。”

当谈判仅剩下两家公司的时候，本杰明采用了新的策略。他开始强调他的设计具有环保优势，并解释说他的技术可以使中国酿酒厂在废料管理上处于世界领先地位。他的技术方案可以在减少环境污染物的同时确保最大的产能，并让这家中国酿酒厂拥有世界领先的声誉。

与此同时，中国团队也做了调查，发现本杰明的公司具有发货及时且符合标准的声誉，因此私下里也倾向于本杰明的公司。最后似乎是本杰明的专业技术让他做成了这桩生意。然而，本杰明相信这更多是出于关系和面子。“我尽力让中方看起来很有面子，因为我用最新技术和他们一起做出了初步设计，帮助他们解决了他们没有考虑到的问题，例如可以为中方省钱的环境管理问题，而且我提示对方我的方案将使他们的公司在该领域成为世界领导者，这相当于给他们发光的机会。”

(七) 最后一轮谈判

在发放和讨论了最后三份建议书之后，但是在达成最终协议之前，双方又分别举行了 9 轮谈判，讨论如下内容：

- 付款期限和预付款；
- 货币决策；
- 商检政策；
- 担保；
- 国内外零部件的配送；
- 广东酿酒厂人员的使用和培训；
- 处罚；
- 运行情况要求；
- 传输能力。

在谈判进入这个阶段后，中国团队成员减少到了 12 人。在本杰明和他的其他团队成员在中国进行最后阶段的谈判时，中国团队一分为二，分别前往欧洲和澳大利亚，通过本杰明公司的产品供应商，包括泵阀、电子设备、不锈钢和激光焊接等的供应商对他做出评价。他的供应商似乎都给了他及格，但是有个观念问题依然存在，那就是虽然本杰明的团队在各项指标上都优于其他团队，但中国团队的一些成员仍然反对澳大利亚团队，只是因为他们是澳大利亚的。这些人说出于形象和声誉的考虑，还是应当选一个来自欧洲的酿酒厂设计师和建造者。根据本杰明一方的理解，最终由于广东省副省长的介入中方才决定选择本杰明的公司。在该副省长做出决定 45 分钟后，中方首席谈判代表与在酒店等候的本杰明通了话。

在电话中，中方首席谈判代表没做任何开场白，出乎意料地说：“我们希望您签下这份合同，请现在到办公室来。”本杰明和他的团队直奔中方办公室。在签订合同之前，他对中方首席谈判代表说：“非常感谢您同意委托我们建造酿酒厂。考虑到这一点，我们希望给贵方 5%的折扣。”这一招很巧妙。预算降低 5%让每个中国团队成员都很有面子，包括广东省副省长。他们不会忘记这一点的。

(八) 评　论

在得到广东酿酒厂的设计项目后，本杰明又独家承揽了新疆维吾尔自治区价值 500 万美元的葡萄酒酿造厂的设计。这证明他在中国备受信赖。在与中国人共事的日子里，本杰明认为他在应对各种挑战中获得了一些有价值的经验教训：

第一，不要让文化差异搅乱你的阵脚。理解它们，学会在其中工作，但是不要被牵着鼻子走。在第一次谈判中，我可能在文化方面花了太多的时间，而在商业方面投入的精力不够。

第二，要知道从来没有任何事情可以完全解决。中国人把合同只当作交易的起点。

你需要灵活应变，而不是与之对抗。

第三，要清楚面子是最重要的。我曾看到一些中国人建造的不太好的酿酒厂，他们自己也清楚这样的酿酒厂有问题，但是他们不知道怎样在不丢面子的情况下承认自己的错误。

与中国人谈判的最重要的一点是，要做好准备让中国人看起来很有面子。中国人讲究互利互惠，如果你给他们面子，实际上是给自己帮了一个大忙。

资料来源：改编自 March，Robert M. and Wu，Su-Hua. *The Chinese Negotiator*：*How to Succeed in the World's Largest Market*. Tokyo：Kodansha International，2006。

第十四章

谈判风险与管理

重点问题

- 什么是谈判风险？
- 与谈判相关的外部风险来源有什么？
- 与谈判相关的内部风险来源有什么？
- 什么是谈判风险管理？
- 谈判风险管理的四个策略是什么？

案例导入

中国的一些在海外从事经营的企业因疏忽或者不遵守当地的法律规定而遭遇风险。2003年，A公司在美国亚特兰大投资并购当地一家企业。经过多日的谈判后，双方终于达成了初步并购协议，但在签署排他性的谅解备忘录时，公司的主谈没有认识到应该增加附加条款，以便用法律手段限制对方再提价。结果，该美国企业的最大股东在董事会上提出要抬价20%，而这超出了A公司的承受能力，最终导致了此次海外投资并购失败。另外有些企业则利用一些国家的管理漏洞，认为只要花钱就可以办事，从而给自己带来了无穷的法律后患。例如，B出口商向俄罗斯出口时为了少交高昂的进口关税而贿赂当地官员（被称为灰色清关），结果虽然所交纳税额降低了，但是因拿不到完税单而遭到俄罗斯警方的抄查和没收全部货物，企业因此遭受重大损失。

▶点评

以上案例涉及的是国际商务活动中的法律风险。由于法律具有权威性和排他性，所以因不熟悉、不遵守或者忽略国外法律导致的谈判失败成为重要的风险来源。

谈判作为人类社会中最普遍也是最重要的活动面临各种不确定性或者风险。谈判成功与否不仅与本教材前文所论述的各类因素相关，而且取决于谈判者是否能够很好地管理这些风险。然而风险来自多种渠道，困难之处在于理解它们的多样性。本章聚焦于风险管理过程中的关键步骤，首先识别与谈判直接和间接相关的风险来源，然后论述风险管理的方法。

一、识别风险来源

风险一般被定义为一个将要发生的事件对实现目标产生的负面影响或者对预期结果的偏离，因而风险包含了与不确定性打交道。不确定性是指潜在的、不可预知的和不可控的结果，而风险则是即使有不确定性也仍然采取某一行动的结果。谈判风险是指在谈判过程中和谈判结果实施阶段因不确定性的存在而使谈判者无法全部或部分实现他们的目标。

识别风险首先应分清风险的来源。其目的是在各种不同的风险中辨别出最有可能影响谈判者的风险。此类风险识别行为有助于谈判者从不确定性角度观察风险的本质，如此他们便可以对影响谈判者和他们的主要目标的风险形成感性认知。

辨识风险来源的方法取决于与风险相关的活动。一些常用的方法包括：

（1）以目的为依据的风险识别。项目团队的谈判人员都有自己的谈判目标。任何可能全部或部分威胁某个目标实现的事件都可以被视为风险。

（2）以方案为依据的风险识别。建立各种假设方案，并对方案进行分析。针对谈判目标的一种替代办法是制订假设方案，或者对各类势力的相互作用进行分析。例如针对买卖双方市场，任何有可能引发不期望出现的替代方案的事件都可以被确定为风险。

（3）以分类为依据的风险识别。以分类为依据的风险识别就是对风险来源进行分类，根据分类结果和最佳的实践知识拟定调查问卷，通过问卷回答找出风险因素。

（4）一般风险查询。有些产业具有人们共知的一般风险，将这些风险列成清单后根据相应情况一一查找。

（5）风险总表。这种方法将上述方法归总后制成图表，列出风险来源与威胁，修改可能增加或降低风险的因素以及希望避免的结果。以上述风险识别方法为标题建立的表格能够使各类方法一目了然。做风险分析时可以先从风险来源入手，考虑所面对的威胁以及可能的后果。

本章参照上述风险识别方法，依据风险来源与谈判过程、谈判者之间的直接与间接关系建立了商务谈判的分析体系。本书将风险来源分为两类：一是外部风险，指影响所有商务活动的一般风险；二是内部风险，特别指谈判过程中可能发生的风险。本章将重点阐述第二类风险。

二、外部风险

外部风险有各种来源，包括金融市场的不确定性、项目失败的威胁（项目实施的任何阶段——设计、研发、生产、产品生命周期的延续）、法律责任、信用危机、事故、自然灾害、对手的故意攻击、不确定事件和不可预知的根由。这些风险得到了广泛的研究，包括商务教材中的研究。本章选择与谈判高度相关的一些风险进行论述并将其分为五类，包括政治风险、经济风险、法律风险、社会与文化风险以及自然环境风险。

(一) 政治风险

政治风险随着时间的推移有许多不同的含义。一般来说政治风险指的是由于下面的原因使商界和政界面临的困难与难题：通过改变取得经济目标的可能性，使任何预期的结果和特定经济行为的价值发生变化的政治决策或者政治变动。企业所面临的政治风险可以定义为，由于如下非市场因素导致企业遭受的战略、金融与团队损失：宏观经济和社会政策，包括财政、货币、贸易、投资、产业、收入、劳动力和发展等；或者与政治不稳定相关的事件，如恐怖主义、骚乱、政变、内战和叛乱。[①] 政治风险包括：政权不稳定与政策不连贯所引发的风险、政府干预风险、政府制裁风险、投资与贸易壁垒风险、地缘政治风险、意识形态风险等。

政权不稳定与政策不连贯所引发的风险是指政权频繁更迭导致的后任领导人不承认或放弃前任领导人的政策所导致的风险。

政府干预风险是指政府对国外贸易与投资活动制定各种限制性措施，如制定歧视外国企业的法律法规，如特别污染法、劳工法、信息披露要求。

政府制裁风险是指东道国政府对外商投资企业设置各种障碍，施加各种压力，从而导致外商投资企业亏损或破产的经济行为。

投资壁垒风险是指直接针对对外直接投资领域产生的政策风险，主要包括市场准入与劳务和签证政策两个因素。贸易壁垒风险则是指针对外国企业所生产产品的贸易的限制性与惩罚性措施。

地缘政治风险是指由一国与其他国家的关系以及周边地区的安全形势造成的风险。

意识形态风险特指西方一些国家针对中国企业的所有制，即国有企业属性而采取的歧视性限制。事实上，即便是中国的一些民营企业也在投资和贸易方面遭到了打击与限制。近年来中国企业在海外的经营活动遭遇到的政治风险不断上升。例如，2005 年中国海洋石油总公司收购美国优尼科公司的谈判在最后一刻被美国政府以“安全”为由阻止，使谈判前功尽弃。2010 年华为预收购美国旧金山湾区服务器技术公司 3Leaf Systems 部分资产的努力也因为同样的原因失败。

政治风险可以说是各类风险中最具破坏性的，因为它是国家意志的体现。

(二) 经济风险

经济风险又称商业风险。经济环境所导致的风险与很多因素有关，诸如宏观经济风险、市场的不完善风险、外汇风险、利率风险以及经营风险。

宏观经济风险是指一国的经济总体状况，包括 GDP 总量以及增长速度、失业率与通货膨胀率、财政收支、外债规模等出现问题导致的风险。

市场的不完善风险具体是指，与国别市场相比，世界市场有着更大的不完善性，这种不完善性往往与市场的分割紧密联系，导致市场信息不对称，市场失灵的风险由此

---

① Kennedy, Charles R., “Political Risk Management: A Portfolio Planning Model,” *Business Horizons*, 31 (6), 1988: 26-33.

发生。

外汇风险，或者汇率风险，来自两种货币兑换价格的变化。外汇风险包括汇率波动以及外汇管理两个方面。汇率波动过于频繁、浮动过大都会使得投资收益难以保证，而外汇管理制度也常常成为投资企业利润回收的重要障碍。

利率风险是由于各国存贷款利率的变动而给跨国经营者带来的收益发生损失的可能性。

经营风险是企业在国际投资活动中，因企业自身的经营问题导致的风险。

经济风险虽然可以分为以上几类，但是它们又往往相互联系，彼此传导，而企业常常成为主要的风险承担者。自 2020 年新冠疫情暴发以来，以美国为首的一些主要经济体采取量化宽松的货币政策，大幅增发货币，为通货膨胀埋下了隐患。2021 年世界经济复苏，国际贸易需求改善，但由于全球疫情并未得到有效控制，加之大宗商品的价格飙升，这都给企业的生产经营带来了巨大的风险。2021 年年初，江苏扬子江造船厂接受了一大笔集装箱船的订单，但是几个月后这些订单对造船厂来说却变成了巨大的压力。造船厂年初接单的时候是按照每吨钢 4 500～4 600 元测算的，但是到 2021 年 10 月钢材价格已经涨到每吨钢 6 000～6 500 元。按照行业惯例，船舶合同是闭口合同，也就是说，在签订合同的同时已经确定了船价，然而造船业属于长周期行业，建造周期中的原材料采购又是随行就市。比如现在比较流行的一个船型，16 000 箱集装箱船，用钢量大概为 4 万吨，2021 年下半年钢材价格粗算每吨钢上涨了 2 000 元，仅钢材一项，造船厂成本就增加了 8 000 万元。钢材成本占到单船成本的 20%～30%，钢材价格大幅上涨，极大地挤压了造船厂的利润空间。中国船舶工业行业协会的统计数据显示，2021 年前八个月，中国 470 家规模以上船舶制造企业实现主营业务收入 1 821.6 亿元，同比增长 10.2%，但利润总额仅有 19.4 亿元，同比下降 21.8%，整个船舶行业都是“增量不增利”。

(三) 法律风险

法律风险是指因违反国家法律、法规或者其他规章制度导致承担法律责任或者受到法律制裁的风险。法律风险主要源于对他国法律的不了解、对他国法律法规的误解、跨国产权风险、本国法律法规的不健全等。其中，产权风险是指当地政府对外国企业财产的控制，因为在东道国建立的外国公司一般被视为当地公司，所以当地政府有权直接或间接通过立法侵蚀外国公司产权，如通过税收、限制财产的使用权，甚至将产权收归国有。

(四) 社会与文化风险

社会与文化风险指的是与人们的物质和态度变化相关的风险事件。社会与文化风险最鲜明的特性就是它的多样性。当然，这个特性对谈判者来说既是机遇，也是挑战。谈判实践证明社会文化语境的多种尺度与灾难风险相关，例如个人主义的程度、自我表达和世俗理性的价值观。本章将和社会与文化风险相关的因素总结如下。

(1) 价值观。价值观指的是高于其他选择的广泛偏好。价值观决定人们对好与坏、美与丑、自然与非自然、理性与非理性、正常与非正常的判断。来自不同文化背景的人有不同的价值取向，这对谈判者的行为和决策具有决定性影响，因而给谈判带来了不确定性。

（2）文化符号。文化符号的代表包括语言、肢体语言、集团行为或仪式表达、行为方式以及传达某种文化特性的物品，甚至包括谈判者的性格。对不同文化符号的无知或错误理解有时会给谈判带来很大的麻烦。

（3）专业文化。专业文化指的是不同专业工作的从事者养成的与本专业工作相关的一些文化行为。虽然专业文化与民族文化相比更为具体，而且从事同一专业工作的人员更容易相互理解，但由于商务文化的多样性，对谈判者来说掌握专业文化仍然是一个挑战。

（五）自然环境风险

与自然环境相关的不确定性事件包括由气候变化、天气和地理位置等导致的自然灾害，是由于地球地质作用产生的伤害性事件，例如洪水、飓风、龙卷风、火山爆发、地震、海啸及其他地质作用。自然灾害导致生命和财产损失，特别是灾害发生后带来的经济损失。自然灾害如同战争、罢工、暴乱一样属于不可抗力。根据国际法，不可抗力指的是超出国家可控范围的无法抗拒的力量或无法预知的事件，因而从物质上无法承担国际义务。虽然此类不可控的特别事件或情况发生时，以不可抗力为由可以解除谈判双方的责任与义务，然而谈判者不得不谨慎对待此类风险，寻求可以减轻风险的方法。

以上各类风险因素虽然被称为“外部风险因素”，而且风险对谈判各方的影响不同，但是如果谈判者不了解这些风险的存在，忽略这些风险可能带来的不利影响，就可能导致谈判的结果偏离预期目标，使谈判各方遭受损失。

三、内部风险

谈判的内部风险指的是在谈判过程中与谈判结果直接相关的特定风险。内部风险包括：信息不对称、欺诈、谈判方没有履行谈判协议、谈判一方不值得信任、谈判者性格的多面性和谈判中的交流障碍。

（一）信息不对称

对谈判者来说一个最大的风险来源就是信息不对称。信息不对称是指在交易决策过程中，一方比另一方拥有更多和更可靠的信息。信息不对称是相对于信息完全而言的，这是新古典经济学的一个关键假设。2001年诺贝尔经济学奖被授予乔治·阿克洛夫、迈克尔·斯彭斯和约瑟夫·斯蒂格利茨，以表彰他们对“不对称市场的研究”。信息不对称的研究最早始于就业市场上的用工信息。雇主希望找到“善于学习”的新雇员。当然，所有潜在的雇员都会宣称自己“善于学习”，但是只有他们自己才知道实情。这就是信息不对称。

信息不对称形成交易中谈判双方力量的不对称，其结果是有时使交易流失，这是市场失灵的最糟糕情况。当交易一方拥有关于产品质量的更全面的信息时，他会有选择地进入谈判交易，以牺牲对方利益为代价获得最大利益。如果拥有全部信息的一方利用这个优势为自己谋利，缺乏信息的另一方就会担心交易的公平性。由于担心交易被操纵，所以另一方会从谈判交易中退出，导致市场上的交易量下降，并带来连锁反应和市场的拆分。典型的信息不对称的例子有逆向选择和道德风险。

（1）逆向选择。一般是指卖方掌握了一些买方没有掌握的产品质量方面的信息，或反过来亦如此。例如，某公司经理知道公司的股票价格高出实际价值时愿意发行更多的股票，而买方却因买了被高估的股票而遭受亏损。在二手车市场上，卖方知道汽车存在的问题，在价格谈判中却没有向买方透露，并卖了一个好价。

（2）道德风险。逆向选择与道德风险相关联。在逆向选择情况下，不知情的一方在缺少信息的情况下与对方达成一致的交易谅解，或者交易合同；在道德风险情况下，不知情的一方缺少的是所达成交易的执行情况的信息，或者缺乏对违约行为的反击能力。简单地说，就是由一方决定冒多大的风险，由另一方承担风险发生的后果，而与风险隔离的一方如果被充分暴露在风险下，他将不会如此行事。

当承诺交易风险的一方比承担风险后果的一方了解更多交易的意图时，这种信息不对称就可能导致道德风险的发生。从更广泛的意义上讲，如果掌握更多信息的一方有意或有动机采取不当行为，从缺少信息的一方的角度看，就是道德风险。以次级贷款的发行者为例，他们中的许多人可能怀疑借贷者长期持续偿还贷款的能力，所以认为此类债券不会有高价值。然而由于许多此类债券的购买者愿意承担风险，所以发行者不会考虑发行此类债券的长期的潜在后果。发行者在销售债券后不承担任何风险，因此他们没有任何动力去调查债券的长期价值。

（二）欺　诈

信息不对称的最坏情形是谈判中一方有意欺骗另一方。从法律上讲，欺诈指的是故意欺骗对方以获取不当或非法利益，或者剥夺受害方的法律权利。欺诈可以被判定为民事过错（被欺诈方可以起诉欺诈方以避免被骗，或者获得货币赔偿）或者刑事犯罪（诈骗罪嫌疑人被起诉并被政府权力部门投入监狱），或者虽然没有发生货币、财产以及法律权利方面的损失，但仍然是民事或者刑事犯罪的一个因素。发生在商务活动中的欺诈行为包括提供篡改的文件，伪造或仿制证据，例如通过提供伪造文件获得抵押资质。欺诈还可以通过媒介（包括邮件、电报、电话特别是互联网）进行。

欺诈的成本非常高。一般的企业每年因欺诈付出的代价是年收入的 5%，平均为 16 万美元。[①] 受害最严重的产业和部门是银行业、制造业和政府。鉴于欺诈会导致严重后果，因此谈判者必须高度警惕并防范此类风险。

乌克兰捷尔任斯基钢铁厂从 1997 年到 2001 年短短 4 年间，连续使三家中国公司上当受骗。特别是 2001 年 9 月到 10 月间就连续有两家中国公司受骗。中方蒙受的直接经济损失总额超过 230 万美元。捷尔任斯基钢铁厂拒绝支付的理由却极其荒唐。它或者说

① Association of Certified Fraud Examiners,“Report to the Nations：2018 Global Study on Occupational Fraud and Abuse,” July 23，2018.

公司领导层发生人事变动，新任领导不承担公司以前的债务责任；或者说对该厂下属的外贸公司签订的合同不承担支付责任。很显然，捷尔任斯基钢铁厂的欺诈行为是有预谋的恶性行为。经分析得知，它诈骗中国公司屡屡得手的重要原因在于中国公司对这样一家毫无信誉可言的公司的情况不甚了解，虽然早已有了前车之鉴，但是后面的公司继续上当受骗，毫无警觉。此外，由于捷尔任斯基钢铁厂是乌克兰的一家知名大公司，所以中方总是对它抱有幻想，在签订合同时过于相信对方，不注意认真审查合同内容，给对方留下了违约的借口。

(三) 谈判方没有履行谈判协议

这一类风险发生在双方已经完成谈判并达成一项合作协议（例如共同出资治理河流污染）之后。然而常常发生的一种情况是某一方并没有按照协议采取行动，这是此类协议风险的一个根本来源，即加入合作协议的一方往往存在无法履约的可能。无法履约的原因可能是资金不足，可能是决策层随后改变了想法，也可能是出于作弊的动机。无论出于什么动机，一方采取合作或不合作态度的结果分析见图 14－1。图中的每个方格都有一个假设的价值，即谈判双方 A 和 B 在遵守或不遵守协议时可能获得的利润水平。在图 14－1 左上角的方格中，我们可以看到 A 方和 B 方如果实行独立的、非合作的策略，每一方获得的利润水平都是 75 单位。相反，如果双方都遵守协议，那么右下角的方格显示他们都可以获得 100 单位的利润，因此执行协议对双方均有利。然而，每个协议参与方存有的从不履约中获利的想法可能会导致不遵守协议的风险。A 方知道，如果 A 方不遵守合作协议中的规定而 B 方仍然遵守该协议，A 方的利润水平就可以提升到 150 单位。因此，A 方就有动机不履行协议以实现更高的利润水平。结果就如图 14－1 右上角的方格所显示的那样，B 方的利润水平下降到了 25 单位。因此，A 方是以损害 B 方的利益来获取自己的利益。与此同时，B 方同样面临着作弊的诱惑，采取“以邻为壑”策略，就如左下角的方格所显示的那样。显然，在这个例子中，当双方合作并遵守协议时，双方的利润总和达到 200 单位的最高值，然而，双方都有不履行协议而采用“以邻为壑”策略的动机，因而产生较低的 175 单位的总利润水平。但是如果双方同时违反协议，利润总水平就处于 150 单位的最低水平。无论怎样，每个谈判方都可能认为，如果遵守协议只能被另一方利用，不如不遵守协议其结果要好些。

	B方 不合作	B方 合作
A方 不合作	A方利润水平=75 B方利润水平=75 总体利润水平=150	A方利润水平=150 B方利润水平=25 总体利润水平=175
A方 合作	A方利润水平=25 B方利润水平=150 总体利润水平=175	A方利润水平=100 B方利润水平=100 总体利润水平=200

图 14－1　双方在遵守或不遵守协议时的假想利润水平

这个例子说明了国际商务谈判中的一个关键问题。只有在遵守合作协议的参与者诚实履行协议的时候协议才会有效。因此，一国对国际政策协调决议的承诺必须对其他参与国而言具有可信度。在缺乏可信度的情况下，每个国家都会认为同意协调只能使本国的福利水平恶化，并且使本国公民受到由其他参与国的作弊行为引起的不利影响。

《巴黎气候变化协定》（简称《巴黎协定》，The Paris Agreement），是由全世界近200个经济体经过艰苦的谈判，最后由178个缔约方共同签署的气候变化协定，是对2020年后全球应对气候变化的行动做出的统一安排。该协定自2016年11月4日起正式实施。2020年11月4日，特朗普政府正式退出了《巴黎协定》，成为唯一退出《巴黎协定》的缔约方。美国曾经长期碳排放排名第一，它的退出意味着它可以不履行《巴黎协定》规定的排放义务，这实质上是以其他缔约方的合作为代价为美国获取更多的利益。①

（四）谈判一方不值得信任

第八章曾经从正反两个方面详细论述了谈判中信任与不信任对谈判结果的影响。事实上，不信任也是谈判风险的一个来源，可能导致谈判失败。谈判中彼此产生不信任感的一个重要原因是一些谈判者不是我们所说的“原则谈判者”，指的是那些不以费希尔等三人的《谈判力》一书中所论述的“谈判原则”及基本的商务实践为指导从事谈判的人，而是热衷于在谈判中通过使用计谋和耍花招使对方脱离谈判正轨的人。用谎言愚弄、权力威胁、出乎意料的举动迷惑对方等仅是几个例子。一些不择手段的谈判者掌握了各种可供使用的计谋，包括从说谎、用言语伤害谈判对手到使用各种压制手段让对方感到不舒服。大多数人面对这种操控策略时有两种方法：一是选择隐忍，希望以此安抚对方；二是采取同样的策略，以牙还牙。然而这两种方法都不能使谈判回归以原则为基础的谈判。此时由于缺少彼此的信任，谈判方所希望的就是尽快结束谈判。

（五）谈判者性格的多面性

第九章曾对谈判者的性格进行了分类与分析，指出谈判者的性格具有多面性，与家庭、学校和社会的主流文化有密切关系。由于文化的多样性，谈判者的性格也成为谈判中的一个不可预测的因素。人们一般愿意与自己了解的人一起工作，然而由于人的性格的多面性，急于给人的性格定性并不利于谈判。

自特朗普成为美国总统后，人们期待着他会如同其他美国总统一样遵守美国政府所签订的国际协议，然而他接连使美国从《跨太平洋伙伴关系协定》、《巴黎气候变化协定》、《伊朗核问题全面协议》、联合国教科文组织、世界卫生组织等十几项国际协议与国际组织中退出。他甚至威胁退出世界贸易组织和北约。当然，特朗普上台后的一系列行动不能仅归结于他的性格，然而毫无疑问，他与传统的政治家有很大的不同。

---

① 拜登政府上台后，于2021年2月19日又正式重新加入了《巴黎协定》。

(六) 谈判中的交流障碍

Communication（交流）这个英语单词来自希腊语，意思是“分享”。交流的过程是通过使用共同理解的符号和符号规则将信息从一个实体或组织传达到另一个实体或组织。这里需要强调的是“共同理解”，因为在跨文化谈判中，在很多情况下很难做到对同一个词分享共同的含义。

例如，谈判可能仅因双方对同一个表达方式的不同理解而被彻底毁掉。如前所述，20 世纪 80 年代初期联合国原秘书长查尔斯·瓦尔德海姆飞往伊朗解决美伊人质问题时，由于对两个词语 mediator（斡旋人）和 compromise（折中方案）的使用引起伊朗人的误解而招致失败。Mediator 在英语中的意思是“一个和平使者通过自己的斡旋使对立的双方达成和解”，但是这个词在伊朗语中意味着“干涉者”，也就是没有经过邀请从中插一杠子的人。Compromise 在英语中的解释是“使双方都满意的折中解决方案”，但是在伊朗语中这是一个贬义词，如“她的贞操受到损害”或者“我们的尊严受到侵害”。

交流在很大程度上受到文化和文化要素的影响。文化差异存在于国家、宗教团体和组织之间，或者存在于组织层面之上。在这个层面上公司、团队和单位都有自己不同的期望、准则和个人表达方式，例如词汇、色彩和符号在不同的文化中都有不同的含义。这些不同点构成谈判交流中的障碍，成为谈判中的一个重要的风险来源。

了解交流的文化要素指的是掌握不同文化的知识以便与不同文化的人有效交流。只有提高了对影响交流的文化要素的认知水平才能更好地降低谈判中由错误理解导致的风险。

四、风险管理

风险管理指的是辨别、评价和风险优先排序，并且应用经济资源来监测、降低和控制不幸事件发生的可能性和影响，或者使机会的实现最大化。[①] 风险管理的目标是保证避免不确定性从而防止人们的努力偏离经济目标。

可用于管理风险和具有负面影响的不确定性的策略一般包括规避风险、降低风险、分担风险和风险自留。[②]

(一) 规避风险

规避风险的最简单方法就是不从事有风险可能性的活动。例如，不涉及购买房产或商品的谈判，以避免随之而来的法律责任。另外一个例子就是不去国外旅行以避免交通事故的风险。规避风险看起来可以防范所有的风险，但是规避风险也意味着丧失接受风险可能获得的利益。为了避免在谈判中被骗而放弃谈判，这种做法也丢掉了获取利益的机会。

---

① Hubbard，Douglas，*The Failure of Risk Management：Why It's Broken and How to Fix It*. New York：John Wiley & Sons，2009.

② Dorfman，Mark S.，*Introduction to Risk Management and Insurance*，9 ed. Englewood Cliffs，N. J.：Prentice Hall，2007.

（二）降低风险

降低风险包括减轻损失的严重性或者减小损失发生的可能性。例如，为了减少谈判中信息不对称带来的不确定性，搜寻数据和事实调研非常重要，然而获取太多的信息不仅成本很高，而且没有必要，这就是机会成本。此类为调研过多信息而付出的资源可以用于更有利可图的活动。理想的风险管理既降低了成本（包括人力和其他资源），又减少了风险的负面影响。

风险具有正面和负面两重性，认识到这一点就要寻求最有效的风险管理方法，也就是说，在风险的负面影响和正面影响之间寻求平衡，在降低风险和投入努力之间寻求平衡。外包是降低风险的一个例子，但是需要承包者证明他们具有更高的管理和降低风险的能力。例如，一家希望开拓新市场的企业期望找到合适的生意伙伴，它可以将信息调查外包给专门在这个市场上从事相关企业信息调研的公司。如此，这家公司便可以集中精力经营自己的生意而不必为微观层面的信息调研而分散精力。

（三）分担风险

风险分担的含义是与另一方分担风险带来的损失并且分享获得的利益，是一种降低风险的措施。保险是与另一方分担风险的例子。另一个例子是与另一方分担货币风险。与一个外国生意伙伴谈判国际协议时的一个难点是外汇问题，特别是浮动汇率。

与本币相比，可兑换外币的浮动价值相对于它们的可比价值具有特别的风险。正如所有商界人士都知道的，所有货币的价值都会因为各种原因而剧烈变动。在谈判协议签署和货币支付实现期间，一方可能收到的金额少于或多于协议达成时的数额。

一种避免汇率波动风险的办法是在谈判中坚持让国外合作者接受用自己国家货币作为结算货币。这种做法就是俗话所说的“踢皮球”，即将责任转移到国外合作者身上。在既没有惯例规定或己方缺少很强的谈判力，又缺少合乎逻辑的理由时要做到这一点比较困难。可以提出的一个合理的理由是如果己方承担了交易的部分成本，对方就应当承担相应的汇率风险。

另一种可通过谈判达成风险分担的方法是谈判一方用一方的货币支付一定比例的交易，用另一方的货币支付其余部分。由于买、卖的交往是交替进行的，所以双方基本上承担了相对平等的风险。如果一方的货币具有较大波动性，就要强调风险分担的方法，只同意承担一定比例的风险，而且要确保货币波动处于可控的范围。如果货币波动超出可控的范围，就要事先商定一种估算方法来解决汇率差。

（四）风险自留

风险自留的含义是当风险发生时接受风险带来的损失或利益。这是一种自我保险的方法，例如谈判各方为了抵消不可预知的风险而保留一笔资金。事实上风险自留是企业和个人常用的一种方法。如所有的汽车保单都有免赔项，有些汽车保单甚至减掉了“碰撞险”和“全险”，这类保单通常是针对上年纪的人和全额支付的车辆。这也是一种风险自留。此类不对有价值的东西保险的行为是另外一种风险自留。一般的责任保险和产品责任保险或者有免赔项，或者有自我保险预留，两种形式都属于风险自留。选择自我保险方式的企业如此做的目的是更好地控制自留风险。

对商务谈判而言，特别是在预估的风险较高的情况下，经常采取的做法是预留一笔资金，也称为“不可预见费”，以备谈判期间和谈判执行期间不测风险的发生，这是为了降低风险而采取的风险自留方式。根据可能发生风险的损失程度，不可预见费一般占项目成本的1%～5%。例如在农产品投资谈判中，预留一笔不可预见费是非常有必要的，因为农产品的生产可能受天气因素的干扰而使投资失败，而天气因素属于不可抗力范畴，这就属于风险自留的方法。

上述风险管理方法适用于一般风险管理。由于风险来源的复杂性，谈判者应当重视风险分析与研究并将可以采取的措施纳入谈判策划。

思考题与讨论题

1. 为什么风险管理对谈判者来说如此重要?
2. 列出主要的外部风险来源并且举例说明它们将怎样影响谈判结果。
3. 除了本章所列举的外部风险来源外，你还能找出其他可能的外部风险吗?
4. 在信息社会，由信息不对称带来的商业领域的欺诈案例是增加了还是减少了?
5. 你同意谈判各方之间的不信任是一个谈判风险要素吗? 如果与一个你认为不诚实的人谈判，你会怎样做?
6. 在什么情况下，你将采取规避风险、降低风险、分担风险和风险自留的策略?
7. 按要求做模拟谈判“一场彼此信息不对称的谈判”。
8. 阅读案例研究14-1，分析中海油收购优尼科石油公司失败的原因，讨论中海油遭遇的风险的主要来源。
9. 阅读案例研究14-2，分析并讨论导致安然公司投资失败的外部和内部风险因素。

模拟谈判

一场彼此信息不对称的谈判

(一) 背景介绍

人才库咨询公司（以下简称“人才库”）是一家小型的人力资源咨询公司，刚刚从一个主要的新客户那里拿到了一个为时12个月的系列经理人发展研习班项目。人才库常常聘请独立的咨询专家承担此类大型咨询项目。人才库负责这个研习班的项目经理罗骥亦需要与咨询专家签订咨询合同，而此次所需的咨询专家需要在领导力培训和变革管理方面有很强的背景和技能。不过遗憾的是，罗骥亦心中能想起来的咨询专家的履历都在其他工作领域。正在此时，他找到了蓝光联合公司（以下简称“蓝光”），一家小型的人力资源公司，该公司位于人才库所在的城市附近。

(二) 彼此信息不对称

两家公司的互相了解都不多。此外，罗骥亦和蓝光的代表陈欣各自都有无法告知对方的情况。例如，罗骥亦不希望陈欣知道他非常急于找到合适的人选来承担人才库的研习班项目。没有蓝光的支持，人才库从那个新客户处拿到的项目就可能失败。罗骥亦心想："我们处于谈判的劣势地位，若对方知道我们受制于人，对方肯定会乱要价。"同时陈欣认为她的公司处于不利的谈判地位。她对老板说："如果人才库知道我们有严重的现金流问题，他们一定会出最低价，而我们很有可能会同意。"

（三）谈判双方的困境

出于重要的商业原因，人才库与蓝光彼此互相需要，然而对此双方都不知情，而且双方都担心向对方暴露自己的境况。如果罗骥亦与陈欣都不提及彼此的问题，那么双方的谈判协议很可能无法达成。在谈判者的这个困境中，一方如果首先向对方披露自己的重要信息，就可能置己方于风险中。对己方最有利的选择是自己保持沉默而鼓励对方先说。然而如果双方都保持沉默，则双方最终都将失败。

（四）谈判要求

在模拟谈判中，学生首先要与同组成员讨论透露己方信息的风险与承担风险可能获得的利益。向对方透露己方的重要信息的条件是什么？制订己方的谈判方案，寻找可能的规避风险的负面影响的方法，看看彼此将如何解决这个问题。

案例研究 14－1

中海油收购美国优尼科石油公司

（一）引　子

2004 年 12 月 26 日，西方传统节日圣诞节后的第一天，中海油的董事长傅成玉行色匆匆地登上了飞往美国洛杉矶的航班。在傅成玉的记忆中，本次洛杉矶之行似乎只是为了赴一个饭局。饭局很简单，只有两个人，而邀请傅成玉赴宴的是美国联合石油公司首席执行官查尔斯·威廉姆森（Charles Williamson）。也就是在这次宴请中，双方就中海油收购美国优尼科石油公司（以下简称"优尼科"）一事交换了意见，展开了初步的商谈。

由此，中海油拉开了收购的大幕。当天，傅成玉就坐上返程航班回国，并立即投入收购评估工作。在傅成玉看来，油气资源缺乏一直是中海油发展的最大掣肘。而中海油与优尼科之间业务相互重叠部分甚少，有较强的互补性。若能收购优尼科的这批油气储量资源，中海油即可成为在亚洲拥有并控制最重要液化天然气资产的公司，也将改变中海油在整个中国甚至世界油气领域的地位。中海油于 2005 年年初成立了一个多达 30 人的国内专家评估队伍，负责对优尼科的资产进行分析评估。同时，中海油聘请投资银行研究收购细节，并与优尼科开始了初步谈判。

（二）公司背景

中海油是中国最大的海上石油和天然气生产商，也是世界上最大的独立油气勘探及生产集团之一。1999 年 8 月在中国香港注册成立，2001 年 2 月 27 日和 28 日分别在纽约证券交易所和香港联合交易所挂牌上市。2001 年 7 月，公司股票入选恒生指数成分股。中海油的主要业务为勘探、开发、生产和销售海上石油和天然气。2004 年，中海油在中国海上拥有四个主要产油地区：渤海湾、南中国海西部、南中国海东部和东海。中海油是印度尼西亚最大的海上原油生产商之一，同时，中海油还在澳大利亚等地区拥有部分上游资产。

优尼科是美国第九大石油公司，在纽约证券交易所上市。近年来由于经营不善等连年亏损，所以提出破产申请，并挂牌出售。资料显示，优尼科目前已探明的石油及天然气储量中，约70%位于亚洲和里海地区，60%的储量是天然气。

（三）中方为什么收购优尼科

中海油提出收购优尼科是希望借助此次收购进一步提高其油气储量，提高其国际化程度。中海油总裁周守为表示，收购优尼科后，若以2004年油气产量和储量计算，中海油将成为中国第二大石油公司，仅次于中石油，业务遍及12个国家，包括印度尼西亚、越南、泰国、缅甸、孟加拉国、阿塞拜疆等。

中海油收购优尼科的真正目的是它看中了优尼科的天然气资源。从2002年开始，中海油海外并购的重点是油气，并且在已进行的几次比较大的海外并购中，天然气占了绝大部分。优尼科的油气资产中，60%的储量是天然气。中海油的董事长傅成玉在媒体电话会议上说，中海油目前35%的储量是天然气，预计合并后的公司石油储量将约占53%，天然气储量将约占47%，油气资产构成更为均衡。

除此之外，中海油收购天然气资产还有自己的打算。中海油虽然是中国国内三大石油公司之一，但资产规模、油气储量远不及中石油和中石化。由于中石油和中石化这两大公司垄断了陆上油气资源的开发，中海油只能在海上发展，所以海外收购成为其扩张的主要方式。随着中国天然气市场的迅速发展，中海油作为进口液化天然气项目的先行者，已经在东部沿海发展了5个液化天然气（liquefied natural gas，LNG）项目，而且在不断开发新项目。收购更多的天然气资产显然有助于中海油保持它在天然气市场的竞争力。

（四）竞购谈判过程

1. 提出要约

2005年1月7日中海油对优尼科发出收购优尼科在美国的资产的要约，这标志着到那时为止中国企业规模最大、最重要的一宗海外收购的开始。到2004年年底，优尼科的市值约为110亿美元，而中海油的出价是130亿美元现金。与此同时，美国国内另一家公司雪佛龙-德士古石油公司（以下简称“雪佛龙”）也有意收购优尼科，中美两家公司就此在收购价上展开竞争。雪佛龙在中方出价后于2005年4月提出将以总额167亿美元的现金和股票收购该公司。优尼科的董事会2005年4月决定支持雪佛龙167亿美元的并购计划，并且与雪佛龙达成收购协议。就在此时中海油又于2005年6月23日宣布向优尼科发出新要约，以每股67美元的价格用全现金方式收购优尼科，此要约价相当于优尼科公司股本总价值约185亿美元。2005年7月7日，据英国《金融时报》中文网站消息，优尼科告知中海油总公司，它将考虑撤回对雪佛龙167亿美元收购提议的支持，转而支持中海油185亿美元的收购要约，前提是中海油要承诺满足一系列条件，只有这些条件得到满足，中国公司的报价才能被宣布为“优于”雪佛龙的报价。优尼科开列的相关条件包括：“重大不利情势改变”条款，优尼科管理层、员工和养老金计划的处理，资产剥离要求，美国监管机构的其他要求，等等。至此谈判转到了收购协议的细节上。

2. 竞购双方条件比较

两个竞争对手提出的条件从竞价方面看显然中方占有优势，中方的报价高出雪佛龙的报价18亿美元，虽然雪佛龙于2005年7月19日将收购价格又提高至171亿美元，但仍比中海油185亿美元的收购报价少14亿美元。中海油在收购计划中承诺不会缩减优尼科的业务并保持现有雇员水平，而雪佛龙已表明将削减1/4的员工。

从表面来看，中海油的收购条件比雪佛龙优厚，但考虑到可能牵涉的政治因素，许多机构投资者并不看好中海油的收购。美国政界对这一收购案十分担心，种种迹象表明，收购案即使“过关”，优尼科也可能面临来自美国政府长达90天的调查核准期。美国国会的反对，以及监管机构漫长的审批过程意味着即使中海油能够成功收购，至少也要比雪佛龙多花几个月的时间，优尼科的投资者将要求对这段延长的时间做出补偿。

3. 美国政府的介入

考虑到能源的战略重要性，美国政府对这起交易非常关注。美国能源部部长塞缪尔·博德曼（Samuel Bodman）认为中海油收购总部位于美国加州的优尼科，必须获得美国外国投资委员会的批准。该委员会是一个有影响力的跨部门机构，专门研究外国公司兼并是否会威胁到美国安全。如果该委员会认为某项收购威胁美国国家安全，便可以建议美国总统予以否决。自中海油收购消息传出后，就不断有美国政客呼吁美国外国投资委员会阻止中海油的收购企图，他们认为该交易将把美国石油资产交到中国政府控制的公司手里。

两位共和党议员致信小布什总统，要求美国联邦政府出于国家安全的考虑对中海油收购美国公司的举动进行调查。来自加利福尼亚州的共和党国会议员理查德·庞勃（Richard Pombo）和邓肯·亨特（Duncan Hunter）敦促小布什总统运用1988年通过的一项联邦法令赋予他的权力，命令美国外国投资委员会对中海油可能进行的收购展开彻底调查。

中海油管理层虽然对美国政界的反对之声有所认识，但美国国会采用法律手段阻挠中海油对优尼科的竞购，其反应之猛烈程度还是超过了傅成玉此前的预料。在2005年7月与优尼科董事会数次谈判未果的情况下，傅成玉在一次对中海油职工的演讲中表示，这次竞购过程中所历经的重重波折使他认识到政治风险不仅存在于发展中国家和那些战乱国家，在美国这种发达国家也一样存在。

4. 谈判结果与各方观点

在美方政治势力的干扰下，中海油收购美国优尼科的努力无果而终。2005年8月2日中海油宣布退出收购优尼科的竞争。

对这样一个结果，中海油在其发表的声明中指出，中海油提出的以现金收购优尼科全部流通股的要约，总价185亿美元，有充足的资金保障，超出雪佛龙的竞价14亿美元，对优尼科的股东来说显然价值更为优越。中海油已提议并同意了一系列措施，以增加交易的确定性和优尼科股东对报价的信心。另外，中海油知道竞购交易需要经过美国外国投资委员会的审查，要符合《埃克森-弗洛里奥修正案》（Exon-Florio Amendment）的要求，因此主动要求美国外国投资委员会进行审查，并主动承诺对优尼科在美国的资产采取保护措施，从而满足美国外国投资委员会的要求。

中海油曾经积极考虑进一步提高收购要约中的条件，然而由于美国政界的干扰，这些条件没有机会提出。中海油的竞购交易宣布后，在美国出现了前所未有的政治上的反对声音，甚至有人要求取消或更改美国外国投资委员会多年来行之有效的程序，这实在令人遗憾，也有失公道。中海油为完成此项商业目的的竞购，曾做出多个承诺，以消除美国监管当局可能的担心。在这种情况下，美国的政治反对声就显得更加可叹、更为不合时宜了。这种非常遗憾的政治环境使中海油很难准确评估成功的概率，对完成交易形成了很高的不确定性和无法承受的风险。尽管中海油不情愿，但不得不撤回报价，这对优尼科的股东及员工来说无疑是非常不利的。

然而尽管中国已经放弃了收购优尼科的计划，但提出该附带条款的议员声称，有关当局还是要依法案规定展开调查。对此，包括美国主流媒体在内的舆论普遍认为，美国国会反对中海油的收购，制造了在自然资源领域中美两国敌对竞争的气氛，此举表明美国仍把中国视为“战略竞争对手”，而不是战略伙伴。

在全球金融、商贸、企业乃至政界享有盛誉的英国《金融时报》认为，中海油的竞购事件遇到了“人为风暴”。这一令人遗憾的结果，让所有相信自由和公开市场重要性的人士感到不安。它暴露了时下弥漫于华盛顿的歇斯底里的反华情绪。该报断言：如果调查中海油竞购美国石油公司优尼科失败的原因，结论肯定不是自然原因。美国政府针对这桩交易的干预明显有碍公平。美国政界的反对扼杀了此次竞购。

英国《金融时报》在分析美国之所以制造这场“人为风暴”时指出，美国会对以下一系列与中国有关的问题怒不可遏：美中贸易逆差，人民币的强势，假定的美国就业机会的流失国外，天然气价格的上涨，中国军备的加强，以及中国在世界范围内的自然资源收购等。所有这些不相干的问题全都集中反映在中海油的竞购交易上。

案例研究 14－2

安然公司在印度的失败谈判

（一）安然公司

安然公司是美国能源、商品和服务公司，位于美国得克萨斯州休斯敦市。该公司成立于 1985 年，是该地区两家较小公司——休斯敦天然气公司和北方内陆天然气公司合并的产物。安然在 2001 年 12 月 2 日破产之前有员工 2 万人，是一家大型的电力、天然气、信息和造纸企业。它 2000 年的总收入达到 1 010 亿美元，被《财富》杂志连续 6 年评为“美国最具创新性的企业”。

2001 年年末，安然被爆出其财务报告一直依靠有组织、有体系、创造性的会计造假维系，自此便有了著名的“安然丑闻”，成为企业造假和腐败的著名案例。这一丑闻也暴露了美国许多企业的会计实践和行为存在的问题，并导致 2002 年《萨班斯-奥克斯利法案》[①] 的出台。

下面这个案例是安然在印度的一个投资失败案例。安然的惨败既源于外部风险，也源于内部风险。

---

① 《萨班斯-奥克斯利法案》（Sarbanes-Oxley Act of 2002，SOX），全称是《2002 年公众公司会计改革和投资者保护法》。因为法律的名字很拗口又很长，所以在美国人们一般都会用法律草案提出者的名字来称呼该法律。

（二）谈判背景

1992 年，印度专家前往美国寻找能源投资方以帮助解决印度的能源短缺问题。此时美国能源巨头安然决定实施投资地区多元化战略，将投资地区扩展到发展中国家。1992 年 6 月，安然开始与印度政府谈判并且选中了马哈拉施特拉邦作为能源投资地点。该邦面积为 30.8 万平方千米，是印度第三大邦。2011 年人口普查数据显示，该邦是印度第二大邦，总人口为 1.124 亿。商业首都孟买也位于该地区，议会党是该邦的执政党。

谈判同时在安然与马哈拉施特拉邦政府和马哈拉施特拉邦电力局之间举行。安然这一巨资项目的建议包括建设价值为 30 亿美元、发电量达 2 015 兆瓦的电力厂。安然提出从 1 200 英里之外安然与卡塔尔合资的一家企业进口天然气。由于这一项目是印度最大的投资项目，安然提议项目分为两期实施。在第一期，安然建议使用当地生产的天然气，发电量为 695 兆瓦；在第二期，发电量为 1 320 兆瓦，天然气从卡塔尔进口。项目建设地点定在印度洋岸边的达波尔镇。

这一交易的最重要因素是确保电力的长期购买方，以锁定长期还贷融资来源并为投资方带来足够的效益。为了谈成这一项目，马哈拉施特拉邦电力局，也是唯一可能的购买方，必须与达波尔电力公司签订长期合同。在不到 5 天的时间内双方签订了一项备忘录，谈判方商定达波尔电力公司向马哈拉施特拉邦电力局收取的电费不得高于 2.4 卢比/千瓦时（约合 7.03 美分/千瓦时）。

（三）项目存在的三个主要问题

在项目谈判期间产生了三个主要问题。第一个主要问题是，作为印度政府咨询方的世界银行认为这个长期项目将带来电力产能的过剩，与更为传统的已经在使用的能源如煤炭相比成本太高。安然的做法是大力宣传这个项目对环保的积极影响，效果良好。

第二个主要问题是投资方的收益，安然要求项目的收益率应当达到 26.52%。印度政府和马哈拉施特拉邦不同意，认为 20%的收益率比较合理。协议最终达成的收益率是 25.22%。

第三个主要问题是公众不断高涨的反对声，包括对电费的质疑、政府官员的受贿以及该项目没有通过竞争性招标等。

（四）谈判持续

谈判在公众高涨的反对声中继续。安然又邀请了另外两家美国公司——通用电气和柏克德（Bechtel）参与项目，后两者各占 10%的股本。1993 年 12 月马哈拉施特拉邦电力局与安然签署了电力购买协议，启动了达波尔电力项目。

项目开始后，公众对项目的反对声不断高涨，各类不同的组织和活动家对项目的合法性提出了疑问，并且将该项目告到印度最高法院。随着 1995 年 3 月地方选举的临近，印度人民党和湿婆军党将人们对该项目的反对作为选举的主要议题，他们从民族主义的角度提出预收取的电费过高，将损害贫困人口。结果印度人民党和湿婆军党联合赢得了选举，推翻了当时的执政政府。对项目的全面调查在随后的 1995 年 5 月开始，结果马哈拉施特拉邦电力局取消了与达波尔电力公司的采购协议，此时项目已经投入了 3 亿美元的资金，而项目每延误一天，安然和它的合作伙伴面临的损失就达 25 万美元。

按照原定合同条款，达波尔电力项目的投资方和合作方对马哈拉施特拉邦电力局和马哈拉施特拉邦政府提起了仲裁。马哈拉施特拉邦政府则采取法律行动来说明仲裁行为不合法，因为项目方通过采取不合法行为签订了该合同。马哈拉施特拉邦政府负责调查的官员坚定地表示他们没有重启谈判的意愿。

(五) 谈判重启

1995 年秋，安然终于劝服马哈拉施特拉邦政府重启谈判。随后首席部长宣布一个审查小组将对项目进行审查。审查小组不仅讨论了重建与安然高层管理者的关系，而且听取了主要项目反对者的意见。涉及的主要议题包括电费、项目资金成本、支付计划以及环境等。

根据重新谈判的条件，马哈拉施特拉邦电力局获得了 30%的股本，安然的份额从 80%降至 50%。电力厂的发电量也从最初建议的 2 015 兆瓦提高到二期项目完成后的 2 410 兆瓦。资金成本从 28.5 亿美元降至 25 亿美元，电费根据燃料与通胀情况由 7.03 美分/千瓦时降至 6.03 美分/千瓦时。

1996 年 1 月，马哈拉施特拉邦政府同意审查小组提交的重启谈判后的条件。经过内部多次论证后，印度政府同意了该项目并且延长了对马哈拉施特拉邦债务的担保。安然放弃了仲裁程序，马哈拉施特拉邦放弃了对安然的诉讼。尽管达成了这些一致意见，项目仍然无法继续进行，因为印度工会、政治活跃分子和其他公共利益团体向印度法院提出了 24 项申诉，力图阻止该项目。印度法院判决称只有在所有投诉都得以解决后项目才能继续开工。印度法院终于在 1996 年 12 月驳回了最后一项诉讼。

1999 年 5 月，一期项目完工，电力厂开始运营。安然开始为二期项目筹措资金，获得了 18.7 亿美元项目款。二期项目预计在 2001 年年底完工。然而在项目一期工程开始运营不久，马哈拉施特拉邦电力局再也没有能力按照合同规定支付电费。到 2001 年马哈拉施特拉邦电力局累计债务达到 4 500 万美元，达波尔电力公司被迫关门。达波尔电力公司随后起诉了马哈拉施特拉邦电力局、印度中央政府和马哈拉施特拉邦政府。同一年安然的财务问题开始浮出水面，经过一系列资金挫折，安然宣布倒闭。

图书在版编目（CIP）数据

国际商务谈判：理论、案例分析与实践 / 白远著.
7版. -- 北京：中国人民大学出版社，2025. 6.
（新编21世纪国际经济与贸易系列教材）. -- ISBN 978-7-300-33854-5

Ⅰ. F740. 41

中国国家版本馆CIP数据核字第20252S27H9号

"十二五"普通高等教育本科国家级规划教材
新编21世纪国际经济与贸易系列教材
国际商务谈判：理论、案例分析与实践（第七版）
白 远 著
Guoji Shangwu Tanpan: Lilun, Anlifenxi yu Shijian

出版发行	中国人民大学出版社		
社 址	北京中关村大街31号	邮政编码	100080
电 话	010－62511242（总编室）		010－62511770（质管部）
	010－82501766（邮购部）		010－62514148（门市部）
	010－62511173（发行公司）		010－62515275（盗版举报）
网 址	http://www.crup.com.cn		
经 销	新华书店		
印 刷	北京密兴印刷有限公司	版 次	2002年11月第1版
开 本	787 mm×1092 mm 1/16		2025年6月第7版
印 张	14.5 插页1	印 次	2025年6月第1次印刷
字 数	326 000	定 价	49.00元

教学支持说明

1. 教辅资源获取方式

为秉承中国人民大学出版社对教材类产品一贯的教学支持，我们将向采纳本书作为教材的教师免费提供丰富的教辅资源。您可直接到中国人民大学出版社官网的教师服务中心注册下载——http://www.crup.com.cn/Teacher。

如遇到注册、搜索等技术问题，可咨询网页右下角在线 QQ 客服，周一到周五工作时间有专人负责处理。

注册成为我社教师会员后，您可长期根据您所属的课程类别申请纸质样书、电子样书和教辅资源，自行完成免费下载。您也可登录我社官网的“教师服务中心”，我们经常举办赠送纸质样书、赠送电子样书、线上直播、资源下载、全国各专业培训及会议信息共享等网上教材进校园活动，期待您的积极参与！

2. 高校教师可加入下述学科教师 QQ 交流群，获取更多教学服务

经济类教师交流群：809471792

财政金融教师交流群：766895628

国际贸易教师交流群：162921240

税收教师交流群：119667851

3. 购书联系方式

网上书店咨询电话：010－82501766

邮购咨询电话：010－62515351

团购咨询电话：010－62513136

中国人民大学出版社经济分社

地址：北京市海淀区中关村大街甲 59 号文化大厦 1506 室　100872

电话：010－62515803　010－62516948

传真：010－62514775

E-mail：jjfs@crup.com.cn